TRUTH
真相

[英] 汤姆·菲利普斯 著

李立丰 范佳妮 译

A Brief History
of Total Bullshit

鬼扯简史

上海三联书店

谨以此书，献给一直教导我"真理无价"的父母

尽管，还是想提醒二老，我后来终于搞清楚，原来两位居然就是当年的"牙仙"（the Tooth Fairy）①。

"圣诞老人"（Santa Claus）②如果发现你们撒谎，一定会非常生气。

---

① "牙仙"（the Tooth Fairy），欧美等西方国家传说中的精灵，会取走小孩放在枕头底下的掉牙，并将其换成一个金币，象征孩子将来要换上恒齿，成为大人，如果小孩在牙仙收集牙齿的时候睁眼偷看，将会遭到报应，一直在梦中受到折磨。本书脚注皆为译者所加，下文不再一一标注。
② "圣诞老人"（Santa Claus），西方神话传说中的人物，普遍被认为是基督教的圣人圣·尼古拉斯（Saint Nicholas）的衍生形象，西方圣诞节传说中会在前夜悄悄赠送礼物给小孩子。这里作者语带双关，暗指圣诞老人也是父母假扮。

人类文明最为突出的矛盾之处，便是嘴上满是对真相的由衷推崇，但实际上却对事实不屑一顾。

　　——维尔杰尔穆尔·斯特凡森：《错误的冒险》
(Vilhjalmur Stefansson[①], *Adventures in Error*, 1936)

---

① 维尔杰尔穆尔·斯特凡森（Vilhjalmur Stefansson，1879—1962 年），冰岛裔美国北极探险家和民族学家。

作者题记

　　本书记述的，尽是些不实之事。显而易见，这意味着在过去的一年，我几乎无时无刻不处于某种焦灼状态。书中所涉主题皆与历史相关，而历史，即便在最好的时代，也已足够混乱，充斥着暂时成立的真理、半真半假的事实以及彻头彻尾的神话。在前一本以"失败"为主题的书中，我曾写道，"坦白点说，在这部描写被搞砸了的事情的作品中，不出现人为错误的可能性，微乎其微"（的确：后来发现了一些问题，谢天谢地，没有什么特别糟糕的讹误）。如果说撰写"失败"这种选题，像是在诱惑"命运之神"①，那么选择"虚假"作为后续创作线索，基本上是给众神提供了一个洞穿球网的机会。老实说，命运之神不可能错失两码外的空门。这可不是她们现在的状态。

　　所以，是的，本书肯定会存有若干错讹之处。我已经尽到最大努力试图加以规避：一而再、再而三，反复检查，尽可能查询原始文档，竭力避免落入过度解释的陷阱。尾注应能帮助读者诸君核对事实（鼓励这样做）。不过，还是会有一些漏网之鱼。错误在所难免，能做的只能是极力加以减少、给予承认、使之减轻。这便是这书核心要旨

---

① "命运之神"，即摩伊拉（Moirai），是希腊神话中的命运三女神的总称，宙斯的第二个妻子，即提坦神族中代表正义和法律的女神忒弥斯，与宙斯生了两对三胞胎，总共六个女孩，第一胎为"岁时三女神"：司秩序（欧诺米亚）、公正（狄刻）与和平（厄瑞涅）；第二胎为"命运三女神"：纺织生命线的克罗托，分配生命度数的拉刻西斯和收回生命线的阿特洛波斯。

之一！为此，如果各位读者确实洞见任何失实之处，无论大小，恳请发送邮件至 truth @ tom-phillips. com。我会在下列网址（tom-phillips. com/mistakes-and-regrets/）实时更新相关校勘纠错。

目　录

序　言　真理时刻 / 001

第一章　不实之源 / 011

第二章　陈年伪闻 / 033

第三章　谣传时代 / 059

第四章　大地谎言 / 095

第五章　欺诈宣告 / 117

第六章　失信政府 / 151

第七章　可笑行当 / 171

第八章　大众迷思 / 193

结论　真实未来 / 209

致谢 / 225

延伸阅读 / 229

尾注 / 235

译后记 / 253

序言

真理时刻

你！满嘴鬼扯！

等等！别跑。如此的开篇方式，实属不妙。敬请见谅。

这样写，真的不是特别针对您。如果读者阁下碰巧正在店里翻阅本书，琢磨着是否应该掏钱购买，那么答案显而易见，绝对应该出手！您这样做，不仅聪明睿智！而且，还幽默诙谐且有逼格！话要说清楚，您身上可没有什么异常之处，表明阁下不值得信任，或者特别喜欢撒谎（除非老兄真的是个职业老千？我猜，如果是这种情况，嗯！您可能会特别中意本书第四章）[①]。

尽管如此，各位还是会谎话说尽：说到底，您就是一个骗子，一个信口雌黄的家伙。几乎可以肯定，读者诸君在自己所生活的那个世界里，或大或小，都曾犯下了百般过错。不过，没必要为此感到难过，因为您身边的其他人都是如此，这一点最重要。而且，坦白说，其实我也一样。

我想表达的意思非常简单，作为人类，我们每天的生活大都是在胡说八道、半真半假的真相和彻头彻尾的谎言中度过的。要么我们撒谎，要么我们被骗，我们的社会生活依赖于一连串善意谰言。我们

---

① 原文如此，但通过登陆作者此前提到的校勘网址，发现到目前为止，本书英文版中被发现的一处笔误，便是"您可能会特别中意本书第四章"，实应为"您可能会特别中意本书第五章"。

经常被政客、媒体、营销人员等所误导,而所有这一切的问题根源在于,假话实实在在发挥了作用,所有人都对精心设计的诬妄之言甘之如饴。也许,其中最具说服力的,恰恰就是我们的自我欺骗。

现实生活中,放眼所及,到处都会看到刺眼的警告:我们正生活在一个"后真相"时代,这一概念,荣膺《牛津词典》2016 年年度词汇。翌年,在英国甚至出现了一天同时出版至少三本名为《后真相》(Post-Truth)书籍的奇观。我们则被信誓旦旦地告知,社会公众"已经对所谓的专家忍无可忍"。互联网将我们的社交生活变成了一处充斥各种错误信息的战场,以至于身处其中的你我,越来越不确定在社交媒体上不停骚扰自己的杰夫叔叔(Uncle Jeff)①,究竟是一个真实的人,抑或其实只是某种俄罗斯机器人程序(Russian bot)②。

平心而论,很容易理解为什么人们会认为自己生活在一个抵制事实的奇葩时代。举一个再明显不过的例子:现在,美国的那位总统每天都在说谎,或者说,这些甚至都不是"谎言"。也许他根本不知道,当然,他也不想知道什么才是真的。不管怎样,效果大同小异。据《华盛顿邮报》(Washington Post)事实调查小组宣称,截至撰稿日,特朗普在就任美国总统的 869 天内,共提出了 10,796 项"虚假或具有误导性的主张",[1](同类注文,参见本书自第 235 页起"尾注"部分)而这一切,更发生在他们所说的"史无前例的欺诈选举年"之后。[2]

这意味着这位总统平均每天至少要说上十多个不实之言,而且随着时间的推移,他的不诚实率似乎有增无减。这归功于 2018 年 9

---

① "杰夫叔叔"(Uncle Jeff),一般指的是利用个人社交媒体对特定对象进行骚扰、尾随、跟踪的不法之徒。

② 俄罗斯机器人程序(Russian bot),特指互联网上的虚假社交媒体账户,这些被称为"机器人程序"的虚假账号,目的是传播垃圾邮件、窃取信息、社交宣传,甚至越来越多地被用于性报复和性骚扰等不法行为。

月 7 日的一场特别激烈的鬼扯风暴①,特朗普喷出的瞎话突破了五千条大关,甚至在区区两个小时的时间内,他便发表了不少于 125 条带有虚假性或误导性的声明(根据《华盛顿邮报》的统计[3])。不到一分钟便诞生一句无稽之谈。这甚至不是他最不诚实的一天,折桂之日,即中期选举前夕的 2018 年 11 月 5 号当天,《华盛顿邮报》共在三次竞选集会上,收录到特朗普所言总计 139,缺乏准确性的指控或表述。

公平点说,这的确不是很正常,这是否意味着我们就生活在后真相时代? 特此宣告:非也!

别误会,我不是想说服您相信当下的生活其实并非充斥着魑魅魍魉与谩辞哗说——绝对到处都是! 只是,所谓生活在"后真相时代"的提法,存有一个鲜明的前提:这意味着曾几何时,存在过一个所谓"真相时代",因为唯有如此,才有可能出现所谓"后"之问题。

然而,不幸的是,证明"真相时代"曾经存在的证据……嗯……至少可以说是漏洞百出,或者勉强拼凑。认为人类之前经历过一个恪守诚信、致力追求精准实证的黄金时代,说白了,本身便是一堆老掉牙的胡说八道。

是的,当下,毫无意义的谎言废话甚嚣尘上,而或多或少,我们都在某种程度上对其推波助澜:我们都曾传播过毫无根据的谣言,我们大都曾在没有核实基本内容的情况下,分享或转发过基于某种原因迎合自身喜好的内容。

---

① 事情的起因是,自称是美国政府高级官员的匿名作者在美国《纽约时报》刊文,批评特朗普的执政方式,称行政机构内部存在针对特朗普的"抵抗力量"。特朗普在白宫举行的一场活动中回应这篇文章,称它"懦弱",继而在社交媒体"推特"上发起更多反击。他在一条推文中质疑《纽约时报》"再一次引用假消息源"。他认为:"如果这个没胆量的匿名人的确存在,为了国家安全,《纽约时报》必须立即把他或她交给政府!"特朗普与美国主流媒体矛盾尖锐,称后者炮制对他不利的假新闻,是"全民公敌"。他就任后,对政府内部信息泄露表示不满,曾发表推文,威胁要把"泄密的叛徒和胆小鬼揪出来"。

但是，不管读者诸君之前曾被如何说教，事实上，我们安常处顺于斯，此去经年。而这便是这本书的主旨：真相，以及历史上人类想尽办法掩盖真相的精妙手法。因为一切其实都是老调重弹，特朗普远不是第一个像浑身漏水的破喷壶那样向四面八方散播谎言的政客。我们此前并不需要登录脸书，就可以在人际之间传播未经核实的虚假谣言。因为只要存在可以轻而易举攫取的利益，只要还存在献身刀俎之下为人鱼肉的可怜虫，就总有人会愿意对事实加以"创造"，以便让人们将藏在内兜的金钱拱手奉上。

当然，准确地定义什么是真相，以及什么不是真相——从来不会像某些人想象的那般容易。还有其他问题，比如……虚妄之辞从何而来？人类以及人类所组成的这个社会，天生就不诚实可靠？人类是唯一说谎的生物（Creatures）①吗？这就是我们将在第一章**"不实之源"**中厘清的内容。在该章中，我们将会探讨"谎言"和"鬼扯"之间的微妙区别，发掘在"非黑即白"的绝对虚假之外，还存在着其他不同程度的谎言这一出人意料的事实，反思一个可怕的现实，这便是迷途之多，远超正路。

若干世纪以来，新闻业一直是大众了解世界的主要信息源之一。有言道，新闻乃是历史的初稿，但正如各位将看到的那样，这往往也是那种非常糟糕，甚至会让编辑抓狂的原始版本。在第二章**"陈年伪闻"**中，我们将回溯人类对于新闻永不满足于渴望之源头，并且结识一位亡者归来的"活死人"，同时也会发现现代人对于不可信赖的新闻来源乃至信息本身供给过剩的现实焦虑，也许不像人们想象的那般现代。

---

① 生物（Creatures），该词源于《创世记》，指上帝创造的有形无形的事物，现在一般指代生命体。

即便认为新闻业出身卑微，也不能否认它显然不会永远原地踏步，其已迅速发展成为以深刻方式重新塑造人类社会和大众世界观的庞大产业体系。但这并不意味着新闻变得更加可靠，从1835年的"月亮大骗局"（The Great Moon Hoax of 1835）①到关于"浴缸传入美国的经过""希特勒日记"和臭名昭著的"克罗伊登连环虐猫杀手"的报道，纯属胡说八道。我们从新闻中获知的很多世界时事，本是一派胡言。这些内容，都将出现在本书第三章**"谣传时代"**当中。

人们不仅对世上之事多有误解，甚至连正确认知这个地球都搞得一塌糊涂。在第四章**"大地谎言"**中，我们将开启一场历经数个世纪的"臆造地理"之旅。从未存在过的广袤山脉、神话般的土地上压根儿没发生过的荒诞传说、或从没有亲身勘探探查过其所宣称的遥远所在的探险家，如此种种，催生出我们手中的地图。哪怕编造者无所不用其极，世界尽头的真实情况，基本上也很难核实。

上述一切，甚至都可能成为被史上最大职业骗子玩弄于股掌之中的东西：他杜撰了一个子虚乌有的国度，欺骗举国上下的同胞，而这种人也只是将在第五章**"欺诈宣告"**中登场的小骗子和大忽悠中的冰山一角。这一章主要关注人们对骗子把戏的执迷不悟。从最初的街头骗子威廉·汤普森（William Thompson），到恣意操纵官僚机构的前苏联老千，再到凭借一只所装物品无人知晓的神秘保险箱数十年来维持奢华生活的法国女人。各位将直击史上最令人匪夷所思的设局者，并且会追问：一个骗子的可信度有多少，他们又是多么相信自己？

---

① "月亮大骗局"（The Great Moon Hoax of 1835），是指当时美国《纽约太阳报》（*The New York Suns*）以一系列完全捏造的文章引发的举国轰动，这些文章栩栩如生地描绘了著名天文学家约翰·赫歇尔爵士（Sir John Herschel）发现一个生活在月球上的复杂文明的全过程。

说起来，每个人对政客的共同印象之一，恐怕莫过于他们的虚与委蛇。伟大国家的领袖，并不是总会向臣民敞开心扉。如今，这对（某些）政客来说，可能有点不甚公平，但治国之道的虚伪之处，仍值得自成一章。在第六章**"失信政府"**中，我们将探讨政治欺骗的卑鄙艺术：从编造事实到阴谋理论，从欲盖弥彰到战时鼓动。

只要有钱可赚，便总会有人愿意歪曲事实以从中牟利。在第七章**"可笑行当"**中，我们将目睹两大罪魁祸首，即商业界和医学界的卑鄙手法。从卷走了投资者的款项，却一丁点铜也没有生产出来的古代美索不达米亚铜商伊阿纳西尔（Ea-nasir），到 19 世纪通过连环欺诈赚得盆满钵满的惠特克·赖特（Whitaker Wright），整部商业史，几乎都建立在大大小小的骗局基础之上。我们追溯史上某些挂羊头卖狗肉的江湖骗子，既有臭名昭著的"羊蛋医生"——一位颇具政治野心的新媒体先驱，通过外科手术把山羊睾丸植入阳痿者体内而大发横财；又有阴差阳错，歪打正着发明了催眠术而让自己的名字永垂史册的幸运家伙。

到此为止，我们已经与史上许多最令人印象深刻的骗子有过交集。但如果就此认为撒谎是人类面临的唯一问题，就势必遭遇当头棒喝。事实证明，聚居的人类，非常擅长凭空创造神话。在第八章**"大众迷思"**中，各位将看到疯狂热爱、道德恐慌和群体癫狂是如何让我们对一些荒谬至极的事情笃信不疑：从长期困扰英国社会的幽灵飞艇，到人们普遍认为男人阴茎会遭到偷割的主观确信，再到美国松林中的吃人怪物……好吧，字面的表述应该是"猎巫行动"。如果谈到生活在真理之中的话，事实证明，我们才是自己最凶恶的劲敌。

最后本书的"结论"部分，即**"真实未来"**，主要追问对于这一切，我们能够做些什么？如果谎言瞎话和胡说八道在历史上一直存在，对于知识界，比如科学和历史，或试图确证世界事实的所有其他研究路径来说,这到底又意味着什么?我们是注定要在虚假信息的迷雾中度过一生,还是可以采取某些措施,将生活向诚实回拨一度?

本书将引领读者见识史上最不可思议的谎言,最离谱的鬼扯和最历久弥新的虚妄。各位会在其间发现很多难以置信的存在,但其的确让同时期的某些人坚信不疑。读到最后,相信诸君自然就会明白为什么根本就不存在什么"真相时代",同时还可让各位对人类作为一个物种所提出的各种各样奇妙的废话鬼扯,产生全新的理解。坦率地说,这本书会让阁下成为一个更出色,更聪明,更有吸引力的人。

讲真,难不成我会扯谎?

第一章

不实之源

本书与真相,或者更具体点说,与真相的反面,即假相有关。

不幸的是,这意味着,在各位将继续读下去之前,似乎需要稍加思考,到底什么才是真相;反之,更为重要的是,什么不是真相。

问题是,所有这一切旋即变得异常混乱,毕竟歧途千条,动辄迷失。这可能会让一些人吃惊不已,我们当中有很多人都认为非真即假,清晰可辨。不幸的是,事情并没有那么简单。纵观历史,曾经思忖真理本质正反两面的智者,反复意识到了一个核心原则:正确进路极其有限,错误方法几近无限。

1606 年,伊丽莎白时代(Elizabethan era)①的剧作家托马斯·戴克(Thomas Dekker)②曾经慨叹:"真相只有一个父亲,但谎言却是一千个人的私生子,关键这种私生子还到处都是"[1]。正如 16 世纪的哲学家米歇尔·德·蒙田(Michel de Montaigne)③在他的文章《论撒

---

① 伊丽莎白时代(Elizabethan era),是指英国伊丽莎白一世女王统治英国时期,历史学家常常将其描绘为英国历史的黄金时代,在这之后将伊丽莎白时代标记为英国的文艺复兴阶段。

② 托马斯·戴克(Thomas Dekker, 1572—1632 年),英国剧作家,著作颇丰,职业生涯持续数十年,与多名同时期著名剧作家过从甚密。

③ 米歇尔·德·蒙田(Michel de Montaigne, 1533—1592 年),文艺复兴时期法国思想家、作家、怀疑论者,阅历广博,思路开阔,行文无拘无束,其散文对弗兰西斯·培根、莎士比亚等影响颇大,以《随笔集》(Essais)三卷留名后世。此处译文,包括《论撒谎》的标题(直译应为《论扯谎者》),参考了[法]蒙田著:《随笔集》,潘丽珍等译,陕西师范大学出版社 2003 年版,第 9 页相关内容,略有改动。

谎》（*Of Liars*）中所说："假如谎言和真相一样，只有一副面孔，我们还可以同它相处得好一些，因为那样可以从反面理解撒谎者所说的话。不幸的是谎言却有千百副面孔，无法确定其范围。"

本书尝试从谎言的千百副面孔中，分门别类捕捉若干，以伺诸君。

我们这个时代，远非史上首个对于真相极度痴迷、但同时又极度缺乏真相的阶段。事实上，在整整几个世纪的漫长岁月当中，欧洲都因为谎言肆虐，被称为处在虚伪时代（Age of Dissimulation）。从 15 世纪开始，欧洲大陆就因宗教纷争所扰，每个人都必须戴上自欺欺人的面具才能苟活。

马基雅维利①，一个与政治欺诈、权谋诡计密切联系的名字，以至于今天的我们仍然（相当不公平地）用他的名字来形容这种政治手腕②。他于 1521 年写道："因此，一段时间以来，我从不说出我所相信的，也从不相信我所说的。如果某些时刻我的确讲了真话，我也会将它隐藏在众多谎言里，以至于它难以被发现。③"[2] 老实说，我们每个人都有过这样的时候。

从古至今，人类都对谎言异常关注，想出了各种各样的方法来识别骗子。古印度《吠陀经》提出了一种以肢体语言为基础的方法，称

---

① 尼科洛·马基雅维利（Niccolò Machiavelli，1469—1527 年），又译尼可罗·马基亚维利，意大利政治思想家和历史学家，为政治学和法学摆脱神学和伦理学的束缚走向独立学科，开辟了道路。他主张国家至上，将国家权力作为法的基础，其代表作《君主论》主要论为君之道，君主应具备哪些条件和本领、应该如何夺取和巩固政权等，是名副其实的近代政治思想的主要奠基人之一，其思想常被概括为"马基雅维利主义"。

② "马基雅维利主义"（Machiavellianism），权术和谋略的代名词，通常分为高马基雅维利主义和低马基雅维利主义，其名言为"只要目的正确，可以不择手段"。马基雅维利主义在西方是贬义词，是旁门左道的文化支流，被冠以"马基雅维利主义者"，往往受到社会公众的谴责。

③ 译文参见［意大利］尼科洛·马基雅维利：《马基雅维利全集：书信集（下册）》，段保良译，吉林出版集团有限责任公司 2013 年版，第 637 页。

说谎者"闭口不言,抑或顾左右而言他;所言甚虚,脚趾搓地,浑身发抖;面如土色,抓耳挠腮;想尽办法溜之大吉……"[3] 同样在印度,数个世纪之后,还出现了一种称重测谎法:被指控为骗子的一方,将被置于天平一端,然后在另一端放上砝码寻找平衡。随即这些人会被要求离开磅秤,测谎者对于磅秤发表简短演说,祈求其揭示真相,然后,接受测试的一方回来重新接受称量。如果发现比以前的重量轻,就可以洗刷清白,但如果体重无变化,或者变得更重,就可借此证明指控成立。[4](有趣的是,这种重量和真相之间的关系,与欧洲许多秘密审判的做法截然相反。在印度,重量变轻与无辜清白联系在一起,而在欧洲,看似出人意料的体重变轻,却足以用来证明某人实施了巫术。如此一来,印度这种司法程序,为被告人当庭痛哭流涕提供了十分罕见的支持论据。)

当然,其他文化倾向于更为简单、直接的方法,比如利用烧红的火钳或开水识别骗子,目前尚不清楚这些措施是否更有效。

长期以来,人们始终致力于对不同类型的谎言分门别类,这相当于神学版的"巴兹费德"列表。早在公元 395 年,圣奥古斯丁(St. Augustine)①就曾夺门而出,大声嚷嚷着,自己所发现的八种谎言,按性质恶劣程度从高到低排序分别为:"传授教义时所说的谎言;无益于任何人但有害于某个人的谎言;会使某人得益而使某人受害的谎言;为体验撒谎之乐而编造的谎言;以逢迎谄媚取悦他人为目的使用的谎言;于任何人无害但对某人精神有益的谎言;于任何人无害但对某人肉体有益的谎言,以及保护某人不受'肉体玷污'的谎言。"

---

① 圣奥古斯丁(St. Augustine),即圣·奥勒留·奥古斯丁(Saint Aurelius Augustinus,354—430 年),古罗马帝国时期天主教思想家,欧洲中世纪基督教神学、教父哲学的重要代表人物,被罗马天主教封为圣人和圣师,其理论被视为宗教改革中的救赎和恩典思想的源头。

当然，现在对谎言的分类已与彼时有所不同。但是即便如此，你可能还是没有意识到其中的微妙之处。每个人都听说过"白色谎言"（White Lies），即所谓的"善意的谎言"，这些无关痛痒的社会虚构，旨在让我们在不互相残杀的情况下和平相处，但各位是否知道谎言还有其他颜色的谱系？"黄色谎言"（Yellow Lies）是指出于尴尬、羞耻或怯懦而用来掩盖失败的谎言："笔记本电脑坏了，导致我之前说过今天肯定会完成的报告文档彻底报销。"蓝色谎言（Blue Lies）则恰恰相反，是指用谦虚的口吻，通过谎言弱化自己的成就（"哦，报告没什么特别的，其实大部分都是老王写的。"）"红色谎言"（Red Lies）可能是最有趣的假话，没有任何欺骗意图。说者知道自己所言非实，听者也清楚说者在骗人，而说者明白听者知道自己在扯淡。在这里，重点不是误导任何人，而是向观众传达一些只能意会的信息（不管是最为基本的"去死吧你"，还是更温和的"我们假装什么都没有发生吧"）。想象一下，一对夫妇向邻居矢口否认昨晚大吵了一架，即便心里非常清楚街坊四邻其实都已有所耳闻，而你这个时候偏巧在场。

人们常说："真相不出门，谎言传千里。"（此话到底出自谁之口？这个问题更为棘手。经常被提及的出处包括马克·吐温、温斯顿·丘吉尔、托马斯·杰斐逊，以及其他几位人们耳熟能详的经典名家。当然，这些皆系谎言。事实上，类似的表述，最早可能来自爱尔兰著名讽刺作家乔纳森·斯威夫特（Jonathan Swift）①，他在 1710 年写

---

① 乔纳森·斯威夫特（Jonathan Swift，1667—1745 年），爱尔兰作家、政论家、讽刺文学大师，代表作为《格列佛游记》和《一只桶的故事》，曾被高尔基称为"世界文学创造者之一"。1710 年 11 月 2 日，《考察报》第 15 期刊发了一篇斯威夫特对西班牙王位继承战争的评论，文中有言：谎言飞驰，真相蹒跚其后（Falsehood flies, and the Truth comes limping after it）。可以参见杨487：《语录侦探 | 两位最伟大段子手一起仰望的人》，澎湃新闻 2019 年 8 月 14 日，https://www.thepaper.cn/newsDetail_forward_4158536，2020 年 1 月 17 日最后访问。

道："谎言飞驰,真相跛足其后。")

不管此言出自何处,毫无疑问,胡说八道的无稽之谈流布之速,可以令人惊掉下巴。如果各位曾试图在互联网上揭穿谣言就会知道这一点,事实上,这正是我的日常工作,所以相信我,我对这些门儿清着呢。

但在现实中,虚假之所以相较于真相更具优势,与事实和虚妄的相对传播速度,甚至与真实不切实际的表现形式,都没有多大关系,更主要的原因还在于虚假所能提供的宏大规模和丰富种类。所谓"谎言传千里",但各位是否知道,每一个"传千里"的诡言背后,都有成千上万个"未能顺利出门"的同类。有传播潜力的谎言数量之巨,根本不受基于事实要求的约束,提供了一个巨大的达尔文式试炼场,以发现其中最为吸睛、生命力最为持久者,死而不僵的谎言将一次又一次地借尸还魂。这一切,像极了那些一次产卵 200 万,只为了让其中两个后代存活下来的鱼类品种。

相反,真相……嗯,则有点无聊。只是存在于某处,大小不定的灰色斑点,熟悉又不可琢磨。除了稍显无趣之外,真理还非常令人沮丧。任何试图探究其蛛丝马迹的人都会证明,真相具有一个令人生厌的惯习,就在你认为已经对其胜券在握时,它便会从你的指缝间悄然溜走。

当然,有些事情再简单不过,具有无可争辩的真实性:比如,火比冰热;真空中的光速恒定;有史以来灌制的最佳歌曲是罗宾(Robyn)的《个人独舞》(*Dancing On My Own*)[1]。但一旦超越了这

---

[1] 《个人独舞》(*Dancing On My Own*)是瑞典女歌手罗宾(Robyn)于 2010 年 6 月 14 日发行的专辑《Body Talk Pt. 1》的主打单曲,曲风明朗、近乎舞曲的背景音乐加上动情的演唱使整首单曲有着浓烈的伤感之情,聆听这首歌时能够感受到歌曲名字的真谛。该首单曲还被用作美国当红电视剧《绯闻女孩》第四季第七集的片尾曲。显然,作者是在用自己所喜爱的歌曲"假公济私"。

些不可撼动的自然法则，一切都会令人震惊得迅速变得模糊起来。你会发现自己在说"能够找到的最有力证据表明如何如何"。还有"诚然如此，但更为重要的部分呢？"等等，不一而足。每一位投入时间追求精确有据的人都明白，任何全新的知识碎片，往往会意味着十个以上的相关问题会纷至沓来；每当你认为自己马上就要顿悟的时候，现实就会开始渐行渐远，而你会发现自己却被淹没在四处告警的汪洋大海之中。从这个意义上讲，所谓真相，并非某种具象的事物，它更像是一段无比漫长而又令人恼火的旅程，而其所指向的目的地，永远都可望而不可及。

与此同时，这个世界提供给我们的无以数计的不那么真实的东西，无比诱人，且适应力极强，所以说真心话往往会非常有趣。

本书将要探讨的，正是各种各样的虚妄不实，因为事实上，所谓谎言，也只不过是作为真理的反面表现形式的"沧海一粟"而已。

例如，堪称政治欺骗"艺术"的政治粉饰。所谓"粉饰"，其狡猾之处在于，甚至不必撒谎便能巧言令色。虽然许多政客确实在撒谎（我知道，这听起来令人颇为震惊），但登峰造极的政治手腕，正是设法通过只说真实的事情来暗示完全不实的事情，用诚实的砖头建造一座海市蜃楼。此外的适例，还有所谓"幻觉"，人们明明知道自己做错了，却一贯有能力说服自己相信这样做的正确性，然后紧接着也许是最广泛和最具破坏性的所谓"鬼扯"。

对于鬼扯，我们要感谢哲学家哈里·法兰克福（Harry G. Frankfurt）[①]对"鬼扯"问题的理解，他是第一个投入大量时间分析这一复杂问题的研究者，著有《论扯淡》（的确，哈里·法兰克福曾作为

[①] 哈利·法兰克福（Harry G. Frankfurt，1929—　），美国哲学家，曾执教于普林斯顿大学等知名院校。这里提到的相关著作汉译本，参见［美］哈里·法兰克福：南方朔译，译林出版社 2008 年版。

哲学家显赫一时,嘿嘿)。

法兰克福的核心观点是撒谎和鬼扯其实不是一回事,尽管你可能会这么想。他写道:"除非一个人认为自己知道真相,否则这个人不可能说谎,但是鬼扯没有这样的要求。"

换言之,说谎者对真相极为忌惮,就好比水手特别在乎冰山一样。他们需要确切了解真相所在,这样才能在深思熟虑之后,采取无比精确的行动来对其加以规避。相比之下,对那些胡说八道的瞎扯者来说,真相是什么则显得无关紧要;他们乐意随时对其予以接受或加以摒弃。鬼扯之际,偶然增加若干准确性,可能被认为是一种附加选择。如果胡言乱语营造的虚幻世界与现实世界存在某种重叠,显然对你来说并无大碍,甚至可能有所加功。然而,对于一个说谎者来说,不小心承认一个对己不利的事实,可能足以致命。

鬼扯的逻辑有如梦游,愉快地倘佯于自相矛盾之中,也只有在这种情况下,鬼扯才是有意义的。法兰克福指出,在其看来,"扯淡的本质",在于"对真相的漠不关心"。

因此,两者对于这个世界的影响是截然不同的。说谎好比手术刀,鬼扯宛如推土机。环顾当下这个世界,不禁会想,这些撒谎的骗子何以如此厚颜无耻地全身而退,为什么大家没有大声疾呼他们所说的是一派谎言……下面便是问题的答案。你指责其做错了事,说错了话。说谎作为一种十分微妙、注重细节和缜密分析的专攻之术,这并非本书关注的焦点。我们所关注的是鬼扯。

其实,在各种各样的不实表象背后,暗藏的都是亘古不变的所谓"错误"。

如前所述,我平时供职于一家事实核查机构,因此经常与五花八门的犯错方式打交道。以至于我们去年开发出一种思维实验,试图让人们思考现实当中可能发现的所有不同类型的错误。最初的想法是尽可能去除这个世界上大多数事物周围一切令人感到困惑、混乱的干扰,把每一个故事都归结为来源单一、简单的事实主张,如此一来,除此之外,不能依赖任何其他证据对其加以支持或反驳。我们将此称之为"时钟游戏"(Clock Game),示例如下:

你被响个不停的电话铃声惊醒,睁开眼睛,发现自己躺在一个陌生的房间里,一道微弱的光线从看起来像是浴室门口的地方渗透进来。基于"有点像但又不真的像家"的通用设计线索,你或许感觉到自己好像在某个酒店房间。你不知道自己身处何方,也不清楚自己是怎么来到这里的。但是,考虑到大脑的模糊状态,你开始意识到,这里面存在很大的时差。

你无从得知自己到底睡了多久。

你在屋子里四处寻找,试图发现蛛丝马迹。看不到时钟,密不透光的窗帘遮住窗户,无从知晓外面是白天还是黑夜。床边的电话一直在响,声音实在太吵,让人感觉很不舒服,你摸索着拿起听筒。

"嘿,你成功了!"电话另一头传来的声音有点过于欢快,口音有些陌生,一时令人摸不到头绪,让你无从确定说话者来自何处。

"什么?"你回答。"您哪位?"

"我是巴里!"奇怪的声音传来。"很高兴终于和你联系上了!"尽管你不确定自己是否认识巴里,但还是决定顺水推舟把话接下去。

"我,呃……"这时你才意识到,根本完全无话可说。"嗯……现在几点了?"你稳了稳心神,欲言又止地问道。

"等一下,"这个自称巴里的人说道,"让我去看看钟。"

你听到听筒被放下的声音,脚步声渐渐远去。或许是几秒钟,也可能是几分钟,你不是很确定,脚步声又回来了。

"五点了,伙计。"自称巴里的人说道。

"好吧。"你说。

游戏的关键点是:能否列举出证明此时此刻你对时间的确信是错误的全部方式?剧透:方法可能比想象的要更多哦!到目前为止,我们已经找到不下二十种,即使这样,几乎可以肯定,难免存在某些疏漏。

游戏继续,花点时间看看你到底能够想出多少。想象一下此时正在播放一些轻松的音乐。(**在你沉浸于思索时钟游戏,也可能在琢磨本书的作者是否疯了的时候,播放着戴夫·布鲁贝克(Dave Brubeck)**①**的名曲《拿走五个》(Take Five))。**

好的,回过神来了吗?很好!先来看看再明显不过的几种。巴里的钟可能不准:或者太快,或者太慢,或者完全停了。巴里的钟也可能堪称完美,但其时间设置从一开始就被拨到了错误的位置。这还可能是一个很难读懂时间显示的计时装置,虽然利用回收的漂流木和玻璃罩进行了超豪华的设计,并且挂在墙上时看起来颇为漂亮,但除了一堆花里胡哨的碎片拼接之外,根本无法显示任何时间。抑或者,这干脆就不是什么时钟,也许只是一幅时钟的画像。巴里可能根本没有什么钟表,只是那天早些时候让人把时间写在一张纸上罢了。

也许你和巴里分处不同的时区,虽然他对时间的判断完全正确,

---

① 戴夫·布鲁贝克(Dave Brubeck, 1920—2012年),美国钢琴家、作曲家、现代爵士乐的重要奠基人。这里的名曲《拿走五个》与例子中的五点存在双关之处。

但对你来说却并非如此。也许为了方便,他把显示时间做了四舍五入,但这对你来说并没有多大用处,因为你想知道更为精确的时间。可能他去看表的时候已经五点,但等他回电话时,早已经过了时辰。

也许巴里是在有意撒谎,出于不胜枚举的邪恶原因。也许他没有说谎,而是在鬼扯,因为他看不懂时间,但他并不想承认。也许巴里认为自己能读懂时间,但实际上却根本不知道时钟的工作原理。也许他是想说"九点",但却出现了口误。

或者他的确说的是"九点",但你却听错了。也许你才是那个不了解时间的人,而现在你在想,啊,五点钟了。也许你认为他不会考虑回电话所花的时间,所以你假设现在的时间差不多是五点五分,但事实上他已经将其计算在内,所以你所做的反倒变成了矫枉过正。

也许,在略带偏执的状态下,你会认为巴里在骗你,所以你相信自己,可以肯定现在绝对不是五点钟。但很遗憾,你错了,巴里是个好人,也是你的朋友,他永远不会对你撒谎。现在真的就是五点,你因为对人缺乏信任而让自己误入歧途。

也许你和巴里使用的并不是同一套时间系统,没准他是美国国家航空航天局(NASA)①的一名工程师,供职于某火星探索项目,因此他的时钟被设定为火星时间,每天的时间比地球多出了 37 分钟。

也许"五点了,伙计"这句话,根本不是想告诉你时间,而是一个你俩都为之工作的秘密组织的接头暗号,不过因创伤性失忆症,你已经把它忘得一干二净了。

也许时间,这条与我们所有人如影随形的神秘河流,根本无法真正由人类来加以衡量,我们所做的一切努力,都不过是一种概括性的

---

① 美国国家航空航天局(National Aeronautics and Space Administration,简称 NASA),又称"美国宇航局"或"美国太空总署",是美国联邦政府下属的一个行政性科研机构,负责制定、实施美国的太空计划,并开展航空科学暨太空科学的研究。

近似估计。

或者……可能他只是指上午,而你以为他说的是下午。

现在,坦白讲,你可能会觉得这一切都是胡说八道,但事实上,你在时间问题上犯错误的每一种方式,可能都与错误信息流入社会的真实途径相符。是的,即使是那些看似蠢不可及的情况,比如按照火星时间工作的巴里,或者有人想给你一句超级间谍的接头暗语。

一些现实世界中的对应情况显而易见:四舍五入得太过,出错后不予调整(比如观察时钟与回复电话之间的时间差),或者没有意识到信息来源根本不可靠(比如时钟走时偏慢)都是常见的问题,这些在你处理基于数据的相关事实时,体现得尤为明显。试图从停摆的时钟或纸上所画钟表判断时间的做法,符合人类在实际有用的信息无以为继时,依然坚持追求绝对确定性的习惯。巴里的火星时钟,出人意料地是一个相当常见的犯错原因,人们只是没有意识到自己对同一个基本概念使用了完全不同的定义而已(请记住,克里斯托弗·哥伦布之所以"发现"美洲,是因为他弄错了亚洲与出发地之间的距离:当他在使用某种信息来源计算地球周长时,一厢情愿地认为其所指的是罗马单位的"里",但实际上人家谈论的却是阿拉伯世界丈量距离的单位"里",两者的长度大相径庭。)

令人颇感匪夷所思的是,当我为撰写本书开展研究时发现,我们并不是率先开展这种思维实验的人。1936 年,职业生涯波澜万丈的勇敢的北极探险家维尔杰尔穆尔·斯特凡森(Vilhjalmur Stefansson),在事业转折期撰写过一本名为《错误的冒险》《Adventures in Error》的奇书,本书开头部分便援引了个中内容。在那本书中,斯特凡森曾举过一个非常相似的例子,只不过他用的牛,而不是钟。

这个例子的开篇场景如下:"一个男子从外面归来,宣称前院有一头红奶牛。"[5] 乍看起来,似乎并没有存在太多模棱两可的地方。前院有头红奶牛，属于一种非此即彼的情况。但斯特凡森认为，事实上，出错的可能性有"很多"。这头牛可能不是真正的奶牛，可能是阉牛，也可能是尚未产仔的小母牛。他进一步补充说，这名男子"可能是色盲，奶牛（除了哲学思辨层面以外），可能本不是红色的"。或者，他继续说道，当这名男子告诉我们院子里面有一头奶牛的时候，奶牛可能已经被狗赶走了。

我希望所有这些有关奶牛和钟表的唠唠叨叨能够使各位相信，即便有时我们似乎被淹没在谎言的汪洋大海之中，对此也存在着很好的说明理由：假相相较于真相存在天然优势，即其数量更多。但这并不是其唯一的长处，我们的大脑，以及我们所处的这个社会当中，存在很多能够让谎言泛滥的特质。

几个世纪以来，我们一直认为说谎是人类的独有特征，是我们的原罪。但事实证明，人类并不是唯一会扯谎作假的生物。首先，许多动植物的生命，都建立在欺骗的基础之上，想想依靠装死逃生的负鼠；占据雀巢的斑鸠；或者看起来宛如一只性感雌蜂，以吸引愚蠢的雄锋前来授粉的兰花。你可能会颇为合情合理地提出，准确来说，这并不是在撒谎，而只是物竞天择背景下历经数代形成的非自愿进化的最终产物。这种看法并无偏颇之处，但有大量证据表明，一些聪明的动物完全有能力实施故意欺骗。

试举一个令人特别难忘的例子，在研究成果《动物会说谎吗？》(Can Animals Lie?)中，符号学家托马斯·A. 赛博克（Thomas A. Seboek）[1]曾提到，苏黎世动物园里的一只"俊美猛虎"，学会了通过"一系列有趣的举动"[6] 故意引诱游客靠近笼子的栏杆旁边。当被自己深深吸引的游客足够接近时，老虎会用一股浓浓的尿液浇湿这些

---

① 托马斯·A. 赛博克（Thomas A. Seboek, 1920—2001 年），匈牙利裔美国语言符号学家。

好奇的看客,实在没有办法将这一幕描述得更为婉转。这只老虎显然对自己的此般伎俩非常满意,动物园管理人员最终不得不竖起一块牌子,警告游客不要相信这只老虎。

那只可恶的老虎绝非个案。密西西比州的一个研究机构,通过投鱼奖励的方式,训练了一只海豚来帮助清理水池中的垃圾,结果它学会了将垃圾碎片藏在岩石底下,然后根据需要将其带上水面去骗取鱼吃。记录在案的,还包括实施了各种欺骗伎俩的黑猩猩。[7]当他们感到紧张的时候,就会不由自主地龇牙咧嘴。一只受到身后其他同类威胁的黑猩猩,被看到用上肢将嘴唇向后拉以盖过牙齿,然后转身假装自己并不害怕。另外一只年轻的雄性黑猩猩,在种群中地位最低,被发现试图暗中勾引一只通常情况下领头的雄性黑猩猩根本不会让其靠近的雌性黑猩猩。当这一切被其中一头年长的雄性黑猩猩打断时,年轻的雄性黑猩猩居然用两只手遮住了自己的下体,这一幕像极了 20 世纪 70 年代英国性喜剧中的某个角色。[8]

偷奸耍滑,根植于自然世界的方方面面,所以或许我们不应该对于自己偶尔的信口雌黄太过苛刻。

这不仅仅是因为欺骗具有自然属性,更由于这种行径始终保持与时俱进。科学研究表明,在所有灵长类动物中,大脑皮层的面积(哺乳类动物大脑中处理语言等复杂任务的部分)与这些物种的欺骗频率密切相关。[9]换句话说,脑子越大,谎言越多。在复杂社会群体中生活的挑战,包括有时需要欺骗你的同类,很可能推动了我们大脑结构的复杂性与体积容量的增加。

认知能力和欺骗行径之间的联系,随着人类的成长不断复制。孩子们通常在两岁半左右,即学会说话后不久,便开始说谎。人类最初的假话,往往属于简单的"愿望实现型"谎言:"我才不想吃什么饼干。"[10] 但是,随着心智水平的发展,孩子开始建立自己的思维习惯,并逐渐理解与他人互动的复杂本质,与此同时,其说谎的技能也会水涨船高,不断解锁升级。

谎言在人类日常生活中究竟浸染多深?可能远超你的想象。心理学研究表明,遇到新朋友时,在开始交谈的前十分钟内,一个人就平均会撒三次谎。[11] 其他研究显示,平均来说,每个人每天至少撒一次谎。尽管这些研究建立在让大家主动报告自身说谎频率的基础之上,因此很容易受到参与者未能坦诚以对的影响。

这并不是询问人们说谎频率的唯一潜在问题。撰写本书时,我最初的计划之一,本是记录"谎言日记",花上几个星期的时间认真记下自己所说的每一句假话。借此深入了解我们,甚至(或特别是)那些笃信自己基本算是诚实的人的生活当中到底掺杂有多少不真实的成分。对于这样做的前景,我既感兴奋,也很紧张。我不禁在想,这本书的出版,究竟会让多少友谊毁于一旦?

可最后,我发现根本不必庸人自扰。这并非因为我本人堪称表征纯洁与真实之灯塔(我的意思是说,很明显我是),而是由于每一次试图记录自己谎言的尝试,都在一天之后戛然而止。

很简单,即便满嘴鬼扯,胡说八道,我也对此毫无自知。

问题是,我知道这段过程中自己的确说过诓言妄语,尽管都不是什么特别邪恶的话语。大体上,可以将其间出现的所谓鬼扯,分为三类:关于已经说了什么的谎言;关于在不久的将来能说什么的谎言;以及社交生活方面的谎言。

第一类谎言,主要是出现在我写给出版商和代理人的短信和电子邮件当中,一口咬定这本书写得多么好,我写了多少东西(十分抱歉);第二类谎言,则主要是针对自己的同事,信誓旦旦地告诉他们下一步会处理承诺为他们解决的所有问题,明天一定会对他们有所表示(再次致歉);第三类,则是让社会避免陷入相互指责的死亡漩涡的善意谎言:编造不能参加聚会的借口;关于刚刚看到短信这种明显虚假的声明;空洞的肯定,毫无疑问,你在这场争论中保持了理性,而另一个人听起来像是一个彻头彻尾的混蛋,毫无道理可言。(如果不是因为当时正在努力奋笔疾书,以至于在好几个月的时间里,都基于完全真实的理由。也就是说,我必须集中精力做一件重要的事情,呆呆地盯着屏幕,但一个字也写不出来,拒绝了各种前往酒吧夜店的邀约,最后一类谎言的规模,可能会大得多。专业提示,特别适用于木讷内向者:交稿日期迫在眉睫,堪称完全真实的绝佳借口,让你彻底摆脱社交活动的束缚!)

大多数情况下,当我信口胡诌的时候,对此心如明镜,但偶尔,承诺我会完成某些事情的表态除外(这有时源自简单纯粹的错觉,确信可以在自己所认为的每天的三十六个小时中坚持连续工作!)。然而,在说谎的过程中,我的大脑里发生了一些变化,开关会跳转,会暂时忘记自己正在满嘴胡说。这是我从来没有真正注意到的事情,直到我给自己布置一个任务:记下所有微不足道的善意谎言。但是我当时甚至根本无从分辨,就好像脑袋里存在一种自我防卫机制,抵消了对我本人所说假话的识别能力。

我不知道其他人的大脑是否也像这样工作,也有可能我无意中发现自己原来是个精神病患者。但是,我猜,类似的情况,在很多人身上发生的可能性同样很大。

撒谎的人说谎;胡扯的人鬼扯,再简单不过。但真正有意思的不是人们为什么不说真话,这一幕总会上演。不,真正有趣的问题是,为什么有些谎言会一直存在,为何?尽管我们把尊崇真相挂在嘴边,并且这个社会的所有结构,都旨在发现并根除虚假不实,但就是有些谎言依旧深入人心。换言之,扯淡者是如何蒙混过关的?

究其原因,除了占据数量优势之外,还存在一些结构性的因素,从而导致不实虚假占了上风。在本书中,我们将目睹假相得以传播并占据一席之地的七种主要模式。

努力瓶颈

如果核查某件事情是否属实的相对难度,超过其所具有的重要性,就会遭遇所谓的"努力瓶颈"。关键是其在天平的两端都起作用:既适用于相对容易检查,但因为异常琐碎以至于无人问津的事物;也适用于显然非常重要但同时也很难调查的东西。16 世纪的探险家们曾声称生活在巴塔哥尼亚(Patagonia)①的巨人族身高 12 英尺,却未受惩罚,个中缘由与你可以将简历中高等数学的成绩从 B 篡改成 A 并能安然无事的道理一样。是的,也许会有人核查一下,但他们真的不嫌麻烦吗?

经验丰富的鬼扯能手本能地深谙此道,编造能够经受比以往任何时候都要多得多的核查的谎言无疑效率太低。具备先天禀赋的说谎者,会把自己的谎言,无论大小,都放在努力障碍的远端。

信息真空

我们常常认为,真相和假相水火不容,永远势不两立。但努力瓶颈所导致的影响之一便是,很多时候,真相甚至从来没有出现在这场

---

① 巴塔哥尼亚(Patagonia),主要位于阿根廷境内,小部分属于智利,由广阔的草原和沙漠组成,西抵巴塔哥尼亚安第斯山脉,北濒科罗拉多河,东临大西洋,南濒麦哲伦海峡;海峡南面的火地岛分别隶属于阿根廷和智利,通常也划入巴塔哥尼亚的范围内。1519年,随麦哲伦环球旅行到此的意大利学者安东尼奥·皮加费塔,看到当地土著居民,即巴塔哥恩族人脚着胖大笨重的兽皮鞋子,在海滩上留下巨大的脚印,便把这里命名为巴塔哥尼亚,"Patagon"西班牙语含义亦指"大脚的人"。

争斗当中。这个世界上有很多事情，我们根本一无所知。而且，在信息匮乏的情况下，我们往往会在某种声称自身便是信息的事物登场时降低警惕，即使没有充分的理由对其照单全收。

这一切都与被称为"锚定效应"（Anchoring Effect）[①]的认知误区有关：大脑倾向于捕获关于任何一个主题的第一条信息，并给予其非比寻常的重视。当针对某件事情缺乏高质量讯息时，低质量的消息便会蜂拥而入来填补空白，而且，很多时候，即使更可靠的信息最终出现，可信度低的信息仍会拒绝让步。

鬼扯循环

谁也不能依靠一己之力了解全世界，所有人都得借助他人获取信息。这是一件好事，我们可以一起认知这个世界，这比单打独斗所能了解的程度显然要多得多。但这样做也存在一些问题，其中一个主要的问题，便是所谓的鬼扯循环。当不可靠的信息被一再重复时，你就会获得相关印象，与其说你看到的是一种同态重复（只是照葫芦画瓢，没有对相关主张给予额外的印证），莫不如说是确认不可靠的原始消息的准确性。如果这种情况持续下去，问题就会愈演愈烈，这不再仅仅是观点的重复。最终，人们开始调整自己的言行，以适应这些不可靠的事实，每个人都知道这是真的，所以即使你目睹证明其为虚假的证据，也可能怀疑是自己的眼睛出了问题。

所以，甲告诉了乙一些错误的信息，然后又将其告知给丙。丙虽然对此表示怀疑，但随后乙也这样说。丙将其解读为第二种信息来

---

① "锚定效应"（Anchoring Effect），是指当人们需要对某个事件做定量估测时，会将某些特定数值作为起始值，起始值像锚一样制约着估测值。在做决策的时候，会不自觉地给予最初获得的信息过多的重视。

源,并被彻底说服。丙跑去告知丁这个令人兴奋的消息,丁又将其传达给甲。甲因此将其作为大家都是对的证据。与此同时,戊己庚辛等人也从很多人那里打听到同样的信息,现在这已经成为人们的共识。这时,如果有谁试探性地问:"对此我们真的能够确定吗?"恐怕很快就被其他人当作异类。

或者,举一个大家耳熟能详的例子。某报纸从维基百科上复制了某个事实,然后又被维基百科引用作为其所刊载的事实是正确的证据。

希求为真

人类大脑做了很多让我们极不善于辨别真伪的事情。你可能听说过很多与此相关的技术名称,比如"动机推理"(Motivated Reasoning)①和"确认偏见"(Confirmation Bias)②,但其基本上都归结为这样一个事实:当我们希望相信某事时,弄清楚其到底是否为真,在大脑的优先事件清单中排名就会变得靠后。不管信息是支持自身的政治立场,满足偏见,还是仅仅属于"希望实现型"谎言,使人自嗨于"虽然我从没去过西班牙,但也许我会在那中大奖",我们都会欣然臆造出虚假的理由,赋予最荒谬的主张以可信度,心甘情愿地只选择支持这种认知的证据,想也不想就忽略了大量证明这种断言站不住脚的事实。

---

① "动机推理"(Motivated Reasoning),是指当人们对一个问题有着先入为主的偏见时,会"下意识"地寻找论据来证明这个偏见,从而陷入非理性的思考之中。

② "确认偏见"(Confirmation Bias),是指在诸多证据里面,人们会更容易注意到、记住和相信对自己有利的证据,忽略相反的证据。

自我陷阱

即使谎言真的被揭穿，也有一些东西经常阻碍着真相像先入为主的谎言那样轻易传播开来。简单地说，我们发自内心的不喜欢承认自己错了。人类大脑厌恶这样做，一大堆的认知偏见会让我们甚至无法接受自己可能已经把事情搞砸了的事实。而且，如果我们真的意识到遭到虚假事物的欺骗，还要为此面临巨大社会压力，进而被迫对其文过饰非。一旦被套上鬼扯的枷锁，人类就会变得不愿意重获自由。

满不在乎

即使有机会揭穿谎言，我们也不总是愿意抓住机会。人们可能会认为事情是真是假并不重要（特别是如果我们喜欢这个谎言的话）。但是，同样我们可能相信，揭示真相于事无补，所以干脆不给自己找这个麻烦。我们可能会坚称谎言无处不在，于是干脆被其庞大的规模所压倒，然后放弃了事实。无独有偶，我们也可能会想……好吧，既然每个人都这么做，我也应该如法炮制。

所有这些都是可以理解的，但很糟糕。

缺乏想象

假相所具备的最强优势之一，简单来说，就是我们无法理解其所能表现出的令人惊讶的层出不穷的方式。这样说是有道理的，毕竟人类的生活必须建立在这样一个假设之上：我们被告知的大多数事情都是真实的，否则就会陷入一种喋喋不休的偏执漩涡。但这可能导致我们彻底低估了事情不实的可能性。我们假定，在新闻中读到的信息，很可能是真的。我们认为，如果有人看起来值得信任，那么他们就不会试图欺骗我们。我们相信，如果很多目击者都声称他们看到了什么，这种东西就一定存在。然而，上述假设，都没有想象的那么可靠。

从根本上来说，我们只是没有对虚假的事情给予足够的关注。我们没有研究过它，也没有谈论过它，结果是，当我们看到假相的时候，并不能总是对其洞若观火。

希望通读本书之后，这些都将不再成为问题。

第二章

陈年伪闻

泰坦·利兹(Titan Leeds)溘然离世，此事毋庸置疑。

利兹先生勤劳诚实，在不幸去世之前，曾是美国新泽西州伯灵顿市一位成功的出版商。他于 1733 年 10 月 17 日星期三下午三点半左右撒手人寰。利兹去世的悲痛消息印成了白纸黑字，庄严肃穆地记录下来，分发大家传阅："毫无疑问，他真的已经去世了，这是事实。"[1] 这便是关于其辞世的故事中的一部分。而且，尽管事先有人预测他来日无多，但他才刚刚三十出头，英年早逝的消息一定会让伯灵顿的许多居民感到震惊。这个位于特拉华河畔的繁华社区，自半个世纪前由一群贵格会(Quakers)[①]教徒创立以来，一直都在蓬勃发展。

最惊讶的，可能莫过于泰坦·利兹本人，因为他非常肯定自己还活着。

我们只能臆测他当时的确切反应。但是，有充分的理由相信，这位肯定未去世的利兹先生，应该说，在读到自己早逝的消息时，一定非常生气。我是说……这会让他有点不舒服，对吧？对此，任何人感到有点愤怒，都可以被原谅。但回到 18 世纪 30 年代的那个世界，这一定特别令人感到困扰。因为彼时，利兹先生对发生在自己身上的

---

① 贵格会(Quakers)，又名"教友派""公谊会"，兴起于 17 世纪中期的英国及其美洲殖民地，创立者为乔治·福克斯。"贵格"为英语"Quaker"一词的音译，意为"颤抖者"，贵格会的特点是没有成文的信经、教义，最初也没有专职的牧师，无圣礼与节日，而是直接依靠圣灵的启示，指导信徒的宗教活动与社会生活，始终具有神秘主义的特色。

一切，并无太多参考的余地。

谢天谢地，在我们所生活的这个时代，读到关于自己死亡的消息这种令人不安的经历仍然相当罕见，但我们至少大体上会意识到存在这样一种可能。我们可能都在新闻中听闻过类似的故事：尸体被认错，或者讣告意外提前曝光。"关于本人已死的报道，显然有些言过其词了。"这句人尽皆知的名言，现在实际上已经沦为陈词滥调（即使某位学究可能指出，马克·吐温其实从未讲过这种话）。[2]1980年，《纽约时报》刊登了一篇关于臭名昭著的恶搞艺人阿兰·阿贝尔（Alan Abel）[3] 的讣告，但讣告的内容似乎存在明显的问题。第二天，当阿贝尔召开新闻发布会，宣布自己诈死，只不过是为了"赢得公众的注意"时，这一问题变得再明显不过。[4]（整整38年后，当阿贝尔最终去世时，《纽约时报》第二次刊登了他的讣告，并用颇具讽刺口吻的文字写道，这次，他"显然确实死了"。）[5]

换句话说，对我们来说，被人提前通报死亡，绝对是**件事儿**。我们不仅知道这类事情偶有发生，而且许多人可能在某个时候想象过，如果类似的状况发生在自己身上会是个什么样子（承认吧："让人们误以为我死了，由此找出每个人对我的真实看法"是你在某些厚黑时刻，头脑中浮现出的真实想法）。2009年，一个恶搞网站的造谣蛊惑，加上推特这个一直过分活跃的谣言制造工厂的推波助澜，暂时让杰夫·高布伦（Jeff Goldblum）[①]离开了人世，迫使这位演员最终上了"科尔伯特报道"[②]，亲自为自己致悼词。我想很多人会同意这样处

---

① 杰夫·高布伦（Jeff Goldblum, 1952—　），美国演员，曾出演电影《侏罗纪公园》《天煞》，也是百老汇的演员。

② 科尔伯特报道（The Colbert Report），2005年开始播出的一档政治类综艺栏目，被《纽约时报》标榜为"年度最好的电视节目"之一，收视率极高，主持人史蒂芬·科尔伯特（Stephen Colbert）曾获电视艾美奖提名。

理,这是处理此类事件的最好办法。[6]

但是,对于生活在大众传媒方兴未艾的那个时代的泰坦·利兹来说,这一切一定无比陌生,同时又十分新奇。如果让人们在读到了什么消息后认为你已经死亡,一定比让我们这样想要奇怪得多……也更让人恼火不已。更别提,我们可以肯定,他单凭一己之力想要揭穿这一假消息的努力,不可能百分之百成功。尽管利兹愤怒地付诸报端,坚称自己还活着,但在随后的几年里,仍然不停涌现相关报道,信誓旦旦断言利兹先生绝对已经死翘翘了。更有甚者,这些报道一味宣称,无论现在是何方神圣正在假冒已故利兹先生的名义撰写言词激烈的长篇大论,都应该立即收手,因为这正在玷污逝者留给深爱着他的人们心中的美好记忆。

这一切之所以发生,是因为利兹之死的故事,绝非单纯的无心之失。比如说,某处勘校失误,或者一个毫无根据的谣言被反复盲从。这其实是一个处心积虑、多少带些喜剧色彩的谎言编造,其之所以得到广泛传播,无外乎两个经典的原因:利益和恶搞。对于刚刚崭露头角的出版业者来说,为了提高报纸销量,可以无所不用其极(而且非常成功)。对于泰坦来说,特别不幸的是,加入业界竞争的这个家伙,偏巧有着一种特别顽劣的幽默感,而且,如果说利兹对此深感恼火的话,那么他很可能会更加愤怒地得知,虚构自己死亡,并将其包装成廉价营销噱头的那个小混子,几十年后,摇身一变,俨然成为了涅槃新生的美国最著名的知识精英之一。

简言之,泰坦·利兹在很早的时候,便相当不幸地遭遇到了一个只能被称为"假新闻"的残酷事件。

泰坦面对的"后真相"困境,始于一个无比简单的原因,一位同为年鉴制造商的竞争对手,正在奋起直追。在 18 世纪 30 年代的美国,年鉴制贩可谓一笔大生意,而泰坦·利兹正是业界翘楚。其父丹尼尔被迫退休后,泰坦继承了《利兹年鉴》(the Leeds Almanac)出版生意。丹尼尔·利兹(Daniel Leeds)出生于一个贵格会家庭,其祖籍可追根溯源至英国的利兹(肯特郡的"小利兹",而不是约克郡的"大利兹")。[7] 面对日益严重的宗教迫害,利兹一家于 1677 年移民北美,虽然借此摆脱了旧世界的宗教桎梏,但丹尼尔却不得不再次开始与新世界的宗教束缚展开斗争。

丹尼尔·利兹思想深邃,自学成才,年轻时每每沉浸于自己精神世界,甚至动不动便潸然泪下,正因如此,他奉行一种非常独特、甚至多少有些离经叛道的个人哲学——一种将基督教神秘主义与其对科学的深爱结合在一起的哲学。正是因为有传播真理的愿望,使得丹尼尔投身出版业,先是出版了一本具有划时代意义的年鉴,然后又出版了一本代表其一生事业巅峰的宏大哲学与神学著作。然而,因为他拒绝墨守成规的思想,特别是大量使用占星术的做法,曾共同创建伯灵顿的贵格会教众拒绝接受丹尼尔的作品,抵制购买丹尼尔制作的首本年鉴,并销毁了他发行的几乎全部著作。丹尼尔彻底崩溃了。

但是丹尼尔·利兹并没有就此屈服。他不甘于如此平淡的生活,而是养精蓄锐重新开始制作年鉴。他开始与对手进行了一场旷日持久、异常激烈的书面论战,这一系列纷争最终导致利兹被一个死敌(他有好几个对手)指责为彻头彻尾的恶魔。在他们的笔下,丹尼尔正是"撒旦的马前卒"。

此般恶名,也许会让他在伯灵顿的街头遭遇某些尴尬时刻,但对商业营销来说,却并不一定是坏事,而且从《利兹年鉴》作为美洲殖民地最早出现的真正意义上的年鉴之一的出身来看,受众甚多。1714年,一个不明智的政治联盟决策引发了惨烈后果,这最终迫使丹尼尔不得不将年鉴生意交给年仅十几岁的儿子泰坦,截至此时,《利兹年鉴》作为这一地区的主要年鉴,已经累积了数十年的声誉。

当然，作为市场领导者，必须直面的问题便是，对于任何试图杀入这个行业的竞争对手来说，自己都可谓是树大招风的传统目标。野心勃勃的毛头小子本杰明·富兰克林（Benjamin Franklin）①磨刀霍霍，将矛头瞄准的正是利兹的这个家族生意。

现如今，人们印象中的富兰克林不仅是美国的开国元勋之一，更是美国独立运动中伟大的重量级知识分子。他是一位多才多艺的天才，为人们留下了弥足珍贵的众多遗产，从开创性电力实验到其创建的美国第一个公共借阅图书馆；从其建立的美国邮政系统到他发明的双焦眼镜。我保证，不会在撰写本书的过程中养成从维基百科粘贴复制的习惯，但是，为了让您了解本杰明是多么令人羡慕嫉妒恨的集大成者，我必须如此表述，维基百科富兰克林那一页的开头几行写道，他是"一位杰出的作家、印刷商、政治理论家、政客、'共济会会员'（Freemason）②、邮政局长、科学家、发明家、幽默大师、民权积极分子、国务活动家和外交家"。[8]

说实话，光读一遍都会把人累得够呛。（**你真是有够闲，本杰明**）

但是，回到 1732 年，这个时候，富兰克林还只不过二十多岁，离出人头地还差很远。17 岁时，他为了摆脱哥哥的阴影，选择远离家乡波士顿。在费城开了一家印刷店，而这座飞速发展的城市，恰恰坐落于伯灵顿河畔（由于几个世纪来的城市扩张，伯灵顿现在已经变成

---

① 本杰明·富兰克林（Benjamin Franklin，1706—1790 年），出生于美国马萨诸塞州波士顿，美国政治家、物理学家、"共济会会员"，大陆会议代表及《独立宣言》起草和签署人之一，美国制宪会议代表及《美利坚合众国宪法》签署人之一，美国开国元勋之一。

② "共济会"（Free and Accepted Masons），又称"美生会"，字面之意为"自由石匠"，18 世纪创建于英国伦敦，是一种带宗教色彩的兄弟会组织。共济会，在成立的初期属于一种秘密结社，对入会申请者是否有宗教信仰或是什么宗教背景并没有要求，允许持有各种宗教信仰的没有残疾的成年男子加入，但申请者必须是有神论者（可以是犹太教徒、基督教徒、印度教徒等），相信存在着一位神。

了费城的郊区）。富兰克林的工作做得风生水起，手里已经有了业绩步步攀升的报纸《宾夕法尼亚公报》（*The Pennsylvania Gazette*）。但是，当时如果想赚大钱，必须要将多元化的媒体品牌组合触角延伸到年鉴的地盘。

年鉴，如果各位对此并不熟悉，实际上就是一种提供未来一年所需信息的指南。就像在接下来的几个世纪里，报纸会把体育赛事结果、电视节目单、某些看法观点、天气预报和一些星象占卜等信息，打包销售给需要的人们一样，年鉴所做的与此大同小异……好吧，包括一些政见、节气预报以及若干占星问卜（在18世纪30年代，电视节目单的重要性略低一些）。对于那些仍以农业为主的社会来说，相关知识如日升日落，潮汐涨退，季节变化的可靠预告，至关重要。当时，马萨诸塞州纳撒尼尔·艾姆斯（Nathaniel Ames）[1]出版的一本重要年鉴，年销量超过50,000册，这对于一个刚刚发展的出版业来说，堪称天文数字。[9] 如此你就可以理解富兰克林希望从中分一杯羹的原因了吧。

正因为如此，1732年他以"理查·桑德斯"（Richard Saunders）的笔名，出版了《穷理查年鉴——财富之路》（*Poor Richard's Almanack*）[2]。富兰克林把桑德斯描述为一位穷困潦倒的星象家，迫于家庭压力步入出版业，要求苛刻的妻子坚持要桑德斯做点什么来贴补家用。（本杰明·富兰克林喜欢匿名。剧透警告：这不是本书中富兰克林的笔名唯一一次发挥重要作用。）

至此，互为竞争对手的预言家之间的龃龉，已经成为美国年鉴业内看似温文尔雅的场景的一个既定组成方面，年复一年，竞争对手都

---

[1] 纳撒尼尔·艾姆斯（Nathaniel Ames, 1708—1764年），美国历法学者，年鉴制造商。

[2] 国内译本可参见［美］本杰明·富兰克林著：《穷查理年鉴——财富之路》，刘玉红译，上海远东出版社2003年版。

会大肆抨击对手。1706 年，一位波士顿的年鉴制作人塞缪尔·克劳夫（Samuel Clough）这样对其竞争对手纳撒尼尔·惠特莫尔（Nathaniel Whittemore）大放厥词："姑且苟活吧"。[10] 但是，尽管此类不睦，基本上都可归结为"你做的年鉴是垃圾"，但富兰克林却选择了一种更加狡猾、也更为有趣的方式来对付自己的主要竞争对手。他让"桑德斯"在年鉴引文中写道：老实说，如果不是于心不忍，不想毁掉"好朋友兼同窗泰坦·利兹先生"的生意，他很久之前就会抓住机会出版一本有利可图的年鉴了。

桑德斯表示，促使自己现在改变主意的唯一原因，是上述障碍很快就会不复存在，因为泰坦·利兹先生将不久于人世。或者，正如他在年鉴中所说："冷酷无情的死亡从来不会尊重美德，它经已做好准备发动致命的冲刺。死神已经伸出他那毁灭一切的剪刀，那位天才很快就不得不离我们而去。"[11] 各位需要在这里稍作停顿，没人注意到"死神已经伸出他那毁灭一切的剪刀"，绝对可以用作那本无人问津的当代重金属摇滚专辑的标题名称。

富兰克林应泰坦·利兹先生本人的要求掐指一算，称他将于1733 年 10 月 17 日下午 3 点 29 分，正好是太阳和水星交汇的那一刻死去。富兰克林还绘声绘色地说到他和利兹在确切死亡日期上存在分歧："可按他自己的计算，他会活到当月 26 日。"

这个玩笑堪称完美，却不是富兰克林自己想出来的，这套把戏剽窃自乔纳森·斯威夫特，后者在 1708 年对一个叫约翰·帕特里奇（John Partridge）的占星家和年鉴作者实施过完全相同的恶搞突袭，在一本用假名出版的托伪年鉴中，斯威夫特预言"帕特里奇肯定会在明年的 3 月 29 日，大约半夜十一点左右死于红热病"[12]。对占星术丝毫无感的富兰克林，当然明白斯威夫特的骗局（他也知道事实上丹尼尔·利兹一直在为帕特里奇奔走呼号），并会向任何洞悉个中奥妙的读者会心地眨眨眼。

　　不幸的是，对于泰坦·利兹来说，这个玩笑却没有那么好玩。虽然泰坦的父亲具有与生俱来的幽默感，但泰坦本人（用一位学者的话说）却刻板严肃、自以为是、偏听偏信、功利肤浅。[13]因此，他做了一件任何一位产业大亨都明白的最坏选择：落入圈套。一年后，他在1734年的年鉴（历书中作者互呛的速度，可赶不上推特）中怒怼"潦倒的理查"，抨击这位对手"撒了弥天大谎"，将其称之为"傻瓜和骗子"，并自豪地宣称"尽管他做了不实的预测，但我依靠上帝的仁慈依然活着，并在1734年间记录了一整本日记，将这位大放厥词作者的愚蠢和无知大白于天下"。[14]

　　而这，恰恰是富兰克林唯一需要的借口，于是他将自己的噱头升级。首先是在1734年的年鉴中，他表示对倾泻到自己身上的那些极不友善的措词表示震惊，并暗示这表明他亲爱的老朋友利兹几乎肯定已经死了，有人在替他续写年鉴。然后，在第二年，即1735年的版本中，他宣布已经证实利兹确实在预测的那一天作古，然后悲叹自己"受到了泰坦·利兹鬼魂的攻击，有人假装他还活着，然后在年鉴中对我和我的推算横加指责"。

　　令人遗憾的是，富兰克林在其历书中对利兹的嘲弄会持续多久，以及利兹本会如何应对接连不断的关于自己的死亡声明，我们将永远无从知晓。那是因为1738年，就在整件事有可能乱成一锅粥时，泰坦·利兹的死亡，让局势变得简单起来。

　　你可能会以为，这就应该是故事的最终结局，对于大多数人来说，如果自己一直拿某人之死当乐子，那么当后者真的突然辞世时，自己的真实反应，可能是（我不确定）感到有点内疚，不会旧事重提。这就是你的反应，对吧？

　　但这可不是富兰克林的处世之道。

相反,在 1739 年,他发表了一封来自"泰坦·利兹鬼魂"的虚假来信,证实了"穷理查"的说法一直以来都是正确的。利兹真的在 1733 年就已去世,并且断言多年来所谓"泰坦·利兹"出版的年鉴,都是冒名顶替者的托伪之作。

直截了当点说:本杰明·富兰克林真是个该死的人渣。

当然,他也是一个成功的渣男,富兰克林的伎俩奏效了。《穷理查年鉴》一炮而红,而《利兹年鉴》则每况愈下,并在约十年后停止出版。和对手的版本相比,富兰克林编纂的年鉴笔调更犀利、更有趣,而他的商业手腕也更冷血、更无情。他在作品中不仅对占星术大肆挞伐,还提醒听众利兹家族及其奇怪的信仰,以及那些关于他们是"撒旦的马前卒"的陈年诽谤。事实上,他写的内容是不是真的……似乎并不太重要。而这一点,在很多方面,也是本书的重点所在。因为,正如我们即将在后文中所看到的那样,纵观历史,面对真故事和好故事之间的选择时,人们倾向于追求后者。

我们稍微回顾一下,看看泰坦·利兹所生活的那个奇怪而混乱的大众传媒新世界究竟是如何形成的。"新闻"的概念,以及对新鲜热闻的渴望,看起来司空见惯。人们总是想了解,尤其是想知道一些别人所不清楚的事情,比如,发生在地平线那端、一扇紧闭的门后或是某人私底下的事情。

近现代之前,情况尤其如此。彼时,所谓旅行探访还相当困难,且数量稀少;新闻的传播速度还没有马快,即使有也不经常到达,所以每当出现什么新资讯时,人们都会感觉如饥似渴。在 11 世纪的威尔士,相距一百多英里的两座偏僻修道院的僧侣们非常渴望获得新的信息,以至于每三年都会开展一次交流互访,各自派出一名专门负责传递讯息的僧侣,踏上穿越斯诺多尼亚的危险之旅,然后在对方修道院住上一个星期,以便充分传播与收集所有最新的小道消息。[15]

但从 15 世纪中叶开始,情况开始发生巨大改变。抽丝剥茧精确厘清究竟是什么导致了欧洲历史上这一时期的事情……相当棘手。因为到处都在发生着大量的新鲜事:持续不断的战争、宗教分裂的加剧、全新大陆的发现、与其他文化的接触,以及对之前世代古籍的重新发现。但为了简单起见,我们可以这样表述:在这段时间里,三种主要变化的出现,把人类对获取消息的基本渴望转化为更为重要的东西——将以陌生而深刻的方式塑造这个世界的信息大爆炸。

其中之一,便是安全可靠且四通八达的邮政网络的平稳发展。另一个变化是随着国际贸易规模的扩大,商人作为一个全新的富有精英阶层开始崛起。他们的关系和利益可以跨越整个大陆,对他们来说,最新的消息不仅有趣,而且非常有价值。第三个变化,当然是印刷术的革新。

邮政网络意味着,突然之间新闻不需要人力传递:一个人可以在家里舒舒服服地收发消息,再也不需要开启危险的旅行或选派大批信使(或真正的军队,以确保信使安全到达目的地)。信件,很快成为各种新闻爱好者所青睐的媒介,并最终演化为一个商机。

到了 16 世纪末,一个新的职业登上历史舞台——新闻通讯写手。从意大利的各大城市开始兴起,这些最先吃螃蟹的人,将从与自己接触者那里收集到的一切最新、最可靠的信息,编写成手稿,寄给遍布整个欧洲大陆的订阅者——那些为了获得此项服务支付了巨额费用的豪富政商。正如安德鲁·佩特格里(Andrew Pettegree)在他的《新闻的发明》(*The Invention of News*)一书中所描述的那样,这些写手远见卓识、滴水不漏地维系着良好的人脉关系,他们的业务建立在信息的可靠性上,堪称史上"第一批通讯社"。[16]

与此同时,1439年,约翰内斯·古滕堡(Johannes Gutenberg)①将活字印刷机引进欧洲,并由此引爆了一枚不期而至、同时多少令人感到困惑的变革炸弹。其所产生的震慑效应,肆无忌惮地在欧洲大陆上空盘桓长达数个世纪。一夕之间,与广大受众交流的能力,不再受到你能负担得起抄写员多少薪水之限制;当政者充当信息守门人的权力开始遭到削弱。从诞生之初,印刷业就迅速发展,主要由商业公司为了营利目的而经营,彼此高度竞争,基本上不受国家或教会权力的掣肘(至少当时如此,直到后来教会发现人们利用印刷术传播新教)。曾几何时,书的价格一直相当稳定,死贵死贵。古滕堡登场后的一个多世纪以来,书籍售价开始以每年2%左右的速度下降。以年为单位来看,这听起来算不上一笔巨款,除非你意识到几十年来这种以几何方式实现的降价的结果:倒退回1450年,一本书的价格,可能会花费你几个月的平均工资。等到1600年,一本书的价钱,可能还抵不上你一天的薪水。[17]

商业、邮政和印刷的发展,在长达一个半世纪左右的时间里彼此磨合,造成了这样或那样的麻烦,直到1605年,在斯特拉斯堡,拜一位名作胡安·卡洛斯(Johann Carolus)的年轻人所赐,三大变革完成了最终交汇。

卡洛斯本是一名装订工兼书商,但最重要的是他后来也开始投身时事通讯业,给自己找了个副业。斯特拉斯堡作为商业与邮政网络的繁忙中心,堪称做这件事的理想所在地。当然,依靠手工誊写,通讯服务业者在业绩增长方面存在天然上限——自己的抄写速度。

---

① 约翰内斯·古滕堡(Johannes Gutenberg,约1400—1468年),第一位发明活字印刷术的欧洲人,他的发明引发了一次媒体革命。其印刷术在欧洲迅速传播,并被视为欧洲文艺复兴在随后兴起的关键因素。他所印制的主要作品,《古滕堡圣经》,因具有极高的美学及技术价值而享誉世界。

所以约翰的收入主要来自两个方面：一方面是印刷书籍；另一方面，费劲地亲笔抄写信件。印刷的书，手写的信。嗯……灵机一动的胡安·卡洛斯把两者合为一体，新闻由此诞生。

从本质上讲，卡洛斯投资于颠覆性的新技术，以便实现弯道超车，一举扩大自己初创的媒体规模。那一刻灵感的产物，便是名声在外的《所有著名且令人赞叹的故事记叙》(Relation aller Fürnemmen und gedenckwürdigen Historien)，世界上第一份印刷报纸。当然，和今天的报纸并不一样，更像是一本四开本的小书，缺乏诸如图片、标题的现代创新或其他吸引人的设计。这份新闻载体恪守手工誊写时事通讯的格式，看起来形同一份内容枯燥乏味、毫无区别的事实公告清单，上面列出了哪些重要人物目前在哪些城市，甚至懒得向那些还不太了解精英阶层的普通读者解释这些名字究竟是何方神圣（我是说在这方面，很像一份现代报纸的日记专栏）。

毫无疑问《所有著名且令人赞叹的故事记叙》取得了巨大的成功，不消数年，报纸的理念开始在北欧越来越多的城市被如法复制。1609 年，第二份报纸《观点或新闻报道》(Aviso relation oder Zeitung)，开始在沃尔芬堡出版。接下来的数十年，法兰克福、柏林和汉堡相继推出了自己的报纸[18]；1619 年，阿姆斯特丹已经出现了两家相互竞争的报纸。[19]17 世纪，仅在德国一地，就创办了大约二百余种报纸。

然而，报纸这个创意，在南欧地区却并不怎么流行。意大利人，作为手工誊写时事通讯的先驱，对这种全新的鬼扯模式嗤之以鼻。而且他们也并不是唯一的质疑者：尽管 17 世纪初的新闻大爆发，受到了许多渴望获取信息人群的热烈追捧，但也引起了嘲讽、嘲笑和警觉，其中许多方式，会让现代读者吃惊地发现，似曾相识。

人们尤其是担心无法继续扮演信息看门角色的社会精英对于虚

假新闻感到焦虑：一方面对专业新闻机构缺乏信任，一方面对自己熟识的人所传递的信息过于信赖；普遍忧虑消息过剩的负面影响；蔑视过度依赖新闻的"成瘾者"。这些都称得上 21 世纪信息恐慌的显著特征，但随便挑出一个在 17 世纪都算得上司空见惯，甚至连字面表述都如出一辙。

以新闻成瘾为例。德国人很快就想到了一个词：Neuigkei-tssucht，字面意思是"新闻瘾癖"[20]，并绝望地将其描述为"阅读和听闻新鲜事物的可怕好奇心"。[21] 在荷兰，那些沉迷于了解最新消息的人被戏谑为瘾君子；南欧的一位手工誊写时事新闻的作者，对于北欧人贪得无厌的新闻习惯视之敝屣，并提到，那些家伙嚷嚷着"我们必须阅读新消息，否则根本等不及"。以讽刺见长的英国剧作家本·琼森（Ben Jonson）①在 17 世纪 20 年代的几部戏剧中，便嘲讽了新闻的生产和消费，其中尤为值得一提的，便是《来自月球上发现的新世界的新闻》（*News from the New World Discovered in the Moon*）以及《新闻摘要》（*The Staple of News*）。

人们不仅关注对新闻贪心不足的渴望，还普遍担心印刷物品过分传播对个人和社会所造成的可怕影响。正如今天一样，悲观点说，信息过剩称得上是一个非常深刻的问题。1685 年，法国学者阿德里安·贝利特（Adrien Baillet）②颇具启发性地写道："我们有理由担忧，每天以惊人的速度增长的大量书籍，将使接下来的几个世纪，陷入一种与罗马帝国灭亡之后很长时间一样的野蛮状态。"[22]（虽然，在今天，信息过剩被认为是一种全新现象，为现代人所生活的这个时代所独

---

① 本·琼森（Ben Jonson，约 1572—1637 年），英格兰文艺复兴剧作家、诗人和演员，作品以讽刺剧见长。
② 阿德里安·贝利特（Adrien Baillet，1649—1706 年），法国学者、批评家，因给笛卡尔作传而闻名于世。

有;但事实上,千百年来人们一直在抱怨有太多的东西要读,甚至在《圣经》中也有这样一句话:"著书多,没有穷尽,读书多,身体疲倦。"①同时,在公元一世纪,罗马哲学家吕齐乌斯·安涅·塞涅卡(Lucius Annaeus Seneca)②抱怨说:"书籍的丰富分散了人们的注意力"。)

尽管或许你对那堆一动未动的书籍所萌发的羞耻感不会轻易消散,但对于生活在新闻时代早期的人们来说,有充分的理由认为讯息多得有些过分。对于这些先行者而言,确实发生了很多事情。

正如罗伯特·伯顿(Robert Burton)在其 1621 年出版的经典著作《忧郁的解剖》(*The Anatomy of Melancholy*)③中所写:

> "我每天都听到新闻,听到那些司空见惯的谣传,比如关于战争、瘟疫、火灾、洪水的,关于偷窃、谋害、屠杀的,或是有关流星、彗星、鬼怪、异兆、幽灵的,有关法国、德国、土耳其、波斯、波兰等国家里城镇被攻占、城市遭包围之类的,什么每日集结备战、打仗、杀戮、决斗、船难、海盗、海战、缔合、结盟和新一轮的恐慌等等,一切都为这些动荡时代所特有。各种誓言、请求、诉讼、法令、请愿、官司、辩护、律条、声明、抱怨、申诉,每天都会流入我们的耳朵里。每天都会冒出新书、小册子、新闻札记、故事,一套套多卷本的各种书籍,新的怪论、观点、宗派、异端,以及哲学和宗教等等上的论争。才传来结婚、假面具、哑剧、游艺会、欢庆、

---

① 《传道书》(*Ecclesiastes*)12:12。——原书注

② 吕齐乌斯·安涅·塞涅卡(Lucius Annaeus Seneca,约公元前 4 年—65 年),古罗马政治家、斯多葛派哲学家、悲剧作家、雄辩家,曾任帝国会计官和元老院元老,后任司法事务的执政官及尼禄皇帝的家庭教师与顾问。公元 65 年,因其侄子卢坎谋刺尼禄事件,多疑的尼禄逼迫他承认参与谋杀,赐以自尽。

③ 中译本可参见[英]罗伯特·伯顿:《忧郁的解剖:增译本》,冯环译注,金城出版社 2018 年版。

外使来访、马上比武、颁奖、胜利庆典、狂欢、运动会、戏剧的消息，紧跟着却是叛国、欺诈、抢劫，各种穷凶极恶，葬礼、入土、君王驾崩，地理新发现、远征，仿佛这些事儿就不是在同一个地方发生似的。这些消息真是一会儿让人快乐，一会儿让人愁。我们今天听闻有人当了贵族、官员，明天却传来大人物垮台的消息，然后又听到有新头衔被授予。有人被释放，有人却入狱；有人买进，有人蚀本；有人兴旺发达，其邻居却破了产；眼前还丰衣足食，转眼却穷困饥馑；有人用腿跑路，有人却策马奔驰，还有吵架、大笑、哭泣等等。[23]

罗伯特·伯顿可能需要暂时放空，稍事休息，关注一下自己的健康，也许一个彻底放松的周末是极好的选择。

伯顿并没有就此止步，和贝利特一样，他看着突如其来的大量印刷品，预言了迫近的书籍末世："谁能如此贪婪地大量阅读书籍，谁又能读懂呢？像以前一样，我们将面临书籍所导致的巨大的混乱，我们被它们压迫，我们的眼睛因阅读而酸涩，我们的手指因翻动纸张而疼痛。"[24]

在《忧郁的解剖》中的其他段落，伯顿似乎在抱怨充斥图书业界的营销炒作与跟风抢购，并指出：如今给待售书籍加上个新奇的书名已成了一种策略……诚如斯卡利杰所言："没有什么比闻所未闻、见所未见的观点更吸引读者的了，特别是那些带点儿新意的书往往比言辞激烈的小册子要卖得好。"[25]（不知道推特是否在为公司寻找一个新的企业口号，但我认为"见所未见的观点"非常适合。）

在 17 世纪，对"言辞激烈的小册子"的批评颇为普遍。早期的手工誊写式时事通讯，客户多为精英阶层，主要凭借信息可靠来赢得信任、博取声誉，但不能说印刷出来的每一份新闻，都是如此。即便是沉迷于获得最新消息的人，也普遍对其可信度表示质疑。[26] 人们对自己看到的印刷品将信将疑：许多人坚持认为，手工誊写的通讯本身就更值得信任，来自自己认识的人的消息最为可信。[27]

简而言之，很多人认为周围假新闻泛滥。

他们的想法可能不无道理。仅举一例：1614 年出版的一本轰动一时的小册子，名字简洁凝练，为《真实奇闻》。其中选段：

> 本月，即 1614 年 8 月，在离霍舍姆（Horsham）①两英里的萨塞克斯（Sussex）的一片叫圣伦纳德森林（St. Leonards Forest）的树林里，发现了一条奇异而可怕的巨蛇（或龙），而且还是活体。盛怒的怪物猛烈喷射剧毒液体，和其他真正的毒蛇一道，滥杀人类和与牲畜。

现如今，霍舍姆似乎并不算是一个特别有前途的猎龙地点：为今天的人们所熟知的，恐怕就是你意识到自己错搭了开往博格诺·里吉斯（Bognor Regis）②的列车，被迫中途在此换乘的一个小小的宜居集镇。英格兰拥有许多广阔、黑暗、难以穿越的原始森林，妖龙似乎蛰伏在那里才对，但"圣伦纳德森林"绝对排不上号。

这并没有阻止出版商的脚步，其中一位名叫约翰·特朗德（John Trundle）。他妙笔生花，进行了"栩栩如生的逼真报道"：妖龙身长 9 英尺，鳞片黑红交错，速度赶得上成年男子，像蜗牛一样在身后留下一条有毒的痕迹，更能向 25 码之外吐出毒液，借此它已杀死两人。最令人深感不祥的是，妖龙的身体两侧正在萌发两个硕大包块，此迹

---

① 霍舍姆（Horsham）与萨塞克斯（Sussex），均为英格兰南部地名。
② 博格诺·里吉斯（Bognor Regis），英国西萨塞克斯郡的一处海边度假地，处于英格兰南部地区。

象表明,它正在长出翅膀。[28]

特朗德之流,正是在这个时代激起人们对新闻普遍质疑的那种出版商:一贯臭名昭著,出版的基本上都是垃圾。即便不可信,但只要引人注目,就会见诸报端。他受到了评论家和竞争对手的广泛抨击,其他许多以血腥场景和感觉冲击哗众取宠的出版商也是。1617年,在一本小册子中,一名匿名作者大肆抨击印刷品中泛滥成灾的"飞蛇寓言、暴龙幻想,有关没有明火就被离奇烧死的男男女女的神话,或墓穴中的尸体死而复生的传说"。[29]值得一提的是,这一批评的小册子,主要内容是关于一只据说在埃塞克斯被冲上岸的"巨大的海怪或鲸鱼"。

17世纪,对于虚假新闻最为焦虑的莫过于当权者,他们直言不讳地表达了对于人们可以印刷出版任何自己想要的内容的不满。在英国,这种怒气在17世纪末达到了顶峰,此时这个国家刚刚经历内战和复辟,仍然处于动乱之中。随即英国颁布了有关印刷机的法律,国王的军队有权搜查非法印刷业者的经营场所。他们担心的不仅仅是印刷业,类似的典型事例包括因为惧怕信息传播而试图打压媒体,连咖啡馆,也会让精英权贵们抓狂。

咖啡馆和报纸也类似,也是当时刚刚萌发的一种可怕现象。1652年,一位希腊移民开办了伦敦的第一家咖啡店,很快就获得了巨大成功。蜂拥效尤者甚众,不出几十年,咖啡馆就成了这个城市生活中的重要组成部分。人们不仅在此喝咖啡,而且让当权派感到恐怖的是,他们还会在咖啡馆里就政治问题进行激烈讨论。其中的一些人甚至可能同时在传播假新闻!显然不能对此听之任之。

1675年12月29日,忍无可忍的英王查理二世,颁发了一份《关于禁止经营咖啡馆的公告》(*A Proclamation for the Suppression of Coffee-Houses*),其中指出:"在这些咖啡馆,时常举办集会,不法分子趁机编造并散布各种虚假、恶意和丑恶的报道,诽谤国王陛下的君主政府,扰乱王国的和平与安宁"。[30] 根据这份声明,英格兰,包括威尔士,以及位于与苏格兰存在边界争议的位于特威德河口的博威克(Berwick-upon-Tweed)地区所有的咖啡馆,都必须在短短 12 天后,即 1 月 10 日被迫关门歇业。对咖啡因已经形成依赖的伦敦上流人士的反应迅速而暴躁,他们绝对不会允许自己钟爱的咖啡馆就这样被剥夺。查理二世不得不选择退却,并在咖啡馆禁令生效前几天将其取消。

1688 年 10 月,国王詹姆斯二世再次有所尝试,这次的炮火主要集中在信息传播问题上,他发布了《限制虚假新闻传播》(To Restrain the Spreading of False News)的公告,其中规定:"凡散布虚假消息,或以任何形式进行恶意诽谤者,包括诽谤的鼓吹者,特别是任何'发表任何言论或从事任何行为,以煽动和挑拨他人仇恨或厌恶英国人民,以及英国政府者',将受到惩罚"。[31] 他为什么会如此紧张,因为当时一支荷兰舰队正准备入侵英国。不幸的是,对詹姆斯来说,试图压制虚假新闻的举动,并没有产生太大的效果,反倒被自己的女儿罢黜,一个多月后逃离了这个国家。

英国的《新闻许可法》在 1695 年被官方宣布失效,结果便是新闻机构数量出现了第二次大爆发,也引发了我们今天仍然可以从媒体身上可以发现的所有缺陷。1734 年,《手艺人报》(The Craftsman)就已经发现了新闻业界的一个关键性结构问题,即他们倾向于互相抄袭,最终导致出现一个完全鬼扯的循环:"一旦虚假信息登上某份报纸的版面,如果没有熟悉具体情况的人士及时介入辟谣,通常就会接二连三出现在所有报纸之上"。[32]

大洋彼岸的美国新闻报业的兴起,加剧了这一情况。英国与其殖民地之间的信息流动,提供了更多相互抄袭新闻的机会,但同时也为跨洋新闻的真实性核查造成了额外的障碍。关于大西洋另外一侧发生之事的夸张谣言，以及完全虚构的捏造，会在英美两国之间往来激荡，每说一次，都会被进一步夸大。

最好的例子，可能便是18世纪中期，一份据说由某位遭受司法不公的女子完成的法庭演讲，在几十年的时间里，在大西洋两岸来回传播，一次又一次登上报端，故事的核心梗概随着新版本的诞生发生了多次变化，随着所涉及的历史语境的流变，其所传递的信息逐渐获得了修辞的力量，这便是波莉·贝克(Polly Baker)的演讲。

依据现代观点判断，波莉·贝克的叙述，似乎就是为了广为流传而写，当然，用的还是18世纪的某种传播套路，但无论如何，效果达成了。这份演讲，于1747年4月15日首次刊登在《伦敦大众广告报》(London General Advertiser)上，据称是波莉·贝克在位于大洋彼岸的"在新英格兰波士顿附近的康涅狄格"受审时发表的一篇陈词。贝克因为产下私生子而遭到起诉，不仅如此，这还是她第五次因为同样的指控出庭受审。但是，贝克并没有为此感到羞耻，而是直率辩称，自己曾多次因未婚生子而被判刑，但孩子的私生父亲们却逃之夭夭，甚至不曾受过严厉指责，这公平吗？她表示："我将五个孩子带到这个世界上，这是我生命中的污点，但我靠自己的勤劳很好地养活了他们。""我冒着失去公众尊重的危险，经常忍受大众的羞辱和惩罚。因此，我认为，应该为我树立一座雕像，供人膜拜，而不是对我实施鞭笞。"

她的演说颇具说服力，《伦敦大众广告报》在编者序中告诉我们，法庭不仅没有判处刑罚，一位男性法官甚至被她所说的话感动，第二天就与她举行了婚礼。似乎可以将其轻而易举地用21世纪之初某花边新闻网站的语言加以重述：

"某女性用少廉寡耻的强力演讲让法庭望而却步，接下来发生的事情更让人大吃一惊。"

很明显，这是极好的报道"素材"。于是，英国新闻界的再版机器开始飞速运转。在波莉·贝克首次登上《伦敦大众广告报》的第二天，至少就有五家伦敦报纸紧跟着刊登了这篇演讲。消息更是出现在其他城市的报头：北安普敦、巴斯、爱丁堡、都柏林。几周后，出版周期相对滞后的新闻杂志也刊载了这篇文章（很明显，没有人有时间前往康涅狄格去看看是否能追访到波莉女士本人；地理上的距离，再次为不实信息之传播提供了极好的掩护）。更有甚者，不仅抄袭，还对原文的内容进行了各种加工，无论是无心之失，还是有意为之，其中最引人注目的是《绅士杂志》（*Gentleman's Magazine*），该刊物认为，仅仅让波莉女士嫁给一个法官，情节还不够引人入胜，他们还应该再共同生育 15 个孩子才对。确切地说，这 15 个孩子应该在什么时候出生还不清楚，因为文本对事件发生的时间避而不谈。

几个月后，也就是同年 7 月，这篇报道横渡大西洋，传入北美殖民地新兴的报业市场，于波士顿首次登场，然后沿着海岸线一路传到纽约和马里兰。尽管对北美的媒体来说，调查这个故事的真实性至少容易一点，但还不清楚是否有人愿意为此付出努力，这并不奇怪。即使是在拥有电话和谷歌的时代，试图证明某些事情没有发生，也可能并不是一份太妙的差事。当时，在这片北美大陆，还只有 12 家报纸，至于勇敢无畏的调查记者，还需要一个多世纪的时间才会出现。在此之前，他们也许会觉得自己有更好的差事可做，这并不令人感到奇怪。当时，重拾来自媒体较为发达的英国的出版牙慧，乃是非常普遍的做法。因此，虽然相较而言，检查信息的努力瓶颈可能已经减弱，但取而代之的，却是英国媒体声誉赋予新闻的假定权威。正是这些结构性问题中的某几个综合在一起，才形成了如下现象：在美国，认为英国媒体可靠的假设似乎毫无悬念，而事实上，英媒本身在很大程度上形成了一个鬼扯的反馈循环。

因此，波莉·贝克对于有性别歧视的双重标准的反对态度，与其说将引发任何进一步的行动（无论是深挖，还是揭穿），莫不如说会悄悄地进入集体意识的教义，成为公众心理背景的故事，每当有人想说点什么的时候就被端出来。在接下来的几十年里，这一演讲一次又一次出现，在报纸、杂志、书籍上屡次出现，还被翻译成瑞典语和法语。作为一个普通人反对不公正法律的象征，这篇演说在自然神论的世界里被无限放大，这场反对上帝干涉与教会专横的神学运动，将对法国和美国革命产生重大的思想影响。

正是在这样的背景下，在首次发表二十多年后，贝克的演讲获得了第二次伟大的生命，这也导致了其背后的真实故事最终被揭开了面纱。1770 年，这则轶事经过全新改写，以一种更为戏剧化的形式出现在一本法国历史畅销书中。该书由纪尧姆-托马斯·雷纳尔（Guillaume-Thomas Raynal）[1]神甫撰写，其此前曾担任牧师，虽然对历史的研究有限，但具有一定的鼓动技巧。至少，其中一些出自他的手笔，大部分内容则要归功于更具才华的哲学家德尼·狄德罗（Denis Diderot）[2]和其他许多合作者。很有可能是狄德罗把贝克的故事加入了文本当中，因为他似乎是波莉·贝克的铁粉。

在大革命爆发前法国的狂热政治气氛当中，贝克在暴虐的新英格兰立法者手中遭受的压迫引起了广泛共鸣，备受追捧。雷纳尔所

---

[1] 纪尧姆-托马斯·雷纳尔（Guillaume-Thomas Raynal，1713—1796 年），法国作家、宣传家，法国大革命的思想推手之一。

[2] 德尼·狄德罗（Denis Diderot，1713—1784 年），平民出身，获得巴黎大学文学学士学位，毕业后无固定职业，在巴黎著书立说，因无神论的言论被投入监狱，出狱后不遗余力地从事百科全书的编辑出版工作。

编纂的历史文本,在得到授权后,甚至根本未经授权的版本多次重印,18 世纪七八十年代,波莉·贝克故事的其他法国版本相继出现。这就是为什么 1777 年或 1778 年的某一天,美国独立战争开展得如火如荼之际,雷纳尔拜访了北美驻法大使,结果发现大使正在与一位来自康涅狄格州的访客讨论自己编写的这本通俗历史书。

参与这次会面的三个人,都没有对当天在房间里上演的事情留下任何书面记载。相反,我们只能通过后来曾担任美国总统的托马斯·杰斐逊(Thomas Jefferson)①间接了解此事的经过。据杰斐逊所说,几年后,有人曾告诉他那天发生了什么,当然和大多数情况一样,需要为历史加点佐料。

事情大致的轮廓是这样的:两位美国人正在讨论,并且大肆贬损雷纳尔的著作时,这位作者出人意料地走了进来。一个来自康涅狄格的访客,名叫西拉斯·迪恩(Silas Deane)②的家伙,兴高采烈地向雷纳尔打招呼,并告诉雷纳尔,他刚刚正在和北美驻法大使谈论其书中存在多少漏洞(旁注:作为一名作者,求求各位,请不要这样做,太直接了,能不能先扯几分钟没用的闲话),雷纳尔则坚称毫无错误可言,他非常谨慎地确保书中的每一个事实都具有权威性的消息来源。

"可贝克呢?"迪恩问道。"就在你书里面,她的事迹可绝对没有发生过。"

"恰恰相反,"雷纳尔坚持说,"我有一个无懈可击的消息来源,尽

---

① 托马斯·杰斐逊(Thomas Jefferson,1743—1826 年),美利坚合众国第三任总统(1801—1809 年),同时也是《美国独立宣言》主要起草人,美国开国元勋之一,与乔治·华盛顿、本杰明·富兰克林并称为美利坚开国三杰。
② 西拉斯·迪恩(Silas Deane,1737—1789 年),美国律师和外交官,曾劝说法国为美国的独立革命事业提供财政和军事援助。

管现在不能立刻想起具体是什么。"

此时此刻，时任美国大使的本杰明·富兰克林先生，再也控制不住自己的笑声了。

这是因为三十年前，正是他本人编造了波莉·贝克的整个故事，并将其刊登在英国媒体上。他信口雌黄的职业生涯，并没有随着提前宣布泰坦·利兹之死而画上句号。

事实上，这也不是故事的原点。

实际上，在富兰克林还只是个十多岁的毛头小子时，就已经开启了编造新闻的职业生涯。1722 年，哥哥詹姆斯禁止弟弟为自己主办的《新英格兰报》(New-England Courant)撰稿。年轻的本杰明对这种扼杀自己创造力的做法感到愤怒，并做了任何一个有进取心的 16 岁孩子都会做的事情，他虚构了一位名叫赛琳斯·多伍德(Silence Dogood)①的中年寡妇，并以她的名义投稿，如果你看过尼古拉斯·凯奇(Nicholas Cage)主演的经典纪实电影《国家宝藏》(National Treasure)就会知道这个桥段。詹姆斯·富兰克林则被完全蒙在鼓里，将 14 封投稿悉数刊登，多伍德女士因此吸引了不少仰慕者，甚至还收到了几封求婚信。

富兰克林第一次尝试造假托伪，便大获成功，于是开始饶有兴致地继续赛琳斯·多伍德未竟的事业。1730 年，他开始在费城出版发行自己主办的报纸《宾夕法尼亚公报》，在这份报刊上，他曾刊登过一篇完全虚构的关于审判女巫的报道。事实上，过去的几十年间，北美地区从未进行过任何值得一提的女巫审判。接着，他又开始将注意力转移到《穷理查年鉴》（又一次用虚构人物的口吻写作），并在其中

---

① 赛琳斯·多伍德(Silence Dogood)，Silence 有沉默之意，富兰克林这里所取的笔名语带双关。

"杀死了"不幸的利兹先生。

如果想知道富兰克林在最不起眼的一次恶搞中倾注了多少努力，看看下面的例子就知道了。1755年，他在印制《圣经》的过程中，插入了一个完全虚构的章节（根本不存在的《创世记》第51章），这样他就可以在与某位时髦的英国女士论辩时赢得主动。[33]

至于虚构波莉·贝克，并不是真的打算煽动什么革命热情，富兰克林创造这个人物，完全是为了自娱自乐，只是个玩笑而已……只不过最后有点失控了。

这一切都发生在大众传媒兴起之初，我们现在所熟知的这种新闻产业，还需要等待几十年才能出现。然而，仍然可以从中辨识出现在存在的许多问题的影子：不假思索地转载新闻而从不检查其真实性；受众身上令人不安地杂糅着不信任与轻信盲从的偏好；一个好得难以置信的故事无论如何都会得到广泛传播。所有这些都将继续下去，因为新闻业将保持继续扩张，成为掌控我们这个时代信息来源的庞然怪物，这是在下一章将要讨论的内容。在这一章中，我们将发现波莉·贝克，绝非玩笑失控的唯一个案。

第三章

谣传时代

1835 年 8 月初,纽约市热衷新闻的人们,可谈的话题,不能更多。

天气溽热难当,整整一个月都是如此,曼哈顿下城发生了一场严重的火灾。同年,美国历史上出现了首次暗杀总统未遂事件,政治气氛日趋紧张,主要围绕奴隶制问题,以及辉格党和民主党拥护者之间经常发生的暴力冲突。在那些更具科学头脑的读者心中,围绕着哈雷彗星即将重返天空的预言,有着令人望眼欲穿的期待。在著名的娱乐场所尼布洛花园(Niblo's Garden)①举办了一个很有趣的展览,主办方是一位雄心勃勃的年轻人,名叫菲尼斯·泰勒·巴纳姆(Phineas Taylor Barnum)②,他一心想步入演艺圈,展览自 8 月 10 日开幕以后,就引发了轰动。

不仅有很多新闻,单就新闻的可获得性本身,就可谓一个全新的重大发展。这座城市在过去两年里经历了大量廉价报纸的创办:这种以低端的大众市场为目标的新型出版物,无不积极地争夺新闻源和读者群。

所以,8 月初,大家有很多话题可谈。

---

① 尼布罗花园(Niblo's Garden),始建于 1823 年,一个纽约百老汇的剧院,靠近普林斯街,曾两次被烧毁并重建。

② 菲尼斯·泰勒·巴纳姆(Phineas Taylor Barnum,1810—1891 年),美国马戏团业者,以展品耸人听闻著称。

可到了 8 月底,人们唯一的谈资,却只剩下居住在月球上的蝙蝠人族群。

必须指出的是(因为我不想让你在这里搞错了方向),月亮上的红头发蝙蝠人,在月球景观中并不孤单。别傻了!众所周知,它们只是一个充满活力的复杂太空生态系统的一部分,其中包括温柔地抱着孩子的巨大双足海狸,在月球广阔而富饶的河湖海滩上翻滚的高速球形两栖动物,以及在猩红花朵盛放的田园牧场中愉快嬉戏的蓝色山羊脸小独角兽。

在 8 月底的一周时间里,《纽约太阳报》(New York Sun)的读者们开始逐渐发现了上述天体奇观。该报向美国读者转载了一篇《爱丁堡科学杂志》(Edinburgh Journal of Science)增刊中首次刊登的报道。一切都是根据伟大的天文学家约翰·弗里德里希·威廉·赫歇尔爵士(Sir John Frederick William Herschel)[1]当时在大洋彼岸的南非好望角利用一台具有前所未有威力和清晰度的新型望远镜所作的观测结果。

关于月球上的全新发现的报道,在世界各大城市引发了冲击波,吸引了大量人群前来报社,让作为竞争对手的报纸争相转载,并在大众对话和流行文化中占据了主导地位,其中包括不到一个月后便催生出在鲍里剧院(Bowery Theater)[2]成功首演的相关戏剧。这些耸人听闻的消息,还帮助《纽约太阳报》(一份两年前才创办的刊物)一

---

[1] 约翰·弗里德里希·威廉·赫歇尔爵士(Sir John Frederick William Herschel,1792—1871 年),著名天文学家、数学家、化学家及摄影师,天文学家威廉·赫歇尔的儿子,首创以儒略纪日法来记录天象日期,亦在摄影的发展方面作出过重大贡献,发现硫代硫酸钠能作为溴化银的定影剂,并创造出摄影(Photography)、负片(Negative)及正片(Positive)等名词。

[2] 鲍里剧院(Bowery Theater),19 世纪初创建,位于纽约曼哈顿下东区鲍里街,主要面向中下阶层观众。

跃跻身于可能是世界上销量最大的报纸行列。

但是(请您在这里准备好迎接心灵震撼)这一切都不是真的。

我知道,我知道,信息量有点大,会一时绕不过来这个弯。但请相信我,让我告诉你,科学家已经非常仔细地检查过,事实上没有红毛蝙蝠人生活在月球上,另外,那里也没有长着山羊脸的独角兽。

1835年的"月亮大骗局",并不像《纽约太阳报》最初报道的那样,是多年来一直担任小赫歇尔[1]不可或缺助手的安德鲁·格兰特博士(Dr. Andrew Grant)的作品,而是出自年轻的英国移民理查德·亚当斯·洛克(Richard Adams Locke)之手。就在两个月前,洛克刚刚被聘为《纽约太阳报》的编辑。显然,他在制造轰动效应方面,几乎没有浪费任何时间。

如果你必须在某个历史时期内,确定现代新闻业的诞生,那么19世纪30年代中期的纽约,无疑将成为最佳选项之一。以前的报纸和我们今天所购买的报纸(或者更准确地说,我们并不购买,但有时会去浏览其网站的报纸)大不相同。起初,报纸是奢侈品,专门针对显赫的政商阶层,很少试图吸引更广泛的受众。纽约市内营运至今的报纸,在19世纪30年代初每份售价6美分,远远超出了大多数城市新移民的承受能力范围。这些报纸由一张纸折叠而成,只有四版,其中的第一版和最后一版对任何现代报纸编辑来说,这些都是最具价值的资产,因为全部交给了大量的短小广告,这些广告使用几乎难以想象的微小字体密集列印出来。

多亏了鲁伯特·默多克(Rupert Murdoch)[1]在20世纪的创新。第三版这个词,在英国报纸读者的心目中,一般与上身裸露的女性照

---

① 鲁伯特·默多克(Rupert Murdoch, 1931年—),世界报业大亨,美国著名的新闻和媒体经营者,新闻集团主要股东,董事长兼行政总裁,其在创业过程中,依靠耸人听闻的消息以及火爆热辣的图片等吸引读者。

片有着千丝万缕的联系。相比之下，19 世纪 30 年代初纽约报纸的第三版，往往有一长串诸如汇率和新抵达港口的船只等详细信息，这类信息对商人至关重要，实际上根本无法作为不过分暴露的情色资料被加以利用。任何真实的新闻故事都被归入第二版，而现代报纸记者都会把这一版当成是"放人们不看的东西的地方"。

没有哪份报纸会大声叫卖："请买这张报纸！"但这种有点不引人注意的营销模式，对这些报纸的销量来说并不是什么问题，因为其往往依赖订阅，而不是报摊销售（鉴于当时没有报摊，这很容易理解）。报纸还严重依靠赞助，特别是政治支持。这是美国"政报合一"时代的尾声，当时大多数新闻机构要么是完全由政治党派拥有，要么是仰仗它们所选择的政客的恩惠，比如签下获利丰厚的政府合同，但需要给予对方坚定不移的全力支持作为代价。

这导致了一场可以被慷慨地描述为"关于这个年轻国家所面临的重大政治问题的充满活力与激情的公众辩论"，或者稍微不那么慷慨激昂地表述："一群自大狂在不考虑准确性的情况下大肆贬低自己的对手"。

这种"活力与激情"，经常蔓延到现实生活中。1835 年的哥谭镇，与今天的那座国际大都市大不相同，这里还没有玻璃外壳的摩天大楼，只有野猪在布满粪便的街道上游荡。但是，尽管如此，这座城市确实有一些今天的纽约人非常熟悉的特点：夏天的味道闻起来像是地狱；没有一条正常工作的地铁；还有一小撮颇具影响力、同时太把自己该死的人际关系当回事的专业媒体人士。

报纸编辑与他们所把关的媒体，有着非常密切的联系，尤其是因为据说报纸上大多数文章，都出自他们自己的手笔。记者（其工作是四处寻找新闻）和编辑（其工作是坐在办公室里，要求记者拍摄蜘蛛侠的照片）这两种现代角色的区别，在当时还有些模糊。结果，不同政见媒体之间的激烈争吵常常变成了发泄私愤,互为竞争对手的报纸编辑们在街上互相撞见时,基本上都会简单粗暴地把对方打得抱头乱窜,这在当时相当普遍。一位编辑甚至在一周之内被同一位竞争对手连续殴打了三次,最后不得不随身携带枪支防身。

正是在这种刺激的氛围中,《纽约太阳报》于 1833 年冉冉升起,并永远改变了游戏规则。《纽约太阳报》以及便士报(Penny Press)时代的其他先锋报社,骨子里其实都秉持一个激进的想法:与其按标准收取 6 美分,还不如干脆只卖 1 美分。这样一来,报纸将不再依赖订阅和赞助,而是独立运作,由一群报童在街上叫卖,大喊当天最引人注目的头条新闻。借此,可以从刊登广告中赚取巨额利润。由于报纸的销量大幅提高,广告可能会吸引到更广泛的受众。这不是销售给一个小规模、同质化人群的高端产品,而是面向大众市场、流行和民粹主义、准备与广大读者对话……依靠眼球博销量的新闻。

换言之,这种选择最终演变为一种大范围适用的商业模式,在未来 170 年的绝大部分时间里,成为主流新闻从业者顶礼膜拜的圭臬,而其几乎一直持续到最近几十年,直到对冲基金剥离资产和互联网的双剑合璧,毁掉了所有新闻从业者的铁饭碗。(简而言之:最近不止一人认为,新闻业现在正拼命地回到以前的轨道,要么将付费订阅产品瞄准规模较小的精英受众,要么变得日益渴望依赖于寡头政客的赞助输血。不管怎样,重回好时光!)

《纽约太阳报》很快便找到了一个经得起时间考验的营销模式,即利用有关犯罪、灾难和人间悲喜的故事吸引读者眼球,其受众数量由此攀升至前所未有的高度。1835 年 8 月初,该报号称销量突破26,000 份,远超《英国泰晤士报》(*The Times of London*)。几乎可以肯定,在《纽约太阳报》面世之前,《英国泰晤士报》是世界上发行量最大的报纸。很大程度上这要归功于 8 月 12 日那场可怕的大火,熊熊火焰烧毁了曼哈顿市中心大部分印刷工业区。这对《纽约太阳报》的销量起到了一石二鸟的推动作用：这不仅是一个刺激人们阅读渴望的巨大的戏剧化新闻故事，而且还很顺带地摧毁了最接近自己的竞争对手，即一家名为《先驱晨报》(Morning Herald)的廉价报纸印刷社，后者当时仅刚刚付梓投印不过三个月。

就这样，《纽约太阳报》在当年 8 月，被完美地安置在制造新一轮媒体轰动效应的理想位置。然而，月球人的故事，开始时并不起眼。8 月 21 日星期五出版的报纸，在第二版出现了非常简短的几句描述，标题为"天体发现"。该报道指出，"在好望角，约翰·赫歇尔爵士利用一台全新工作原理的巨型望远镜，观察宇宙并有了精彩绝伦的发现"。

这一段落，原来只是一个挑逗读者神经的预热短片。8 月 25 日星期二，整个故事见诸报端，但即便如此，《纽约太阳报》也没有一上来就用最耸人听闻的描述来展开故事，而是花时间慢慢地经营构建。坦率地说，第一天的连载报道内容有点枯燥，主要是介绍配有重达七吨的透镜的巨型望远镜到底是如何工作的。

这种做法，实际上对《纽约太阳报》是有利的。相较之下，"我去！月亮上发现了红毛蝙蝠人！"这样的标题，反而会让人生疑。清清楚楚地承认自己所引用的是《爱丁堡科学杂志》8 月版，给这一故事增添了一分可信性，并吸引读者继续追捧。

翌日，《纽约太阳报》开始褪去月亮上奇观的面纱。星期三的连载报道显示，这里有着种类丰富的动植物，包括像罂粟花一样美丽的红色田野，滚动行走的两栖动物和蓝色的山羊脸独角兽。这些已经够了不起了，但与第三天的续集相比，这根本算不上什么。第三天的报道宣布发现了直立的海狸，这些动物显然拥有一定程度的智力，它们"像人类一样"把自己的幼崽抱在怀里，住在"比许多野蛮人部落都建造得更好、更高"的小屋里。

至此，这篇报道已经轰动一时，8月28日（星期五）刊载的第四期内容，又将其推向了新的高潮。在这期报道中，《纽约太阳报》向全世界介绍了"月球蝙蝠人"（Vespertilio homo）——赫歇尔这样为其命名。这一物种大约有"4英尺高"，长着"又短又光滑的铜色头发"，黄色的脸进化得比"大猩猩的面部略好些"。最关键的是，它们的翅膀是由一层薄膜组成的……从肩头到小腿，紧密地附着于其背上。

　　这些人形生物不仅能飞，显然还非常聪明。他们"明显在交谈"，期间所"打的手势"……使对话显得颇为慷慨激昂。而且，为了避免这还不足以引起人们的注意，文章还指出，"我们对这些两栖生物习性的进一步观察，有了非常显著的结果，以至于我们宁愿赫歇尔博士通过发表自己的研究成果，率先将它们公之于众……毫无疑问，这是一群无辜而快乐的动物，尽管它们的一些娱乐活动，会与我们地球人的礼仪观格格不入。遗憾的是，报纸中将描述休闲活动的那部分被删掉了"。

　　是的，当报道欲说还羞时，读者可能会毫不怀疑的将其理解为："老铁们，月球上的蝙蝠人开始搞事情了。"

　　继周五报道后，连载的最后两部分内容不免让人有些扫兴，但尽管如此，这两份连载报道还是维持了读者已经几乎无法满足的兴趣。在星期六的报纸上，人们发现了巨大而神秘的庙宇式建筑，而这些建筑居然是由月球上的蓝宝石建造而成。星期天休刊之后，接下来的周一，报道又引进了一种新型优化版蝙蝠人。这些蝙蝠人被描述为"这个富饶的山谷里最高等级的动物"，它们围坐在一起，高谈阔论，据说其"比以前的蝙蝠人体型伟岸，颜色也不那么黝黑，而且在各个方面都算是该种族的改良品种"。

　　没错，月球上的蝙蝠人，在问世整整四天后，终于引起了某些极端种族主义者的关注。

《纽约太阳报》的办公室被成千上万读者围得水泄不通，迫切要求更新消息，而他们的印刷机显然有些力不从心。

大众不仅热衷于获取更多信息，而且积极参与了这场骗局。谎言的始作俑者——洛克他的朋友威廉·格里格斯（William Griggs）讲述了自己是如何听到某些人在一种"欲壑难填的盲从"状态下，为这份虚假报道提供支持证据的。一位"穿着宽大的贵格会服装，看上去非常体面的老先生"声称，他亲眼看到了那架纯属虚构的赫歇尔先生的望远镜在伦敦东印度码头装船启航；另一位"相貌十分可敬"的男子则坚称，他拥有《爱丁堡科学杂志》的原件，而《纽约太阳报》的再版完全忠实于原文。格里格斯将这些描述为"自发的自欺欺人行为"。[2]

《纽约太阳报》的出版商本杰明·戴（Benjamin Day）意识到苗头不错，立刻发现了一个赚钱的商机。他在这一系列还没连载完之前，就把这个故事制作成独立的小册子再版，很快就卖出了上万本（每本12.5美分）。他还委托画家创作描绘月球居民的艺术品，并投资购置新的蒸汽印刷机，以确保《纽约太阳报》不会再出现供不应求的状况。新闻出版，正在转型升级为一个产业。

毫无疑问，这一虚假报道得到了广泛相信。当时很多纽约人在日记中记录了这一点，似乎很少有人对此表示怀疑。根据很多当代的相关报道，当时大多数人都被洛克的作品所吸引。埃德加·爱伦·坡（Edgar Allen Poe[①]，与之立场一致的人不在少数）后来写道："几乎没有人对此表示质疑……弗吉尼亚大学一位严肃的数学教授义正言辞地告诉我，整个事件的真实性是毫无疑问的！"[3] 当时，爱

---

① 埃德加·爱伦·坡（Edgar Allen Poe, 1809—1849 年），19 世纪美国诗人、小说家和文学评论家，美国浪漫主义思潮重要成员。

伦·坡本人对这个骗局非常恼火,但并不是因为自己被愚弄了,而是由于几个月前,他在《南方文学信使》(*Southern Literary Messenger*)上自己发表了一篇关于月球之旅的虚构故事,并在《纽约太阳报》的报道迫使其被迫搁笔前,一直在计划撰写续集。

然而,最终人们开始公开表示质疑,最早揭开皇帝新衣的是《先驱晨报》的编辑詹姆斯·戈登·贝内特(James Gordon Bennett)①。在这场恶作剧上演的第一周,他被迫袖手旁观,原因是在本月早些候发生的那场火灾,导致他的高论一直无法见诸报纸。不难推测,他一直都在因为对手的成功而磨牙霍霍。

随后的8月31日星期一,《先驱报》又恢复了业务(取消了名称中的"晨"字)。[4]贝内特立即发表了一篇题为"解释天文骗局"的文章,并对他的竞争对手展开猛烈抨击,其中指出,真正的《爱丁堡科学杂志》两年前已停止出版,因此不可能是这个故事的来源。在接下来的几周里,他继续以同样的方式称《纽约太阳报》的行径"非常不正当,十分邪恶,事实上是一种无耻的欺骗",并指责他们靠"不实报道敛财"。

(让我来消除你的好奇心:詹姆斯·戈登·贝内特其实并不是我们所知的那个戈登·贝内特的出处,但也并非毫无关联。其实际上来自他的儿子小詹姆斯·戈登·贝内特,后者继承了父亲的报纸出版生意,并最终确定了《纽约先驱报》的名字,同时让这份报纸盛极一时。不过,小贝内特不仅仅是一个报业经营者,还深深地致力于一种狂野、放荡和公开的古怪生活方式,以至于他的名字几乎成了"见鬼"的同义词。)

指控准确吗?《纽约太阳报》说假话纯粹是为了赚钱吗?所以毫无疑问,增加销售份额的压力促使洛克开始编写他的弥天大谎,但作

---

① 詹姆斯·戈登·贝内特(James Gordon Bennett,1795—1872年),美国著名报人。

为出版商,戴当然会毫不犹豫地尽其所能榨取轰动效应中的每一分钱。但洛克似乎也存有其他动机。事实上,当洛克(几年后)终于承认了这个骗局时,他自己的解释,创造了历史上另外一个更著名的谎言,即他自己对人们散布谣言感到恼火。他称,这篇文章不是为了设局下套,而是为了模仿当时流行的哲学范式,即"自然神学",在寻求理解上帝意旨的过程中,科学被降格到次要地位。作为科学爱好者,并且热衷地质学、天文学的贝内特,对这种思维方式感到震惊。于是,想以其人之道还治其人之身,将骗子的行径大白于天下。

洛克并不是真的想散布鬼扯的谣言。他只是讲了一个精心设计,尽管几乎没人听懂这个笑话。

但这个所谓的笑话,却对洛克产生了很大的影响。终其余生,他都无法逃离月亮的阴影。一年后,他离开《纽约太阳报》,跳槽到另外一家新报社,并满怀希望在那里做些对这个世界更有价值的工作,但却以失败而告终。折腾几年之后,他又试图再次编造另外一个骗局,这次是关于苏格兰探险家蒙戈·帕克(Mungo Park)①失落的神奇日记,但却无人在意。这份报道令人生疑,洛克开始酗酒。在第二个惊天骗局刊印后不到十年,他便彻底离开了新闻界,在余下的三十年里,一直默默地为海关工作。

但他留下的东西,却影响至今。月亮大骗局的遗留问题:报纸恶性竞争、新闻发行的工业化以及博眼球优先于准确性,是近两个世纪以来新闻报业的共鸣因素。用弥足珍贵的在线资源,即"噱头博物馆"中形容洛克编造的月亮大骗局系列的表述来说,它"第一次真正轰动性地展示了大众传媒的力量"。[5] 而且,就像之前的富兰克林那

① 蒙戈·帕克(Mungo Park, 1771—1806 年),英国探险家,被认为是第一个考察尼日尔河的西方人。

样,这只不过是一位新闻工作者所编造的笑话,只是刚好失控而已。当然,这也肯定不是最后一次。

在这一点上,我可能应该承认自己颇感兴趣:我既是一名报人,也是一个经常开些过火玩笑的家伙。多年来,由于新媒体的特殊偏好,尤其是在新闻聚合网站"巴兹费德"工作时,我将这两个角色合为一体,形成了一个单一的、有点混乱的组合体。一方面,作为一名记者我积极披露网上涌现出来的各种庸俗虚假信息:帮助揭露无良的通讯社,追踪俄罗斯机器人程序,揭穿拍摄到无数鲨鱼在洪水泛滥的街道上游泳的照片的虚假性。另一方面,作为一名幽默作家,我一直在精心制作、报道根本不存在的新闻事件。

当然,这些恶作剧几乎毫无例外地被至少一小部分读者解读为是真实的。我花了很大的代价才搞明白,基本上你无力——阻止某人,在某个地方甚至把最明显的笑话当成现实。除非在上面明明白白的写着"嘿,各位,这是个笑话",但这稍微会破坏一点文章的意境。如果你热衷于质疑自己在这个世界上所处的地位,显然不会喜欢看到你所制造的恶作剧,让轻信的人们在推特上转发废话,不出一年,就在推特上被当作真实的东西被加以分享。

因此,我也希望借此机会,第一次公开向 BBC 资深主持人尼克·罗宾逊(Nick Robinson)①道歉,并澄清他没有和大卫·卡梅伦(David Cameron)②一起上过伊顿公学,也从未在被秘密偷录的音频中大放厥词:"我讨厌所有的穷人"。[6] 我必须竭尽全力强调,上面说的是一个笑话,人们不应该在推特上断章取义地胡乱分享。

---

① 尼克·罗宾逊(Nick Robinson,1963—),全名为尼古拉斯·安东尼·罗宾逊(Nicholas Anthony Robinson),英国记者,BBC 电视台政论节目主持人。
② 大卫·卡梅伦(David Cameron,1966 年—),英国保守党政治家,曾任第 75 任英国首相。

除了对揶揄罗宾逊先生一直感到有些羞愧外，上述背景也意味着我对新闻业的看法存在一些矛盾之处。和所有新闻从业者一样，我坚定、甚至有点傲慢地捍卫这份工作，认为它是一种高尚而勇敢的职业，是一切民主社会的重要支柱，是揭露真相和追究权贵责任的不可或缺的工具。这不仅仅是一种姿态，我每天都会受到世界各地新闻界同侪的鼓舞，他们中的许多人冒着被监禁、毁灭乃至死亡的危险，揭露种种错误行为，在黑暗中闪耀光芒，他们是真正的无冕之王。

不过，我也意识到，新闻业生产的相当多的东西在不同程度上来说都是胡说八道。

现在，这在一定程度上是因为厘清事实，并赶在很紧的截止日期前将这些事实撰写出来，实际上相当困难。"排雷"其实不一定很难，这份工作更难的问题其实是，在草垛寻针的过程中，草垛被卷入了暴风圈，再加上实际上没有人百分之百确定草垛里面一定有针头，农场主已经开始向他的律师提出有关干草堆的所有问题——哦，路透社的那个家伙两个小时前就到了这里，并且已经获得了"针头家族"的独家采访授权。

坦率地说，人类社会中的种种，实在乱七八糟，试图确定哪怕是最轻微事件中发生的真实情况，然后将其提炼成八百个清晰明了的单字，并在几个小时内完成所有的一切，有时确实相当棘手。

1904年，当一条蛇突然出现在纽约的一间公寓里时，就无比真切地将这一问题暴露出来。

必须事先声明，这绝非什么宏大规模的重要叙事。没有政府因此垮台，也没有引发大型社会运动，在随后的日子里，也没有激起一丝涟漪。关于这条蛇的音乐剧，数目几乎为零。故事中唯一的受害者，在见报之前就已经死掉，而这位受害者，就是那条蛇。

这条不幸的蛇，出现在位于曼哈顿的一个破旧肮脏且犯罪猖獗的街区，即东 33 街 22 号一间蕴涵着种种不祥预兆的公寓里——几十年后，这里变身为办公室，同一个地址还将短暂成为安迪·沃霍尔（Andy Warhol）[①]工坊的最后回光反照之所——在那里，一个小男孩被家人发现，正在把玩一个异乎寻常的新玩具。经过更加仔细的检查，他们发现，所谓的新玩具，实际上是一条活蛇。

　　这家人很自然地，差点被吓尿，很快就把蛇砍死，蛇灵得以安息，然后将其残骸运到几个街区之外破败混乱的当地警察局。从那里，我们不得不假设，有某位纽约一流的线人，向新闻界的绅士们告密，透露一出人们会感兴趣的离奇大戏，即将拉开帷幕。

　　可以理解为什么这会引起新闻记者的追逐：这是当地新闻报道的绝佳素材。然而，让我们更感兴趣的原因，是接下来发生了什么：报道此事的 6 家报纸，居然未能就实际发生的事情达成任何一致。

　　我们必须感谢供职于"纽约市哥伦比亚新闻学院"（NYC's Columbia School of Journalism）的历史学家、前记者安迪·图彻（Andie Tucher），因为她对新闻界试图从这个完全无关紧要的故事中编造出来的令人眼花缭乱的一系列错误进行了详尽的调查。[7]《纽约太阳报》、《先驱报》、《时报》（*The Times*）、《论坛报》（*The Tribune*）和《世界报》（*The World*），以及《北美晚间杂志》（*The American and Evening Journal*），相互矛盾的细节像细小的纸带一样漫天飞舞。各家报道对蛇的大小（三到五英尺长）；蛇的颜色（黄色、棕色、绿色或

[①] 安迪·沃霍尔（Andy Warhol, 1928—1987 年），被誉为 20 世纪艺术界最有名的人物之一，是波普艺术的倡导者和领袖，也是对波普艺术影响最大的艺术家。他大胆尝试凸版印刷、橡皮或木料拓印、金箔技术、照片投影等各种复制技法。还是电影制片人、作家、摇滚乐作曲者、出版商，是纽约社交界、艺术界大红大紫的明星式艺术家。他一生总计设立过三处工坊，其中最后一处，便位于文中所提位置。

黑色，还有有不同颜色组合的斑点）；男孩的年龄（三岁、四岁、五岁或以上）；男孩的名字（皮埃尔、阿尔伯特、杰特鲁普、古尔特普，或者布兰佩恩）；以及据说在家中圈养这条蛇的邻居名字（虽然各家报纸同意他的名唤作古斯塔夫，但却对其姓氏众说纷纭，到底是赫缇蓝的还是塞维森，抑或两者都不是）莫衷一是。此外，上述媒体对究竟是谁杀了蛇（父亲、祖父、叔叔、护士），用什么工具（刀、铲子、锤子、剑）杀了蛇，甚至对蛇被杀死后分成了多少块（两块，或多块）也存在分歧。

基本上，除了"有条蛇"之外，这起事件的每一个细节可能都存在争议。这一切像极了一个奇怪的爬虫学家版桌游"妙探寻凶"（Cluedo）①。

这并不是要对"纽约第 19 分区"（New York's 19th precinct）②那些不太负责的记者吹毛求疵，而是要强调，在我们的历史上，真实性与新闻报道之间的联系是多么脆弱。毕竟，这只是某种单纯叙事，其中很少涉及更为严肃的新闻所固有的问题：没有任何涉事主体（除了被怀疑是毒蛇来源的古斯塔夫）有任何动机歪曲事实。没有人试图掩盖任何事情，没有人在宣传一部电影，也没有人试图用这条蛇作为军事入侵第三世界国家的政治理由。

涉及这个有失精准的死蛇故事的记者，可能只是懒惰，或无能，或只是不走运。但是，再说一遍，他们也可能只是在尽最大限度有样学样，从事着自己的职业。

现如今，"假新闻"这个词几乎随处可见，其含义迅速而令人沮丧地从"伪装成新闻以吸引点击量的虚假文稿"（2016 年的含义），转变

---

① "妙探寻凶"（Cluedo），一款图版游戏，最早于 1948 年在英国推出，现在由美国的游戏及玩具公司"孩之宝"发行。
② "纽约第 19 分区"（New York's 19th precinct），一般是指用于警力分配的区划，纽约第 19 分区服务于曼哈顿上东区，辖区是曼哈顿人口最稠密的住宅区之一。该区的南部有一个很大的商业区，以麦迪逊、莱克星顿和第三大道为特色购物圣地闻名。

为"以政客不喜欢的方式对该政客进行的报道"（2017 年至今的含义）。但这并不是"假"这个词第一次进入新闻业，只是随着时间的推移，其含义发生了变化而已。19 世纪末 20 世纪初，这个词首次出现在新闻界时，曾引发过非常类似的事情。

在此之前，"伪造"的概念并不是主流话语的一部分，而只是被最声名扫地的职业，如小偷、骗子和演员，用作行业术语。但是，正如曾调查死蛇新闻的新闻历史学家图彻所言[8]，到了 19 世纪 80 年代末，"编造"已经开始进入新闻这个全新的专业领域。但其未必要被视为新闻报道的原罪——那种会导致某作者被逐出这个行业的东西。据一些权威人士来看，这其实应被视为一项基本的工作技能。

《作家》（The Writer），一份于 1887 年为新兴的职业写手阶层发行的杂志的编辑威廉·希尔斯（William Hills）曾颇为赞许地写道，供职于报纸的新闻记者必须能够出色地"编造"，才能把工作做好。[9]几个月后，他继续坚持认为"在某种程度上，几乎没有任何一份新闻稿不是'虚构'的"[10]。希尔斯将这一行为描述为"通过运用常识和健康的想象力，补充不重要的细节……这可能不被事实所证实，尽管其符合记者认为最有可能是真实的情况。其目的仅仅是让故事更"丰满鲜活"。他坚称，"编造"并非"完全是在撒谎"。

1894 年，一位芝加哥记者埃德温·舒曼（Edwin Shuman）为年轻记者编写了一本培训手册，在新闻学位成为现实之前，他还曾开设教坛，讲授一门如何成为记者的课程，而这本册子正是介绍这些"不重要的细节"的一个例子。舒曼警告这些想成为记者的人，不要"在一些琐事如分秒、气氛或说话人的精确言辞等方面的准确性上费尽心思，因为这是极其枯燥乏味的错误"。[11]

如果你是一个新闻编辑很有可能刚刚大声喊出"说话人的精确言辞"这八个字。诚然，在舒曼写作的时候，准确地说，还不能把录音设备塞进口袋里，十年后将被注册为"口述录音机"（Dictaphone）的机器，彼时人们只能拥有一个相当大的留声蜡筒。但是，尽管如此，"说话人的精确言辞"并不是一件"琐事"！

所以，"编造"是司空见惯的。这给了记者（一般体现为失意小说家的典型形象）一个展示自己文学肌肉的机会，也是避免被抢走独家新闻的有效方式。后者对新闻界的众神来说，堪称一种更大的冒犯。编辑们喜欢编造，是因为这样做保证了吸引眼球的作品源源不断；读者对此喜闻乐见，并以订阅量节节攀升作为回报。如果那些看起来好得过头以至于不太真实的新闻不断涌入，特别源自那些横亘在核查面前的"努力瓶颈"极大的偏远小地方的消息，就不会有人来横加干预。

这就是路易斯·斯通（Louis T. Stone）的职业生涯，这位雄心勃勃的年轻作家，来自康涅狄格州"温斯泰德"（Winsted）小镇，由于许多报纸对他从家乡寄来的图稿求之若渴，很快他就成为了这个国家最受欢迎的记者之一。众所周知，这位"温斯泰德·骗子"（Winsted Liar）的职业生涯长达数十年，从 1895 年持续到 1933 年去世，其间，他不断制造出编辑们无法抗拒的鬼扯神话。

1940 年，新闻学教授柯蒂斯·麦克道格尔（Curtis D. MacDougall）①记录了斯通更著名的报道，其中包括：7 月 4 日，一只母鸡下了一个红、白、蓝三色的蛋；一棵树长出了烤苹果；一只猫会吹扬基小调（Yankee Doodle）②的口哨；一只手表被一头母牛吞下后，居然在母牛的肚子里保持了几乎完美的走时，原因是，牛的呼吸不停为

---

① 柯蒂斯·麦克道格尔（Curtis D. MacDougall，1903—1985 年），美国记者、作家、大学教授。

② "扬基小调"（Yankee Doodle），"扬基"是对新英格兰乡下人的轻蔑之词，而"杜德儿"的意思即蠢货或傻瓜，在独立战争期间，北美大陆军却采用这首乡间民歌作为他们自己的军歌，并被誉为美国的第二国歌。

表上弦；一个秃头男人在头上画了只蜘蛛以驱赶苍蝇。[12]

至多，这勉强算是本令人略感惊奇的故事集。但是，如果其全部都出自同一个小镇上的同一个作家之手，你可能就会知道，其实一见即明——要么是斯通的编造，要么温斯泰德有那么一丢丢仙境入口的可能。会有人真的相信吗？麦克道格尔坚持说，"几乎所有人"都认为这些新闻是真的……除了聪明的编辑，他们对斯通提交的任何东西都持怀疑态度，但出于读者的兴趣，他们还是将其刊印出来。[13]

这些质疑都没有影响斯通的职业生涯，他升任当地报社的总经理，拒绝了许多大城市的工作邀请，宁愿留在自己的小镇，而那里出产的新闻，依旧会保持怪异。当他去世时，家乡的人们并没有对他的报道感到不满，而是感激地称赞其"让温斯泰德史上留名"，并用他的名字命名了一座桥——一座横跨当地一条名叫苏克·布鲁克河（Sucker Brook）①的桥。

除了一座桥，以及在新闻造假的耻辱柱上留下"芳名"之外，斯通的天马行空，并没有给后人留下太多的遗产。但对于 19 世纪最著名的恶作剧之一来说，情况却绝非如此，那些给我们带来"开膛手杰克"（Jack the Ripper）传奇的报纸。

"白教堂谋杀案"（The Whitechapel murders）②，赋予这个时代以最为持久的流行文化人物之一。如果说把一个被怀疑是连环杀手的家伙形容为"流行文化人物"稍显恐怖，那么……好吧。杰克造成的死亡是电影、电视剧、小说、歌曲、漫画、展览和至少一部虚构音乐

---

① "Sucker"一词，在英文俗语中有"容易上当的人""大傻瓜"之贬义，作者对其加以强调，意在揶揄。

② "白教堂谋杀案"（The Whitechapel murders），据传，是指 1888 年 8 月 7 日到 11 月 8 日间，于伦敦东区的白教堂一带以残忍手法连续杀害至少五名妓女的凶手代称。犯案期间，凶手多次写信至相关单位挑衅，却始终未落入法网。其大胆的犯案手法，又经媒体一再渲染而引起当时英国社会的恐慌，至今依然是欧美文化中最恶名昭彰的杀手之一。

剧的灵感来源。在某些周末,在伦敦东区的某些地方漫步的你,几乎不可避免地会发现前面的道路被"开膛手之旅"所占据。在"开膛手之旅"中,那些受雇的临时演员向一群热切的游客讲述着昏暗的鬼街和烟雾中的朦胧人影的恐怖故事,所有人都尽力忽略这样一个事实:他们旁边的酒吧里,到处都是电子烟的广告文宣。

但是,我们大多数人对开膛手杰克和他的受害者的"了解"(很可能包括相信有一个连环杀手对五起"铁板钉钉"的谋杀负有责任),是建立在一个稍显模糊的事实、假设与同时代报道的混合体上的,而这些报道不太可能让真相阻碍酝酿出一个好故事。而这其中,就包括了开膛手杰克神话中的许多核心要素最引人注目的,便是他的绰号。

据说"开膛手杰克"这个名字,源于 1888 年 9 月和 10 月,中央通讯社(The Central News Agency)①收到的三封信笺:著名的以"亲爱的老板"开头的来信、署名"调皮杰克"的明信片以及借用圣经中"摩押和米甸"②表述的投书。三者均用红色墨水书写,署名"开膛手杰克"(请别介意我使用了商标名称),并为之后出现的所有机场惊悚片帮助设计了连环杀手嘲弄警察的模板。来信给出了一个动机("我爱上了那个女人")和对未来暴行的承诺("我的刀子又好又锋利,有机会我想马上开工"),信件嘲笑警察迟迟没有抓到罪犯("一直听说警察抓到我了,但他们现在拿我没辙"),还描述了其所保存的可怕纪念品("我把一些很红的东西放在姜汁啤酒瓶里")。

现在对此的共识是,这些往来信笺,几乎可以肯定是出自某位希望能够将话题延续下去的记者的手笔。笔迹和语言分析都表明,其

---

① 中央新闻社(The Central News Agency),1863 年成立于伦敦的一家低俗报纸,主要报道离奇怪之事。

② "摩押的长老和米甸的长老手里拿着卦金,到了巴兰那里,将巴勒的话都告诉了他。"出自《圣经·民数记》22∶7。

是同一个作者所写，而且被怀疑的对象，通常指向弗雷德·贝斯特（Fred Best），一位自由撰稿人，据说他在事发几十年后承认自己便是作者，尽管其来源存在较大疑点。另外，可能的托伪者，还包括托马斯·拉威尔（Thomas Ravel），而他实际上恰恰供职于中央通讯社，负责将信件转交给警方，不过有点匪夷所思的是，他只呈递了最后一封信的抄本，原件不知道搞到哪里去了，从而可以相当笃定地将其归入"可能的骗局"一类。

从 20 世纪初开始，随着新闻行业的日益专业化，随意编造的做法逐渐遭到摒弃，但这绝不意味着此种行径就此消失。现代新闻史上随处可见部分，甚至全部新闻报道皆系编造的所谓知名记者，每次曝光，都会在业内掀起一股反省的洪流，并信誓旦旦地赌咒发誓，类似丑闻再也不会发生。很多名字大家耳熟能详：杰森·布莱尔（Jayson Blair）①；斯蒂芬·格拉斯（Stephen Glass）②；珍妮特·库克（Janet Cooke）③，1981 年因虚构一个的年仅 8 岁的海洛因成瘾者吉米的故事而赢得"普利策奖"（Pulitzer Award）④。2018 年 12 月，德

---

① 杰森·布莱尔（Jayson Blair，1976—　　），曾担任《纽约时报》杂志记者，2003 年他因为剽窃和编造新闻事件而辞职。他的一则报道描述了一个因吸食可卡因过量死亡的学生，但事实上死者是因为心率失常过世。同时，其所发表的报道与其他记者已经发表的报道严重雷同，同年，《纽约时报》杂志发表长文自揭家丑，并将其称作是创刊 152 年来历史上最丢人的一刻。

② 斯蒂芬·格拉斯（Stephen Glass，1972—　　），曾担任《新共和》（*The New Republic*）杂志记者，在三年左右的时间里，据信其大量编造了各种新闻报道。

③ 珍妮特·库克（Janet Cooke，1954—　　），曾担任《华盛顿邮报》（*The Washington Post*）记者，被揭露新闻造假后，她退回了自己获得的普利策奖，也成为该奖历史上首个这样做的获奖者。

④ "普利策奖"（Pulitzer Award），也称为普利策新闻奖，1917 年根据美国报业巨头约瑟夫·普利策（Joseph Pulitzer）的遗愿设立，20 世纪七八十年代已经发展成为美国新闻界的一项最高荣誉奖。现在，不断完善的评选制度已使普利策奖成为全球性的一个奖项，被称为"新闻界的诺贝尔奖"。

国《明镜》(*Der Spiegel*)①周刊解雇了获奖记者克拉斯·雷洛蒂乌斯(Claas Relotius)②,后者一直在发布来自美国问题重重的偏远地区的虚假消息,同时依靠遥远的地理距离,使得谎言核实变得更加困难。

这些虚假叙事中的某一部分,不可逆转地进入了我们的文化意识。《周六夜狂热》(*Saturday Night Fever*)③仍然是电影和音乐中的一个标志性事件,而这一切,在尼克·科恩(Nik Cohn)④这部根据其发表在《纽约》杂志上的一篇报道《新周六夜晚的部落仪式》改编的电影中,承认编造了全部内容之后,也没有发生太大的变化。正如科恩本人所说的那样,当时他的确搭乘出租车去了布鲁克林区的海湾岭,计划采访他所听闻的在当地某俱乐部非常流行的充满活力的迪斯科文化。但刚一打开出租车车门,一个正在街上打架的男人就吐了科恩一腿,于是这位记者立马关上门,撒丫子逃回了曼哈顿,决定闭门造车,臆造这个充满活力的迪斯科文化的各种细节。约翰·特拉沃尔塔所扮演的角色,以及对意大利裔美国工人阶级生活的种种鲜活描写,其实全部基于科恩十年前在伦敦见过的一个叫克里斯的时髦年轻人。

2016 年,科恩告诉《卫报》(*The Guardian*)⑤,这篇报道居然能够

---

① 《明镜》(*Der Spiegel*),1947 年创刊,是用德文和英文在汉堡出版的德国周刊,每周的平均发行量近 110 万份,该刊注重调查性报道,敢于揭露政界内幕和社会弊端,在国内外有相当大影响。

② 克拉斯·雷洛蒂乌斯(Claas Relotius, 1985—),德国记者,因新闻造假而从《明镜》周刊辞职。需要注意的是,上述来源于维基百科的介绍,与书中作者强调克拉斯遭到杂志社解雇的提法存在明显差别。或许,这也就是信息传播过程中失真的典型范例。

③ 《周六夜狂热》(*Saturday Night Fever*),1977 年上映的一部美国歌舞片,由好莱坞著名影星约翰·特拉沃尔塔(John Travolta)主演,本片带动了当时的迪斯科热潮,曾风靡全球。

④ 尼克·科恩(Nik Cohn, 1946—),英国作家,电影《周六夜狂热》根据其所发表的一篇报道改编。

⑤ 《卫报》(*The Guardian*),1821 年创刊的一份英国全国性日报,1959 年前被称为《曼彻斯特卫报》,起初,为英国著名大报。

出版，让他感到惊讶，但并不觉得震惊："在我看来，这篇稿件显而易见纯属虚构……如果是现在，根本不可能暗度陈仓见诸报端。但在20世纪60、70年代，事实和虚幻之间的界限还相当模糊。许多杂志文章的作者使用虚构的手法来讲述被认为是真实的故事。自由毫无限制。很少有编辑提出尖锐的问题。在很大程度上，这简直就是一个'不问，不说'①的活典型。"14

不过，问题并不总是杂志记者的编造虚构。有时候，报纸也会被忽悠，典型的例子就是，新闻界对纳粹的报道显然贪得无厌，但很多有关的内容，并非是事实。其中最著名的当然是1983年陆续发现的所谓《希特勒日记》，这些赝品出自一个不入流的犯罪分子兼纳粹纪念品走私者之手。尽管如此，受到愚弄的德国《明星》(Der Stern)②周刊和《泰晤士报》同年8月纷纷对其加以大肆报道，中招的，还包括著名的历史学家休·特雷弗-罗珀(Hugh Trevor-Roper)③。但如果忽视《每日快报》(Daily Express)④1972年刊登的那篇耸人听闻的新闻，显然是不公平的，当时，该报宣称存在"无可争议的证据"证明希特勒的副手马丁·鲍曼(Martin Bormann)⑤生活在拉丁美洲某处。所谓无可争议的证据，只不过是一张照片，而照片中的男子实际

---

① "不问，不说"(Don't ask, don't tell)，是美军1994—2010年间对待军内同性恋的政策，是时任总统比尔·克林顿提出，根据这一政策，只要军队中的同性恋者不主动表示他们的性倾向，就不会被试图揭露或遭到强制退役。

② 《明星》(Der Stern)，1948年创刊于汉堡，是德国最畅销的大众化时事周刊，其报道内容广泛，从政治内幕到凡人琐事都有涉及，尤其以揭丑和猎奇著称。

③ 休·特雷弗-罗珀(Hugh Trevor-Roper，1914—2003年)，英国历史学家，剑桥大学教授，以研究纳粹及英国早期历史见长。

④ 《每日快报》(Daily Express)，1900年创刊的一份英国日报，主要面向中产阶级受众。

⑤ 马丁·鲍曼(Martin Bormann，1900—1945年)，德国纳粹分子，曾担任党卫军主要负责人。

上不是什么躲藏的纳粹,而是一名阿根廷教师。《每日快报》的消息来源——这位不太可靠的匈牙利裔美国历史学家及纳粹寻访者,大名鼎鼎,叫作拉迪斯拉斯·法拉戈夫(Ladislas Faragó)①——并没有让这样的小事阻止他在两年后出版一本关于继续搜寻鲍曼踪迹的畅销书。

报纸被忽悠的历史,由来已久,一个特别有趣的例子还是来自《泰晤士报》。1856 年 10 月,伦敦的这家主流媒体,刊登了一则来自美国佐治亚州的令人震惊的暴力故事。故事描述了一段漫长的火车旅程,期间在一系列争吵之后,至少发生了五次致命的决斗,硝烟散尽,总共造成六人死亡。《泰晤士报》言辞肃穆地概括道:"他们用蒙特·克里斯托(原文如此)手枪,或是其他不知名的手枪进行枪战",并为英国前殖民地的南部各州陷入的野蛮噩梦默哀。报道还说:"六名死者中,两名是父亲,两名是儿子,一名父亲在为儿子报仇时被杀,一名儿童因哀悼自己的父亲被杀,一名小男孩显然因为不停哭泣惨遭割喉。"[15]

《泰晤士报》一天后撰文称,这一暴行(同时坚称这一报道毫无疑问是真实的)应该引发"对美国未来的一些相当严肃的思考,因为我们所描述的,似乎是一种即便如此亦十分'正常'的状态"。[16]

一个多星期后,当这篇报道传到美国时,必须公平地说,美国媒体并没有照本宣科。蒙特·克里斯托牌手枪的故事引发了一场真正跨大西洋的口水大战。《奥古斯塔立宪报》(*The Augusta Constitutionalist*)和《前哨纪事报》(*Chronicle & Sentinel*),以及《萨凡纳共和党人报》(*The Savannah Republican*),在指责《泰晤士报》的故事"完全荒谬"的同时,认为其"最容易上当受骗"。[17]《纽约时报》称

---

① 拉迪斯拉斯·法拉戈夫(Ladislas Faragó,1906—1980 年),美国历史学家,畅销书作家。

这是"一个巨大的骗局",并为伦敦这家与其同名的报纸同业大贴标签。《纽约时报》编辑写道,这篇报道"太过离谱,毫无可信度",我们认为《泰晤士报》的编辑非但不应该盲目保证叙述者的理智和真实,而是应该提供一些证据证明他自己在允许在其负责的专栏发表如此不靠谱的荒谬邪说时是清醒的。

这场争论持续了几个月,在大洋两岸你来我往,最终演变为一个重大的政治问题。在那段时间里《泰晤士报》一直坚定地捍卫自身报道,坚持认为这是真实的,直到 12 月中旬,在一位英国领事向他们转发了一封"乔治亚州中部铁路公司"(Central Georgia Railroad)总裁的不满信笺之后,《泰晤士报》才终于承认,也许他们的消息来源可能是"出现了幻觉"。

整个事件的画龙点睛之处,还在于 1857 年夏天,《泰晤士报》在美国的特约记者路易斯·菲尔莫(Louis Filmore)[18] 设法找到了这个故事的更多细节。当他碰巧经过事发地区时,采访了一些火车乘客,他们都否认发生过此类事件。菲尔莫写道,这个故事纯属"蹩脚的编造"。但他在列车行李车厢(这里还是吸烟和吃点心的好去处)里的采访对象,确实透露了一个重要的细节:"蒙特·克里斯托牌手枪"实际上是当地人对香槟酒瓶的俚语,空香槟酒瓶则被称为"死人"。菲尔莫面无表情地指出,"我发现,在行包车上遇到'蒙特·克里斯托牌手枪'的情况并不少见"。[19]

当然,并不需要蓄意欺骗,就会让事情变得有点失控。到目前为止,我们看到的大多数例子都是彻头彻尾的恶作剧,或者至少是对故事的一些故意修饰。但有时根本就没有骗局——然而,一篇基本真实的文章可能会被夸大,因为一份又一份的报纸在每次发表时都会给故事增添一点额外的轰动效应。

1910 年时所发生的事情,就是这样。彼时,哈雷彗星首次划破夜空,让纽约各大报纸在 1835 年的月亮大骗局所引发的那些令人兴奋的日子之后,再次将目光转向天空,而《纽约时报》一篇完全精准的报道,却激起了世界末日的恐慌。

整篇文稿仅仅包括三段,在第一版的中间部分,写有一个简单的标题"彗星的毒尾巴"。[20] 报道转述称,天文学家利用新的光谱技术,发现哈雷彗星的彗尾部分含有大量的氰,同时提醒读者,氰是一种"非常致命的毒物"。文章报道说,这一发现在天文界引发了"很多讨论","如果地球穿过彗星的尾部,这会对前者产生什么影响。"在第二段的末尾,《纽约时报》只是随便提及到法国天文学家卡米尔·弗拉马里翁(Camille Flammarion)①的观点,他认为"有毒气体会充满大气,并有可能扼杀地球上的所有生命"。

在新闻界,这种叙事手法被蔑称之为"本末倒置"。

问题是,这的确是在完全精准地报告弗拉马里翁的观点。《纽约时报》甚至在下一段中补充说,"大多数天文学家不同意弗拉马里翁的观点",但这显然并不足够。这个想法现在业已出现,如果还有什么事是人类知道如何做好的,那就是毫无理由的恐慌。

随着哈雷越来越近,对即将来临的厄运的恐惧也越来越强烈。根据当时的报道,人们堵上门窗以防有毒烟雾进入;防毒面具的销售十分火爆;一些骗子甚至开始售卖抗毒药,他们声称这些药可以保护公众免受彗星致命彗尾的影响。《纽约时报》5 月 19 日的另一篇报道,是关于芝加哥的反应的,标题是"一些人被迫自杀",副标题是"其他人因对彗星思极恐深而暂时精神失常"。[21]

最后的结果是,彗星没有造成任何致命的影响,唯一的例外,便是一位 16 岁的女孩在布鲁克林参加观看彗星的聚会时,从屋顶上掉

---

① 卡米尔·弗拉马里翁(Camille Flammarion, 1842—1925 年),法国天文学者、科普作家。

下来摔死。

正是这种把事情弄得完全离谱的能力,以及观点一旦固定就死不松口的态度,才是新闻界搞错事情的核心原因。即使没有任何刻意的造假,在读者对其喜欢阅读的内容的反馈支持下,往往会使其自身集中在一个不易动摇的特定想法上。这种对正在发生的事情的描述,即一种成为"故事"的叙述,一旦开始,就有令人难以置信的动力——任何不够格"故事"的东西,都得以看到光明。

例如,英国读者可能还记得最近有关可怕的克罗伊登猫咪杀手的故事。这个疯子,据说在伦敦南部克罗伊登地区残害致死了数以百计的猫。克罗伊登猫咪杀手的报道最早出现在 2015 年,当时该地区一些关注此事的居民为此投书至《每日邮报》(*The Daily Mail*)①。其余的新闻单位显然都对这个故事感兴趣。下一次,克罗伊登猫咪杀手什么时候出击?为什么警察不再努力些,一举抓到他?报纸告诉我们,虐待狂杀手将注意力从猫科动物转向人类只是时间问题。

从比克罗伊登更远的地方收集到的死猫的例子,并不是为了证明英国有很多猫,且有时它们也会死,而是用来证实在过去一年里杀死了一百多只喵星人的"猫咪杀手",现在正在"更大范围"内行动。[22]他被改名为"M25 猫咪杀手"②。当这股杀猫狂潮蔓延到曼彻斯特时,凶手的名字,基本上升格为单纯的"猫咪杀手"。一年多来,这个故事一直成为英国媒体的话题中心。

最终,在 2018 年 9 月,伦敦警察局宣布他们找到了罪魁祸首,或者更确切地说,发现了始作俑者。克罗伊登猫咪杀手是……汽车和

---

① 《每日邮报》(*The Daily Mail*),1896 年创刊的一份英国日报,主要以中产阶级读者为受众群体。
② 这里的所谓"M25",是指 M25 号环形高速公路,或伦敦轨道高速公路,几乎包围了整个大伦敦,是英国最重要的道路之一。

狐狸。就这样，只是猫被汽车碾过，而死后的尸体有时遭到狐狸啃食。然而，警方却为此花费了两千多小时的调查时间，以及最少6000英镑的猫咪尸检费用，才证实了上述结论。

这种无中生有的创造能力，以及在故事情节发展到不可收拾的地步之前持续添油加醋，都不是什么新鲜事。克罗伊登猫咪杀手的故事，与70年前"马顿疯狂毒气者"（The Mad Gasser of Mattoon）的传说极为相似。在后面这篇新闻中的一小段夸张情节，导致了伊利诺伊州安静的马顿市陷入了长达数周的恐慌。

故事的核心线索相当简单。1944年9月1日，第二次世界大战正如火如荼地展开，对纳粹袭击的恐惧司空见惯，一位名叫艾琳·卡尼（Aline Kearney）的妇女认为自己闻到了一种不寻常的气味，不久后身体又发生了某种情况，感到头晕，并宣称自己因此瘫痪。警方接到报警，没有发现任何可疑之处，而她在半小时内就恢复了健康。但是，大约一个小时后，当艾琳的丈夫回家时，声称自己看到了一个人影潜伏在房子附近，尽管警察依然无法找到任何入侵者。

第二天，《马顿每日公报》（*Mattoon Daily Journal Gazette*）以醒目的大标题将其作为头条报道："'麻醉潜行者'正伺机作案"，该报大肆渲染道，"卡尼太太和女儿是首批受害者"。

能看到他们在那里做了什么，对吧？他们不仅采取了模棱两可的怀疑态度，并把其变成了一个具体的计划——一个入侵者悄无声息地给一所房子灌满麻醉气体，这样就可以在住户昏迷时闯入——而且还加上了一句"首批受害者"，他们让每一个读到这则新闻的人都做好了准备，以期待进一步的袭击。

这自然算是一种可以对号入座的预言。在前几周晕倒过的人，突然怀疑他们可能也是毒气的早期受害者。这些人的故事，被《马顿每日公报》继续热切追踪，而这样做，只不过更加证实了有一个危险的家伙正逍遥法外。随后几天又有深度报道。不到一周，该地区的其他报纸就都纷纷开始进行类似的报道，并将《马顿每日公报》作为一个确定点，认为原来的报道真实可靠。

头条新闻不断出现："疯狂麻醉者"再次显身！晚间侵入城里两户以上人家，"暴虐放毒者"受害者增至 6 名！最近又有 5 个女人和一个男孩惨遭毒手。相关报道内容，和这些文章标题一样耸人听闻。9 月 10 日，《芝加哥美洲先驱报》(*Chicago Herald American*)这样描述马顿的场景："像因饱受空中闪击战摧残而变得步履蹒跚的伦敦佬一样，困惑不已的镇上市民，今天在一名麻醉狂的反复袭击下变得摇摇欲坠，他总共向 13 户人家喷洒了致命的神经毒气，共有 27 名已知的受害者被迷晕。"[23]

即使在没有出现新的报道的日子里，仍然有证据表明，报道背后的故事是真实的："疯狂潜行者昨晚没有作案"，当天的《马顿每日公报》头版头条上写道。

至此，几乎全镇完全陷入恐慌的状态当中。当有人说自己发现了毒气释放者的时候，人群纷纷涌向街道。自然而然地，有人闻到了一种不寻常的气味，人群中的许多人开始相信自己已经中毒。一些人被送进了医院。当地力量薄弱的警察部门不堪重负。

直到此时，在所谓首次袭击发生一个半星期后，当局——之前认为这些报告是真实的——才开始放弃此前的立场，公开将这些担忧描述为"大规模歇斯底里"。现在"故事"的内容已经改变了，媒体的行为也扭转了：他们开始公开嘲笑大众的恐慌情绪，并采访心理学家，以解释人们是如何痴迷于"毒气神话"的。在这个令人印象深刻的甩锅大战中，公众谈虎色变的原因，被认为源自附近工厂排放的化学气体。

媒体在煽动恐慌情绪中的作用，却很容易被忽视。

归根结底，如果报纸真的像老生常谈的那样，成为明天的炸鱼薯条包装纸，那么所有这些后果都将是有限的。但它们不是。新闻界说的话，具有一种固步自封的倾向。正如另一句老话所说，新闻是历史的第一稿。唯一的问题是，令人遗憾，很多时候没有人会费心做第二稿，如果还有人会这么做的话。

　　我们可以在另一个有些失控的新闻噱头中倍感担忧——你会比我更早地看到这一点。

　　月亮大骗局可能是美国新闻史上最著名的谎言（基于某种说不清的原因，根据美国报业规则，只能将其算作一部"传奇历史"，而不是一段普通的该死的历史），但它的王冠地位，受到了一些人的挑战。在美国新闻记者的历史上，亨利·路易斯·门肯（H. L. Mencken）[①]便是这些人中最著名的一位。

　　门肯是 20 世纪上半叶最受赞扬的作家和编辑之一，经常对美国政治乃至整个社会发表粗鲁野蛮的讽刺批判，被《纽约客》（*The New Yorker*）[②]誉为"美国有史以来最有影响力的记者"。[24] 在他前雇主《巴尔的摩太阳报》（*The Baltimore Sun*）的办公室墙上，用硕大的字体，镌刻着他所说的一句名言。你可以在电视连续剧《火线》（*The Wire*）令人费解的最后一季中，看到这段有关记者编造新闻的表述。2018年，该报搬离办公室后不久，《巴尔的摩太阳报》在推特上承认，整段引语标注的时间都是错误的。[25]

　　我们还要正式指出，门肯是一个彻头彻尾的混蛋：一个愤世嫉

---

① 亨利·路易斯·门肯（H. L. Mencken，1880—1956 年），美国记者、散文家、杂志编辑、讽刺作家、文化评论家，被誉为"巴尔的摩圣人"，是 20 世纪上半叶美国最具影响力的作家和散文文体家之一，除了他的文学成就外，门肯还以其富有争议的思想而闻名。

② 《纽约客》（*The New Yorker*），是一份美国知识、文艺类的综合杂志，以非虚构作品为主，包括对政治、国际事务、大众文化和艺术、科技，以及商业的报道和评论，另外也会刊发一些文学作品，主要是短篇小说和诗歌，以及幽默小品和漫画作品。

俗的反对狂,一个利己的精英主义者,最为重要的是,他是一个全然、绝对意义上的种族主义者。憎恨穷人,厌恶黑人,鄙视犹太人。这并不特别影响接下来发生的事情,但这是值得一提的,尤其是因为在这本书中扮演主角的另外两个新闻恶作剧者,按照他们的时代标准,确实都是相当正派的人。门肯不是。能够想到的最可爱的措辞,也只能是一个可怕的人。

无论如何,1917 年 12 月,伴随第一次世界大战的爆发,门肯发表了一篇措辞温和、内容有趣,关于美国浴缸历史的专栏文章,以庆贺他所说的浴缸首次进入美国的"被忽视的周年纪念日"。1842 年 12 月,一位富有进取心的商人,亚当·汤普森(Adam Thompson),在辛辛那提市政厅开创性地安装了首个浴缸。

这个专栏是(正如门肯在八年后沮丧地承认的那样)"纯粹胡言乱语""一纸荒唐"。[26] 根本没有亚当·汤普森其人,他也没有受到约翰·罗素勋爵(Lord John Russell)①1828 年将浴缸引入英国(这也不是真的)的启发。一直到米勒德·菲尔莫尔(Millard Fillmore)②总统力排众议在白宫安装浴缸,美国人才开始接受这一装置(这也纯属胡扯)。

门肯写这篇文章,只是开个玩笑,"为了减轻战争时期的压力"。作为一个狂热的日耳曼人,以及美国加入第一次世界大战的积极反对者,他发现自己持有的观点不受欢迎,创作受到很多限制。门肯对自己所看到的充满谎言的战争报道越来越不满。正如他在一战后期所写的那样:"当时全世界的报纸读者究竟如饥似渴读到了多少真实

① 约翰·罗素(John Russell,1792—1878 年),英国著名政治人物,曾担任英国首相。
② 米勒德·菲尔莫尔(Millard Fillmore,1800—1874 年),美国第 13 任总统,曾派遣美国东印度舰队前往日本,即著名的黑船来航,促成日本之开国。他对奴隶制一直采取妥协态度,但也为美国在国际上的地位发挥过重要作用,促进了美国经济的发展。

的东西？可能不到百分之一。"[27]（这对报道那场战争的记者来说可能很苛刻，我们将在后面的章节中看到，这种说法并不是完全脱离实际。）

浴缸骗局不过是门肯发泄一点怒气的方式。不幸的是，他做得太好了。这篇文章充满了无数的细节，使其具有一种肤浅但令人愉快的似是而非的感觉；带着真实历史中轻快、略带醉意的曲折步态。读者被告知汤普森的浴缸据说是用"尼加拉瓜桃木"做的，内衬铅槽，重约1750磅。[28]

浴缸立即引发争议，人们担心它会导致"肺结核、风湿性发热、肺部炎症和所有种类的真菌疾病"；费城和波士顿几乎禁止洗澡；弗吉尼亚州开征了浴缸税。政治对手抨击菲尔莫尔总统决定在白宫引入浴缸，声称他以洗澡为中心的行为似乎在令人不安地效仿法国。

门肯最初对这篇专栏文章很满意，但是正如他在1926年的题为《忧郁的反思》的报道中忏悔的那样，他很快就从"满足变成了惊愕"。人们还没意识到这是个玩笑，其他报纸转载或重写了这篇文章。读者们开始写信给他，认真对待他的文章，甚至为他的完全虚构的历史提供佐证，这是威廉·格里格斯所说的"自发的谎言"的另一个事例。

门肯接着懊悔地说："很快，我就开始在别人的作品中遭遇到我所编造的荒谬的'事实'。""这些内容进入了学术期刊，被国会议员提及，甚至横渡大洋，在英国和欧洲大陆都得到了严肃的讨论。最后，我开始在标准参考书中找到它们的影子。"

门肯承认这篇报道纯属虚构的说明，于1926年5月23日发表在大约30家报纸上。而其所撰写的专栏，也成为鬼扯研究领域的经典，对新闻业的易犯错误性进行了尖锐的观察。门肯写道："作为一名从业记者，多年来，我经常在创作过程中与历史有着密切的接触。我想不起来什么时候、什么地方，实际发生的事情，后来被大家都知道、相信。有时候，真相的一部分会被揭示出来，但从来不会是全部事实。而即便是揭露的部分真实，也很少被人清楚地理解。"

总之，这是对事物状态的一个相当恰当的概括。但门肯在写下这些话的时候还不知道的是，这个纯属编造的传奇故事，将成为新闻行业的一个多么有力的标杆。因为门肯的浴缸骗局所体现的最显著的一点，不是人们相信最初的恶作剧，也不是人们开始不断重复。正如我们所看到的，这基本上是标准模式。

不，让其成为鬼扯历史经典时刻的原因是：作者在多家报纸的版面上承认这一切都是谎言，但这对阻止它的传播毫无作用。

令人难以置信的是，尽管门肯在最后一刻终于收回了潘多拉魔盒，但亚当·汤普森率先安装浴缸的故事却拒绝下架。人们不断地重复着其中所包含的仿真陈述，对事实本身反倒置之不理。

在门肯在各大新闻头版承认新闻作假十年后，那位并不特别出色的北极探险家，即前文提到的维尔杰尔穆尔·斯特凡森，在他所撰写的《错误的冒险》一书中，收录了一个不完整的列表，上面列出了自门肯承认新闻作假后的十年中，权威消息来源对于浴缸的虚假故事，重复次数高达三十多次。[29] 其中包括《纽约时报》《巴尔的摩晚报》(*The Baltimore Evening Sun*)、《克利夫兰新闻》(*The Cleveland Press*)和《纽约先驱报》(多次)等美国报纸；远在澳大利亚的《墨尔本时代报》(*Australia Age*)和伦敦的《新政治家》(*The New Statesman*)；包括哈佛大学医学教授和纽约市前卫生专员在内的学者；或许最令人印象深刻的是，包括联邦住房管理局(Federal Housing Administration)①在内的两个美国政府机构，居然将其纳入

---

① 联邦住房管理局(Federal Housing Administration)，部分根据 1934 年《国家住房法》由富兰克林·德拉诺·罗斯福总统创建的美国政府机构，负责制定建筑和承销的标准，并为银行和其他私人贷款机构的房屋建筑贷款提供保险。

了一份发给全国各地报纸的情况说明书。

在那些重新刊印这部公认的恶作剧的报社中,最值得一提的,便是《波士顿先驱报》。1926 年 6 月 13 日,《波士顿先驱报》将浴缸的故事印刷成了一个板上钉钉的事实,就在他们发表了《忧郁的沉思》一文(门肯在此文中承认其为虚构)三周之后。

去去又来,似乎没有什么东西能够消除这一小块已经根植于公众心中的胡说八道。

门肯的假消息出炉几十年后,依然在自由世界的领袖国一路高歌猛进。1951 年,在哈里·杜鲁门接受《纽约客》记者约翰·赫西(John Hersey)的深入采访,因为这家报刊的悠久传统是,坚信文字限制只是其他规模较小的新闻机构要关心的事情,故此次访谈被刊登为五个不同版本时,这位时任总统重复了菲尔莫尔第一个在白宫安装浴缸的说法。[30]

交流过程中,一名助手试图介入,纠正错误(赫西转述),提醒总统言多必失。毕竟这件事谎言堆积,乱成一团。

"那不是真的,"助手说,"是门肯编的。"

这种揭穿并没有立即被接受。赫西以值得称赞的轻描淡写写道,总统似乎不愿放弃自己的信念。

杜鲁门坚持认为这必须是真的,因为他"看到美国医学会起草的一份文件,声称浴缸里的蒸汽对总统的健康有害"。

这就是美利坚合众国总统,他坚持认为他亲眼目睹了一个从未存在过的历史文件。之所以一定不存在,是因为它所涉及的事情并没有发生。

"不,"助手回答说,"恐怕这也是门肯编造的。"

那个……他没有,因为那个所谓的谎言在门肯的文章中没有出现。这或许是一个完全原创的谎言,是从世界上最有权势的人的大脑里冒出来的。

总统似乎有点被这件事搞糊涂了。这位人类历史上迄今为止唯一下令发动核攻击的统治者说："我敢发誓，那些美国医学协会的家伙认为这不是一场关于浴缸的恶作剧"，以试图将这一新信息与他记忆中一些虚构的医生在手稿中使用的语调中和起来，而该手稿亦是他的大脑发明的。这一切都是因为 34 年前的一篇报纸文章，让总统相信了一个关于澡盆的谎言，这个谎言如此有力，以至于总统的大脑不得不覆盖现实来对其加以适应。

"我也觉得一个事实被剥夺了，总统先生。"这位助手总结道，多少有些唯唯诺诺。

当然，现在我们能继续研究的只有赫西对这段对话的叙述了，很明显，这可能会像本章提到的任何其他新闻报道一样，对事实的叙述均存在一些不准确（如果我们完全说实话，有些对话听起来就会有点儿呆板）。但是，尽管如此，我还是选择接受它——因为，嘿，这可是《纽约客》，在某种意义上，你不得不信任某人。那些混蛋对事实进行核查的次数，比出版社给我寄催稿函的次数要多得多。

无论如何，《纽约客》采访见报一年后，杜鲁门在费城发表了一次演讲，再次提了浴缸的故事。[31] 他被告知这是不真实的，然后这段对话在美国最有声望的一家报纸刊登，这样大家都知道他相信了虚无的事情……而这显然不足以动摇他对这个故事的依恋程度。

如此这般，在接下来的几十年里，浴缸骗局继续愉快地在几代人中反复重现，甚至活生生地进入了 21 世纪：2001 年和 2004 年，《华盛顿邮报》都发表文章，将其视为真正的历史，然后不得不尴尬地印刷更正。[32]

显然，有些事可能实在太完美了，以至于公众无法相信其并非真实。

这对新闻业及其对真理的崇高追求来说,意味着什么？门肯在1926 年 7 月写的一篇后续报道中尽可能地表达了这一点,这篇作品的灵感来自于《波士顿先驱报》的一篇自嘲文章。他的话大体上是对新闻事业的一种相当痛苦的反映,但也触及了一个中心点,那就是虚假比真实有着内在的优势,仅仅因为它不受现实乏味的束缚。

门肯写道:"让真相苦恼的,主要是其并不令人感到舒服,而且常常枯燥乏味。""人类的思维追求更为有趣、更安慰心灵的东西。我不知道浴缸的真正历史可能是什么：将其挖掘出来可能会是一项可怕的工作,结果,付出非常多的辛劳,得到的却是一连串的陈词滥调。"

"我在 1917 年编造的故事,至少比这要好。"[33]

第四章

大地谎言

世界上再没有比金刚山①（the Mountains of Kong）更令人敬畏的自然景观了。

　　这一巨大的山系，将非洲西部一分为二，白雪皑皑的峰顶直插云霄，先是从塞内加尔（Senegal）西部的平原升起，然后一口气贯穿马里（Mali）和几内亚（Guinea）最北部。与周围风景形成鲜明对比，隐约可见的峰峦呈现出惊人的蓝色，堪称一幅令人惊叹的美丽画卷，尽管这里贫瘠而荒凉。也正是在这里，方圆千里范围内最为著名的广阔、蜿蜒的尼日尔河（Niger River），找到了自己的源头，汹涌的寒冷融水从高到令人眩晕的花岗岩山峰倾泻而下，在锯齿状的石英山脊之间激荡。这些河流不仅给下面的平原带来了生命之水，还夹杂着从山顶侵蚀而来的金沙，千百年来，给生活在金刚山荫庇下的人们，带来巨大财富，以及诸多纷争。

　　金刚山绵延一千多英里，穿过布基纳法索（Burkina Faso）、加纳（Ghana）、多哥（Togo）和贝宁（Benin），一直延伸到尼日利亚，而这些国家的低矮平原以及起伏的丘陵则被其一分为二。一位十九世纪的权威人士这样描述此山："高耸入云的花岗岩山脉……耸峙的尖顶，有如大教堂或废墟城堡，岩石体量巨大，一些好似千百英尺高的金字

---

① 参见沐阳：《世界上最神秘的山》，载《大科技·百科新说》2016 年第 9 期，第 17 页。

塔,另外一些圆锥状山体,像极了巨大的保龄球瓶。[1] 就此,山麓继续延伸,从南部弯曲的海岸向外延伸,深入到大陆内部。最终,金刚山与非洲的另一大山脉,即孕育尼罗河(Nile)源头的'明月山脉东麓'(The eastern Mountains of the Moon)汇合,形成了一条无法逾越的岩石带,将整个大陆分隔开来,南北相望。"

嗯……好吧,稍等片刻。

在这个节骨眼,你可能会有一些问题。尤其是,比方说,如果你正巧生活在上述任何一个国家当中,或者去过这些地方,或者仅仅是因为对地理知识存在基本的了解。这些问题可能包括但不限于——"嗯? 你在胡说什么?"以及——"那里根本没有山"。

对此我想补充一句:如果那里没有山,那么为什么在 19 世纪,甚至 20 世纪制作的几乎每一张非洲地图上,都会出现所谓金刚山呢? 为什么欧洲探险家声称他们曾去过那里,且对高耸的花岗岩大厦和恶劣的环境有过多种描述? 你会相信谁:一帮白人,还是相关地区的所有当地人?

我想我们都知道答案。

但其中蕴含的,却是一个实实在在且令人感兴趣的问题:欧洲和美国的几乎所有权威机构,在一个多世纪的时间里,究竟是如何坚信存在一组如此巨大的山脉的——需要明确的是,这条山系根本就不存在? 我想说的是,涉及的是山,对此,没有多少模棱两可的空间。山,要么在那里,要么不在。

这个问题的答案依然成谜,但却揭示了我们究竟是如何经常犯错的。

因为,正如本章将要展示的那样,我们不仅消费了历史,疯狂臆造世界上未曾发生的事件——我们还"相当好"地创造了关于这个世界本身的鬼扯神话。从想象中的山脉,到完全虚构的城邦,再到发生在遥远国度的极不可能的故事，历史上的扯淡者，都乐于利用这样一个事实：一直以来，当有人告诉你世界另一边的情况时，往往很难核实。

其中，有关地理无稽之谈的历史，是努力瓶颈和信息真空的另外一个典型事例，只不过表现规模更为宏大罢了。在这个星球上的大部分时间里，人类的长途旅行都是缓慢、危险和罕见的，许多人也许永远不会踏出故乡半步，再加上我们当时尚未具备利用飞机或发射的卫星，从空中拍摄东西的本事。

考虑到这些，我们对自己所居住的这个星球的概念存在些许模糊，是可以理解的。地图绘制者往往无以为继，常常要进行即兴创作来填补空白（可悲的是，即使他们在未知区域写下"此处藏龙"的想法本身，也几乎完全是一个神话）。[2]

然而，尽管信息匮乏算是一个合理的借口，但利用荒诞可笑的虚构填补知识空白的方式，在很大程度上揭示了鬼扯乱谈究竟是如何传播的始末。

我们对金刚山的了解，基本上就属此类：整个愚蠢事件的发端，始于 1798 年詹姆斯·伦内尔（James Rennell）[①]的《一张展示了北非地理相关发现和改进进展的地图》。[3]伦内尔是第一个说在西非存在一组巨大山脉并将其称之为"金刚山"的人。自此，很快所有人都摄入了这个完全不属实的概念，并认为其显然一定是正确的。此后近一个世纪，欧洲和美洲制作的大多数非洲主要地图都以金刚山为特色（根据关于该山脉出现和随后消失的权威学术研究，占比超过八成）[4]，许多探险家宣布从该地区返回，说他们已经看到，甚至攀登过

---

① 詹姆斯·伦内尔（James Rennell，1742—1830 年），曾担任英属印度殖民地的总调查官，主持绘制了多幅重要地图。

这座根本就不曾存在过的高山。

奇怪的是,伦内尔并不属于传统上那种漫山遍野瞎转一通,然后告诉自己,这就差不多了,最终迫不及待一头扎进酒馆流连的老派地图绘制者。事实上,人们普遍认为,伦内尔乃是当时地图业界执牛耳者。他的一项关键技能,便是利用其对地理和地质学原理的知识,解读探险家们带回来的零散报告,而这些信息又往往相互矛盾。事实上,这可能正是导致伦内尔马失前蹄、不幸翻车的原因。

这是一个没有多少欧洲人深入非洲大陆的时代,各大帝国之间疯狂的"非洲争夺战",要在数十年后才会拉开帷幕。说实话,即便在成功做到的人中,相当一部分人也确实对他们的所作所为一无所知。

因此,这个时代的许多地图都是这样的……有关北非以外的大部分内陆和沿海地域的描绘,都只能让现代人耸肩无语。在一些地图中,留白的中非地区显得相当空旷;在有一些地图中,挥洒其间的地理特征很大程度上是随心所欲之作;而还有一些地图,则用绘制精美的大象图片对这片空间加以填充。

伦内尔对于金刚山的发明,源自其太过关注少数曾经到访此地的探险家中的某位随意发表的废话,然后据此自行填补了其余的部分,最终酿成了后面的结果。而上面提到的这位探险家,便是芒戈·帕克(Mungo Park)①,一位风度翩翩的苏格兰人。几十年后,理查德·亚当斯·洛克还曾伪造他的日记,但没有成功。当时,所有人都以为帕克在寻找尼日尔河源头的探险中遇难,结果在 1797 年,消失几年后,他出人意料地重现江湖,一切都仿佛在说:"猜猜谁回来了?"确切地说,他并没有找到尼日尔河的发源地,但至少沿着有点古怪的

---

① 芒戈·帕克(Mungo Park, 1771—1806 年),苏格兰西非探险家。曾对尼日尔河上游进行了考察并撰写了一本广受欢迎且有影响力的旅游书,名为《非洲内陆地区之旅》。

流经路线追溯了几百英里。

帕克的旅行故事非常引人注意，伦内尔则被要求为其提供插图。帕克曾说："东南方向有一些非常遥远的山峰，我以前在马拉布（Maraboo）附近的高地上看到过，那里的人们告诉我，这些山脉坐落在一个幅员辽阔，叫做'金刚'的强大王国境内。"[5] 恶果的种子，正自此萌发。

帕克很可能说的是实话。当时他所处的位置，是当今马里的巴马科（Bamako）附近的某个地方，不远处确实有一个强大的王国叫金刚，而这个所谓的"金刚帝国"，首都就设在今天象牙海岸的金刚镇（Ivorian Town of Kong）。事实上，该地区的一些高原台地，偶尔存有大量的岩石山，如果学过地质学的话，你可以将其称之为岛山（Inselbergs），可以将其命名为"山系"，这取决于你对"山峰"所下定义的灵活程度。

但这里绝对没有一座绵延数百英里、无法逾越的广阔山脉。你会注意到，这并不是帕克说的。他只是说有"一些非常遥远的山峰"。除此之外再无其他。而且他说得并不清楚——平心而论，你不能真的为此而责怪帕克，理由是，就在发现山峰的第二天，他惨遭劫掠，不仅马被偷走，还被强盗剥光衣服，丢在正午烈日之下的某处偏僻之地。这事儿，显然不会让人有心情详尽叙述关于此山的一切细节。

但是伦内尔抓住帕克提到的金刚国境内存在一些山峰这一点不放，开始信马由缰。这样做，仅仅是因为这证实了他所青睐的地理学说：尼日尔河采取如此令人困惑的迂回路线通过该地区的原因，正是山区地貌。你看，和传统的河流走向，比如流入最近的大海不同，尼日尔河一反常态，决定进行一次长达 2600 英里的内陆环游，最终抵达撒哈拉沙漠的边缘，然后戏剧性地掉头，直奔几内亚湾。这让很多人在相当长的一段时间内一头雾水。当伦内尔绘制地图时，几乎所有关于尼日尔河流的确切信息无外乎其体量庞大，大概始于某地，然后流向某地。

伦内尔的推理（老实说不是那么愚蠢）认为，尼日尔河的起源，一定位于某处漫长的山脉，而山脉提供了一个物理屏障，从而引导这条大河向东奔腾，远离大海。他并不是第一个如此设想之人，整个 17 世纪，各种地图上，都在这一地区绘制有推定存在的各种大山，但到 17 世纪末，这已经不再是大多数地图制作的通行做法。

于是，伦内尔抓住帕克的话不放，将其和自己的理论结合起来，争辩说："大河的流经轨迹，以及其他突出特点，证明一条从西向东延伸的山脉，占据了北纬 10 度至 11 度之间的狭长地带。"[6] 注意，他这里并没有使用什么"暗示""意味着"或"据我估计"，他直接就跳到"证明"的表述。

换句话说，伦内尔把细枝末节拼凑起来，居然创造了一条该死的巨大山脉。

如果不是因为接下来发生的事情，这只不过是地图错误史上一个模糊的注脚：其他人都立即开始照搬伦内尔的做法，毕竟后者可是一位非常杰出的地图绘制者，没有人想让自己看起来像一个愚蠢的大白痴，在自己绘制的地图上，连金刚山都没有标明。

错误的复制几乎立刻开始，1802 年，亚伦·阿罗史密斯（Aaron Arrowsmith）①出版了新地图。他不仅复制了金刚山，还向前迈了一大步，将山脉延伸到非洲的一半，在那里，他将其与明月山脉连接起来，创造了本章开头提到的横跨大陆的景象（值得一提的是，这个相当华丽的开场白的每一处笔墨，都直接取自 19 世纪对想象中的山脉的描述）。

---

① 亚伦·阿罗史密斯（Aaron Arrowsmith，1750—1823 年），英国地图制作人。

阿罗史密斯的作品是一个很好的反面例子。如果不是因为像编辑删掉作者的一个无用的比喻那样，画了一条横跨整个非洲大陆的巨大假想山脉，选择承认自己知识的有限性，在非洲地图的中部留下空白，本来可以让其青史留名。

接下来的是约翰·卡里（John Cary）[1]，这位很可能是唯一一位声誉超过伦内尔的制图师，也把金刚山加了进去，而在这样做的过程中，他还将这座山脉牢牢地归入了"聪明人才知道的东西"的范畴。卡里和伦内尔都站在承认金刚山的一侧阵营，这几乎意味着其他人都会争相效仿。像之前的阿罗史密斯一样，卡里将金刚山与明月山脉连接起来，形成了一条连绵不绝、横贯大陆的岩石条带。

在这里，也许更为需要提醒读者注意，明月山脉也并不存在。

这组并不存在，但历史比金刚山还要悠久，一度被当作尼罗河源头的山峰，可追溯至公元150年克罗狄斯·托勒密[2]所著《地理学》（*Geographica*），并在一千年后的阿拉伯学者默罕默德·阿里·伊德里西（Muhammad al Idrisi）[3]的著作中被再次提出。与金刚山不同的是，从16世纪初，明月山脉几乎是非洲早期地图上的定番般存在。唯有在19世纪下半叶，两位尖酸刻薄的"病态"英国佬，约翰·汉宁·斯皮克（John Hanning Speke）[4]和理查德·弗朗西斯·伯顿

---

① 约翰·卡里（John Cary，1754—1835年），英国地图制作人，其在1787年出版的地图集，曾一度被作为英国的标准地图集。

② 克罗狄斯·托勒密（Claudius Ptolemy，约100—约170年），希腊数学家、天文学家、地理学家和占星家。

③ 默罕默德·阿里·伊德里西（Muhammad al Idrisi，1100—1165年），摩洛哥裔阿拉伯地理学家、制图师和埃及学家，曾绘制过中世纪较为精确的一份世界地图。

④ 约翰·汉宁·斯皮克（John Hanning Speke，1827—1864年），英国探险家，英属印度军队军官，曾三次到非洲探险，与寻找尼罗河源头关系最密切，是第一个到达维多利亚湖的欧洲人。

(Richard Francis Burton)①成功地将维多利亚湖(Lake Victoria)②确定为尼罗河的真正源头时,欧洲人才终于意识到,所谓的明月山,可能实际上并不存在。[7]

但在整个19世纪除此之外的其余时间里,大多数非洲地图都还在墨守成规地将金刚山(经常)和明月山囊括在内。直到该世纪末,一些地图绘制者才有些望而却步,开始怀疑这座巨大的岩石结构,是否可能不像常识所说的那样庞大,且无所不包。但是,即便在这个当口,怀疑论者也不得不与一个相当有力的证据来源开展斗争:那些曾经到过现场的人。

几十年来,探险家们纷纷发回报道,称他们已经看到甚至翻越了金刚山。老实说,这一次有点让人困惑,因为其中甚至包括一些声名狼藉的怪人——比如休·克拉珀顿(Hugh Clapperton)③,这是个非常固执内敛的家伙,曾经和一个自己非常讨厌的旅伴一起度过了133天的艰苦旅程,而在那段时间里,两个人一句话也没说过。

最好的解释可能也是最简单的解释:这些旅行者穿过一些山丘,站在这个地区的某些孤峰之上,单纯地认为自己侥幸穿越了令人生畏的金刚山,因为地图的显示就是如此。

这是一个完美的胡说八道的反馈循环,每个人都假设其他人的观点是正确的,以此来调整自己的证据以契合相关理论,然后其他人都把这些作为进一步的证据,证明相关理论一直是正确的。探险家

---

① 理查德·弗朗西斯·伯顿(Richard Francis Burton,1821—1890年),英国军官,著名探险家、语言学家、人类学家,据说通晓二十五种语言和十五种方言。
② 维多利亚湖(Lake Victoria),世界上最大的热带湖泊,地球上第三大湖泊,位于海拔一千多米的东非高原上,位于中非裂谷的西部和东非裂谷的东部之间。
③ 休·克拉珀顿(Hugh Clapperton,1788—1827年),苏格兰探险家、海军军官,首个进入西非地区的欧洲人。

们对于这些山脉的臆想,是因为其出现在了地图之上。制图者又把探险家们的话带到下一版地图中。因此,虚构的山脉得以永续存在。

1882 年 6 月 26 日晚,在皇家地理学会(Royal Geographical Society)①的一次会议上,伯顿上尉(R. F. Burton)②发表了一篇论文,最能说明这一点。[8]伯顿(以发现维多利亚湖闻名)是一位著名的探险家和东方学家,老天赋予其一把大胡子,一条擅长多国语言的舌头,以及对东方艺术的由衷喜爱。在其向社会发表的演说中,坚决捍卫金刚山的存在,他在开幕式上遗憾地指出,"这几乎从地图上消失了"(但这并不完全是真实的,即使其所涉及的范围长度,已经相对谨慎地从早期地图上的一些更疯狂的假设中做出了一定让步,其仍然属于彼时许多地图的固定组成部分)。我们不得不感谢伯顿对前面提到的"高耸入云的花岗岩山脉"的戏剧性描述。

伯顿犯了同伦内尔类似的致命失误,唯一不同的,便是供其曲解的证据,多出了八十年而已。伯顿过于强调河流理论,坚持认为一定存在这一山系,而这得到了黄金海岸(Gold Coast)③境内河流走向的证实。他非常依赖克拉珀顿和据说"翻越了整个金刚山"的约翰·邓肯(John Duncan)④等探险家的报告,即使这些人的实际言辞比伯顿所认为的存在更大释读空间。例如,虽然负责克拉珀顿著作出版的编辑擅自增加了一个章节标题,将其旅程夸耀为"越过金刚山",但克

---

① 皇家地理学会(Royal Geographical Society),英国的博物学会及地理专业机构,成立于 1830 年,旨在促进地理科学的发展,现在是地理学家和地理学习的主要中心。

② 理查德·弗朗西斯·伯顿(Richard Francis Burton),英国探险家、地理学家、翻译家、作家、士兵、东方学家、制图师、民族学家、间谍、语言学家、诗人、击剑手和外交家,以其在亚洲、非洲和美洲的旅行和探索,非凡的语言以及文化知识而闻名。

③ 黄金海岸(Gold Coast),英国在西非几内亚湾沿岸的一个殖民地,成立于 1821 年,因当地盛产黄金而得名,1957 年,英属黄金海岸宣告独立,成立加纳共和国,是非洲最早实现独立的国家之一。

④ 约翰·邓肯(John Duncan,1805—1849 年),英国探险家。

拉珀顿从来没有真正使用过这样的题目,他所提供的实际描述,大多是所谓"山丘",高度鲜有超过"六七百英尺"者,[9] 甚至很难被称之为山峰。

而且,最值得注意的是,伯顿不经意间忽略了"一位本地导游"的证词,后者曾在伯顿访问该地区时亲口告之,他"了解金刚村,但不知道什么金刚山"——尽管金刚村据称就位于金刚山脚下。至于无视的理由再简单不过,为什么要关注一个真正生活在这个地区,但却说,"哦,是的,我知道那个村庄,但是,并不了解就在村子旁边的巨大山脉"的陌生人?

伯顿并不是唯一一个这样无视人的学者。正如对金刚山历史进行过卓有成效研究的地理学家托马斯·巴塞特(Thomas Bassett)和菲利普·波特(Philip Porter)干巴巴地所指出的那样:"有证据表明,欧洲人其实收到了来自非洲人的第一手资料,认为相关地区并不存在此类山脉,但这些信息通常被忽视了。"[10]

最后,揭穿金刚山并不存在的,是一位名叫路易斯·古斯塔夫·宾格(Louis Gustave Binger)①的法国军官。1888 年,他来到这里,惊讶地发现"地平线上,连一座山脊都没有! 在所有地图上蜿蜒曲折的金刚山山系,除了在一些不知情的探险家的想象中,从未真实存在过"。[11]

但是,即使宾格扔出了自己"并无此山"的王炸,金刚山依然享受着自己漫长的余生——在 19 世纪 90 年代的一些地图上继续出现,甚至还存在于 1905 年出版的一张地图上,这种现象一直持续到 1928 年的《牛津高级地图集》(Oxford Advanced Atlas),显然这本地图册

---

① 路易斯·古斯塔夫·宾格(Louis Gustave Binger,1856—1936 年),法国探险家、军官。

的先进程度,还不足以在四十年间更新其西非相关部分。这条山系虽然行将就木,但却亡灵不死。

这条并不存在的非洲山脉,可能是我们对周遭这个世界存在各种误信的戏剧性事例之一,但其并不是孤立存在的。历史上,到处可见并不存在的土地,以及虚构的场所。

普雷斯特·约翰王国(Kingdom of Prester John),乃是历史最悠久的神话之地之一,据说这是一个乌托邦式的、极其富有的国家,隐约位于虚无缥缈的"东方"。统治者好像是一位名叫普雷斯特·约翰的基督教君主。普雷斯特·约翰的形象一直局限于民间传说,直到12世纪,一封自称来自普雷斯特·约翰本人(承诺在十字军东征时提供帮助)的恶搞信笺开始流传。

这封信的作者和恶作剧的目的,都已被湮没在时间的迷雾中,但这封信,却开启了对这个闪亮夺目的奇怪存在的执着痴迷。5个世纪以来,探险家们开始探索这片巨大的失落之地,地图制作者则将其纳入地图,现实生活中存在的人物,被称为普雷斯特·约翰的后代。

尽管没有人完全清楚这个国度的具体所在。但在几百年的时间里(随着风潮改变,地图上的某一部分,被肯定不属于这一部分的土地所填满),普雷斯特·约翰王国的地理位置开始了一次环球旅行,从亚洲开始,然后前往非洲各地,最后在埃塞俄比亚定居,地处便利,接近并不存在的月亮山脉。直到17世纪,人们才开始勉强接受这个王国从未存在过的悲惨事实。

早期欧洲探险家们传回的故事,帮助填补了地图上的漏洞,但他们的证词往往很不可靠。例如,根据对1520年麦哲伦航海的描述,巴塔哥尼亚的土地上居住着一个巨人种族。巴塔哥尼亚巨人的概念,多年来一直是欧洲探险家故事的关键词,人们对他们身高的描述随着时间的推移而波动:在16世纪末,巨人的身高曾一度达到12英尺,但到了 18 世纪时,其体长已降到 9 英尺。

现实情况是,"巨人"很可能是土著奥尼肯克人(Aónikenk),他们实际上并不是巨人——只可以说是"相当高挑",因为其通常身高大都维持在 6 英尺左右。认为这些人是"巨人"的想法,主要可以归结为这样一个事实:当时,大多数欧洲人并不是很高。

这不仅仅是关于你在旅行中的所见所闻的错误表述,有时旅行本身就是虚构的。历史上到处都是自称进行过从未开启过的航行或跋涉的人。仅举一例(纯粹是因为其对本书而言尤为契合),长期以来,本杰明·富兰克林的传记作者们,一直遭到一位名叫圣让·德·克鲁维科尔(St. Jean de Crèvecoeur)的法国作家的愚弄。他声称1787 年与富兰克林一起航行到宾夕法尼亚州兰开斯特,参加了富兰克林学院(Franklin College)的成立仪式。事实上,两个人都不在那里:一切都是克鲁维科尔编造出来的,因为他希望自己的同胞,能够对其与法国人民最喜爱的美国人之间的友谊有深刻印象。[12]

在不可靠探险家的花名册中,大多数都与发现岛屿这个最富成效的领域有关,因为你很容易声称自己在大洋深处发现了一个岛屿,对此,任何人都很难核实。此外,你还必须以自己或(通常)一个富有的探险捐助者的名字为其命名,这对"谎言传千里"非常有利。

也许最热衷于假岛发现的,正是一位名叫本杰明·莫雷尔(Benjamin Morrell)①的绅士,这位 19 世纪的冒险家,一位"死而后已"的鬼扯大师,1795 年出生在美国这个当时仍然十分年轻的国家。正如爱德华·布鲁克-希区格(Edward Brooke-Hitching)在其力作《幻影地图集》(*Phantom Atlas*)中所指出的那样(这是一本"臆测地

---

① 本杰明·莫雷尔(Benjamin Morrell, 1795—1838/1839 年),美国船长、探险家和贸易商,曾多次远航大西洋、南大洋和太平洋诸岛,曾撰写回忆录《四次航行的叙述》,描述许多所谓发现。

理学"的简编,如果您喜欢本章内容,衷心向阁下推荐),莫雷尔之所以被称为"太平洋上最大的骗子"[13],正是因为他在自己的《四次航行的叙述》(*A Narrative of Four Voyages*)一书中,发表了极不真实的探险故事。在他的所谓"发现"中,有新的南格陵兰(不存在)、拜尔岛(不存在,而他以一个想给其留下深刻印象的富有的小伙子的名讳为这座鬼岛命名),以及莫雷尔岛(以他自己的大号为其命名,而这座岛屿当然也不存在)。尽管上述区域均属幻想,但却在海图上停留了好几个世纪之久,这显然对于那些试图据此航行的人来说,并没有太大的帮助。

可以轻而易举地推定,这种架空的臆测地理学现在已经成为过去,生活在过去的人因为缺乏可用信息,出现此类情况当然可以理解,但应该与我们所生活的这个充斥卫星照片和谷歌地图的时代无关。容易,但不一定准确,因为许多过去出现的错误观念,今天依然阴魂不散,偶有回响。事实上,其中至少有一个过去居然可以在谷歌地图上找到:这块距离澳大利亚几千英里的偏远陆地,名叫桑迪岛(Sandy Island),在地图上盘踞了一个多世纪的光景,直到 2012 年,一艘澳大利亚籍船只碰巧驶过了这座岛屿本应该在的地方,并证实,那里不仅没有岛屿,甚至根本不存在距离海平面不足一千米的海床。谷歌和其他组织,包括美国国家地理学会(National Geographic Society)①,匆忙将其从各自出版的地图上删除。

地图上虚幻的土地也许并不令人感到奇怪,因为土地是人们真正想要的东西。大地给了你一个家,但是,也许更重要的是,土地可以让你非常富有,也许可以从传说中位于墨西哥湾的一个虚无的贝

---

① 美国国家地理学会(National Geographic Society),成立于 1888 年 1 月 13 日,同年 10 月,创办了自己的会刊,这便是如今享誉全球的美国《国家地理》杂志,该学会现已经成为全球最大的非盈利的教育与科学机构。

尔梅亚岛（Bermeja）的故事中，清楚地看到这一点。在 16 世纪，这座梦幻之岛，第一次出现在地图上，远离尤卡坦（Yucatán）[①]的北部海岸，本来已经在 20 世纪初从海图上消失殆尽，但当墨西哥政府意识到，如果这座岛屿真的存在的话，就可以把墨西哥湾利润丰厚的油田据为己有时，它再次回光返照般重新出现在地图之上。[14] 多年来，墨西哥船只徒劳无功地寻找着这座虚构出来的岛屿，虽然，他们最终已经不得不承认，那里确实没有一座岛。但至今有些墨西哥人仍坚持认为，那里，在某个时刻，一定存在着一座岛。一些墨西哥议员甚至指责中央情报局（CIA）设法导致该岛凭空消失。

很多时候，对自己所居住的土地的错误信念源自于我们的老朋友，即出于个人动机的推理：简单地说，我们希望土地是真实的，因为土地意味着财富和权力，对许多人来说更意味着荣耀与名声。没有什么比想方设法击败对手，然后成为第一个到达北极的探险家——或者说得更确切些，担任摘得首个抵达北极的桂冠的故事的主角，更能清楚地表明个中究竟了。

这场争夺，首见于 1909 年的美国报端。9 月 7 日，《纽约时报》在头版得意洋洋地宣布，"皮尔里历时 23 年，在总共进行了 8 次尝试后，终于发现了北极"，并将胜利授予罗伯特·E. 皮尔里（Robert E. Peary）[②]。该报社的这种成就感，丝毫没有被仅仅 5 天前，《纽约先驱报》头条所宣称的"北极由弗雷德里克·A. 库克（Frederick A. Cook）[③]博士所发现"这一事实所削弱。

---

① 尤卡坦（Yucatán），位于中美洲北部、墨西哥东南部的一处半岛，地处墨西哥湾和加勒比海之间，将加勒比海从墨西哥湾中分离出，东靠加勒比海，西临墨西哥湾、坎佩切湾，东北隔尤卡坦海峡与古巴相望。
② 罗伯特·E. 皮尔里（Robert E. Peary, 1856—1920 年），据称为人类历史上第一位登上北极点的探险家。
③ 弗雷德里克·A. 库克（Frederick A. Cook, 1865—1940 年），美国探险家。

《纽约先驱报》的报道一定对皮尔里造成了一定打击。后者刚刚从探险队回来,急切地期待着有机会向全世界宣布他的非凡成就,但却发现,他以前的朋友兼船友库克,在过去的一年里音讯皆无(通常被认为已经死亡)——突然出现,并声称其真的在 1908 年便已经捷足先登。在《泰晤士报》的文章中,皮尔里愤怒地谴责库克是个骗子。

这场争抢头名称号的斗争,最初见诸公众舆论的法庭,库克博士似乎从自己的故事率先曝光中获益匪浅。他在纽约着陆时,受到了狂热的人群的欢迎。全国各地的报纸纷纷进行民意调查,询问读者相信谁的说法,库克屡次成为压倒性的赢家。

但皮尔里是一位精明的公关专家,很快便在让库克的说法丧失信任度的竞选活动中赢得了支持(《纽约先驱报》为了保护自己的独家报道,甚至还声称皮尔里至少收买了一名证人)。在归途中,库克为了轻装上阵,将许多探险的记录留给一位在格陵兰岛的熟人,后者答应把这些证据送到纽约。对库克来说,不幸的是,这位朋友返回纽约乘坐的那艘船,偏巧归皮尔里所有——皮尔里做了极端的小动作,拒绝让该人将任何属于库克的东西带上船。

在得知能够证明自己说辞的证据并没有出现的消息后,库克变得意志消沉,几个月后,他离开了美国前往欧洲,并在那里流亡一年,其间撰写了一本书。《纽约时报》大肆报道他失踪的消息,将他称为"历史上最伟大的骗子",将他的故事形容为"自从人类登陆地球以来最为惊人的骗局"[15]。

(《纽约时报》毫不犹豫地支持皮尔里说法的原因,有可能与该报已经支付了四千美元购买其探险活动的独家报道权有关。)

在得到实力强大的报纸,国家地理学会——该组织资助了皮尔里的首次远征活动和其他当权机构的支持后,皮尔里的自述很快就超过了库克的版本,并最终成为人们普遍接受的故事。他的北极之旅荣膺了国会的正式认可,这位曾经的美国海军土木工程师,退休后被拔擢为海军少将,并获得每年数千美元的退休金。

在此之后的一个世纪里,库克和皮尔里的支持者们,围绕谁的言论才是正确的,争论不休。库克真的是一个试图否定皮尔里的合法胜利的骗子吗? 抑或,皮尔里就是一个内心险恶、恼羞成怒的失败者,设局下套,不公平地偷走了本属于将自己击败的真心英雄的荣光,是这样吗?

你会很高兴地了解到,两者都不是真相。事实上,他们都在撒谎。

今天,专家们的共识是,很可能两个人都没能到达距离北极圈一百英里以内的地方,他们都捏造了证据来掩盖自己的失败。

库克的主张最容易被推翻。首先,他已经卷入了一场关于自身诚信的丑闻之中,皮尔里在其公关活动中处心积虑,但准确敏锐地,把握住了这一点。库克声称自己是首个登上德纳利峰(Denali)——北美最高的山,当时被称为麦金利山(Mount Mckinley)——的人的说法,受到了广泛的质疑。当人们发现库克对一张同伴胜利"登顶"的照片进行过剪辑,清除掉了背景中许多明显更高的山峰之后,质疑声浪日增。这在很大程度上类似于你在照片墙(Instagram)①上,P 掉了你田园诗般瑜伽静修区角落里的麦当劳。

一年后,也就是 1910 年,当另一支探险队试图追溯库克的足迹,并发现了拍摄照片的山峰时,人们对这一点的任何疑问都烟消云散了,那座山峰距离库克"登顶"的麦金利山大约 20 英里,比真正的德纳利峰低 15,000 英尺(相当令人高兴的是,上述照片取景地现在被

---

① 照片墙(Instagram),一款运行在移动端上的社交应用,以一种快速、美妙和有趣的方式将你随时抓拍下的图片彼此分享,后被脸书(Facebook)收购。

官方称为"假峰")。

原来，在图片上"移花接木"，是库克最喜欢的策略。人们后来发现，他所提交的"北极"图片，实际上就是他在阿拉斯加拍摄的老照片。而他所提供的作为探险证据的日记，显然属事后编造，库克所雇佣的因纽特人向导后来声称，他们根本没有到达北极，而库克宣布在途中发现的一个岛屿，后来被证明，根本不存在。1923 年，埋葬库克声誉的棺材，最终板上钉钉。当时，他已从探险游戏中全身而退，转投石油行业，但因为实施邮件欺诈被定罪投监。这几乎可以保证，他会因巧取豪夺而遗臭万年。

这就为皮尔里成为真正的北极发现者留下了广阔的天地。库克的名声一败涂地，他们之间的不和尽人皆知，皮尔里似乎轻松获胜，大概是基于一个错误的假设，即如果两人中一方撒谎，那么另一方一定是在说真话。因此，皮尔里的故事，在 20 世纪大部分时间里被广泛接受。

这多少有点奇怪，因为即使在当时，人们对皮尔里诚实与否，也存在严重的质疑，而且回想起来，他的许多行为都应该被亮起红灯。他的一本日记，被作为证据提交给国会，对于一个被认为手上沾满油污的人，在一个不可能清洁的恶劣环境中每天书写的东西来说，这本日记出奇地干净。还有一个事实是，皮尔里拒绝让其他人检查他的记录。事实上，他也声称在途中发现过一个岛屿，但后来被证明根本不存在。

但最大的警示红牌来自于他对自己旅程的描述令人难以置信。北极的问题在于，极点并不位于陆地之上，而是被冰层覆盖着，且冰层的特点在于其经常漂流移动。在广袤空旷的苍茫冰盖之上，也没有多少地标可以导航。要走到极点，你需要定期进行航行观察，以检查你是否偏离路线，以及脚下的冰面是否偏离自己所预期的位置。

皮尔里当然可以做到这一点,不像库克,他是一个专业的航海家,他的团队中的其他几位成员也是如此。但是,奇怪的是,他在前往目标区域的整个旅程中,根本从未进行过任何一次观瞄测量。

然而,根据他自己对探险行程的描述,他成功地以笔直的矢量箭形穿过移动的、没有路标的空旷冰原,前进了约 500 英里,直达北极。不仅如此,在他登上北极之前的一周,他把自己的大部分船员,包括所有其他训练有素的领航员,悉数派了回来。这有点儿可疑,但接下来的自述更令人难以置信。皮尔里声称,他们被送走后,他的前进速度突然翻倍,奇迹般地变成了每天 71 英里,这对一个在早期探险中由于冻伤失去了大部分脚趾的人来说,堪称一个了不起的壮举(值得一提的是,帮他保住余下脚趾的医生……正是他未来的宿敌,弗雷德里克·库克)。

最后,皮尔里独自进行了唯一一次航海定向,之后(据同行者马修·汉森(Matthew Henson)的说法),他便返回,回来时看上去非常痛苦,拒绝告诉任何人结果如何。但是,第二天他却干脆宣布,大家现在所处的位置就是北极,在把一面美国国旗塞进马口铁罐埋入冰下后,他们便打道回府了。

虽然关于这两个竞争对手中哪一位才是真正的极地开拓者的争论,在随后的几十年间变得十分激烈,但现在的共识是,他们都没能到达北极:库克从未接近过北极极点,皮尔里可能在 60 到 100 英里之间的某个程度范围错过了自己的目标。事实上,第一次穿越冰原到达北极的探险直到 1968 年才开始,即便如此,他们用的却是雪地摩托。

也许值得一提的是,除了库克和皮尔里,其他北极探险家,身上也悬着历史问题:比如,我们的老朋友,未来将会围绕浴缸骗局编制名录的维尔杰尔穆尔·斯特凡森。1913 年,他率领一支加拿大探险队在阿拉斯加和北极之间探索新大陆,结果探险船被困在冰里,随时有被压碎的危险。斯特凡森立即宣布,他要上岸寻找食物。当他不在时,船被流冰带走,最终沉没。斯特凡森的11名船员在获救前死亡,而斯特凡森本人则继续愉快地倚仗雪橇在北极探险了4年,似乎对自己的船只或船员的遭遇并不十分挂心。至少一些幸存者后来说,他们怀疑自己被斯特凡森故意抛弃了。

尽管库克和皮尔里都求助于欺骗手段来掩盖未能实现目标的事实,但历史上其他地理鬼扯者却采取了另外一种方式:通过编造高谈阔论来使自己的失败成为必然之事,而现实永远不可能与之匹配。

接下来的这个故事便是如此:1930年,一个名叫刘易斯·拉塞特(Lewis Lasseter)的人带领一支搜寻队进入澳大利亚中部沙漠,寻找超乎想象的财富。他们正在内地中央探寻一个巨大的"金礁",这个由黄金构成的巨大结构,能让他们比国王更富有。

最明显的一点是,澳大利亚中部,并没有一个9英里长的金礁。拉塞特声称,他在1897年、1900年或1911年(究竟是哪一年的情况,存在不同版本)迷失在沙漠中时,因被其绊倒,偶得亲眼所见。故事说,当时他无法找到自己来时的路,但花了几十年的时间,试图筹集资金,想再进行一次探险,以重新对其加以发现。

至于拉塞特到底是被误解了,还是积极的狂想家,或是彻头彻尾的骗子,仍然是一个存在争论的问题。可能是均有涉及,通常都是这样。但是,尽管如此,在大萧条席卷全球之际,这个故事说服了一位有权势的工会老板给他一个机会,让他得以碰碰运气,以证明自己所言非虚。于是,一支由8名探险家组成的队伍启程了——装备精良的飞机和一些卡车陪伴他们,出发寻找黄金。

同伴很快就弄明白了,拉塞特完全不知道自己到底要去哪里,而且很明显,他以前从来没有去过灌木丛生荒野地带。这个小组毫无目的地四处搜寻,他们的卡车陷进沙丘,飞机坠毁,飞行员住院治疗。

他们接二连三地得出结论:拉塞特在鬼扯。于是放弃了探险,最终只留下拉塞特和一个叫保罗的野狗猎人以及一些骆驼作为同伴。拉塞特很快告诉保罗他找到了金礁,但拒绝透露在哪里。在短暂的拳脚相加之后,保罗也离开了,最后(根据他的日记)连拉塞特的骆驼,都在他拉屎的时候跑开了。

拉塞特的遗骸和日记,直到第二年才在沙漠中被发现。

尽管在澳大利亚中部绝对没有所谓金礁,但在随后的几十年里,又有无数的搜寻者纷至沓来。直到今天,每隔几年,就会有新的人声称发现了拉塞特金礁的位置。需要再次强调的是,所谓的拉塞特金礁,并不存在!

拉塞特自己可能真的相信那片金礁的存在,如果这只是一个骗局,那么很难解释为什么,他在其他人都放弃后仍坚持寻找。就像许多人编造关于不存在的土地的虚假故事一样,他可能因为错误的信仰而被误解,然后因为热情、羞耻或简单的确认偏见而让错误变本加厉。

在这方面,拉赛特并不孤单。事实上,历史上最不可思议的一个关于臆造地理的故事,出自一个阴险狡诈的人之口,他根本没有任何借口可以证明,在制造不实之词方面,自己是善意无辜的,其也一直表现得好像他的这些说法都是确定的。但是,要讲这个故事,我们需要深入到一个充满谎言、虚假和诈欺的阴暗世界,在那里我们会遇到也许是有史以来最伟大的骗子——那个通过发明一个国家,来欺骗朝野上下的人。

第五章

欺诈宣告

1823 年 2 月,第一批来到波亚伊斯(Poyais)海岸的移居者,已经非常清楚地知道,能够从这处新家得到什么。当洪都拉斯邮轮号(*Honduras Packet*)在黑河(Black River)泻湖外抛锚时,船上的殖民者一定在热切期待着,就在眼前的新生活里等待自己的财富。他们被告知,波亚伊斯的土地既美丽又肥沃。这里温暖宜人的中美洲气候,与两个月前他们离开的冬日伦敦天壤之别,据说对健康有着神奇的好处。膏腴的土壤可以一年耕种三季,为任何一个有进取心的农民提供了一笔轻而易举就能赚得的钱。这个国家蜿蜒曲折的长河里流淌着金沙,路人可以从中淘到块块珍宝,要做的,仅仅是将细沙筛上一下。在这个泻湖里,坐落着黑河的河口,那里是该国主要的贸易港口,几英里远的地方,便是这里的首府圣约瑟夫(St. Joseph),一个拥有 1500 名居民,规模虽小却不断发展的大都市,拥有仿效欧洲时尚的优雅建筑。

还没有一艘船从泻湖驶出迎接远道而来的新同胞,赫德科克(Hedgcock)船长击发了船上的一门大炮,以提醒波亚伊斯人(波亚伊斯国公民)自己的到来。船上的人们,兴奋地等着港口代表列队出来迎接。

等待着,然后又等了一会儿。

嗯,还是没有船。

迎接的船儿，始终没有出现，当殖民者最终决定自己上岸时，发现泻湖里面根本就没有熙熙攘攘的贸易港口。当他们寻找首都圣约瑟夫时，冒险沿河上溯数英里，穿过茂密的丛林，却没有找到拥有宽阔的林荫大道、银行和歌剧院的那个所谓国际化的都市。相反，他们发现了一些瓦砾，以及在18世纪便被遗弃的破旧木屋。探险者认为自己在错误的地方登陆，并对照了一张详细的国家地图。这张地图是由波亚伊斯总督——战争英雄、贵族后裔和这个年轻国家鼓舞人心的统治者格雷戈·麦格雷戈将军（Sir Gregor MacGregor）亲自授予。

不！他们绝对身处正确的所在。

在这一阶段，移民们还没有完全意识到，但也许，有些人的胃已经反应出了这件事的最初迹象：在你犯了一个可怕的、糟糕的错误时，你首先意识到的，便是胃里有些反酸，没有船的原因，没有港口和首都的原因，是因为他们接到的原来是错误的指示。

当然，原因在于，根本就没有波亚伊斯这个国家。整个年轻的国度，几乎完全存在于格雷戈·麦格雷戈的头脑之中。关于这个人利用他虚构的版图从伦敦的投资者那里筹集了一笔财富，并说服了几百个苏格兰同胞卖掉他们的世俗财产，抛弃自己家园，横渡大洋（所有这些都是为了获得新生活的特权而支付给麦格雷戈的丰厚报酬）。

一年之内，他们中的大多数人都会客死异乡。

一些骗子通过编造虚假的生意，或假装亲戚生病，或谎称只有在一个随机接到邮件的陌生人的帮助下才能找回神秘财富，来骗取钱财。但与创造出一整个国家的麦格雷戈相比，这些人简直太过小儿科了。

我们有点迷恋各种各样的骗子、混子、老千和扯淡专家。无论他们是易受骗弱势群体的残酷剥削者，还是有悖常理的民间英雄——

凭借一己之力推翻不公平的制度——我们都对这类故事乐此不疲。这可能是因为我们喜欢看到别人上当受骗的幸灾乐祸,也可能是因为我们沉溺于偏执的恐惧中,担心自己会落入圈套。或者,这可能是因为他们似乎证实了许多人对区分富人和穷人的社会结构的秘密想法,他们都是虚伪的、空洞的外表,如果有胆量将自己伪装起来,任何人都可能会将皇帝的新装戳破。

格雷戈现在铭记史册,理由便在于他精心策划的把戏,被《经济学人》(*The Economist*)①称之为"有史以来最伟大的信任骗局"。[1]但其最吸引人的地方在于,时至今日,还不完全清楚到底在多大程度上是真实的,在多大程度上是一个深思熟虑的骗局,在多大程度上只是在最宏大的范围内的自欺欺人。

雄心勃勃,魅力四射,至少具有转瞬即逝的个人魅力,麦格雷戈是那种非常深刻地感受到自己注定会成就大事的人。更重要的是,他始终设法使自己尽可能接近实现那种伟大……结果每次都把自己的事业推下了悬崖。直截了当地说,如果麦格雷戈能将同样程度的努力投入到实际实现自己假装成就了的事情之上,那么他(更不用说几百个穷困潦倒或悲惨死去的移居者)会过得更好。

我们有可能理解,为什么移民和投资者会有如此行为,以支持麦格雷戈的计划。他有着令人印象深刻的血统:苏格兰贵族,英国军队老兵,曾在阿尔布埃拉之战(the Battle of Albuera)②中为传奇的第57步兵团,所谓的"硬骨头团"(the 'Die Hards')服役。他也曾在葡

---

① 《经济学人》(*The Economist*),由伦敦经济学人报纸有限公司出版的杂志,创办于1843年9月,以发明巨无霸指数闻名,是社会精英必不可少的读物。

② 阿尔布埃拉之战(the Battle of Albuera),1811年5月16日,一支英国、西班牙和葡萄牙混合兵团,在西班牙边境要塞城镇巴达霍兹以南约20公里的西班牙小村阿尔布埃拉与法国武装部队人员交战。

萄牙军队中作战,并因表现出色被葡萄牙封为基督骑士。

然后,和当时许多英国军人一样,麦格戈雷前往拉丁美洲,参加了反抗西班牙帝国的解放战争,并一跃成为委内瑞拉军队的将军和人民英雄。也许这一切并不奇怪,毕竟,他是格雷戈家族的头领,也是传奇人物罗布·罗伊(Rob Roy)①的直系后代。1821年底,报纸上开始刊登广告,希望人们能抓住机会,在波亚伊斯购买土地——如果你能尽快把握机会,就会以每英亩一先令的优惠价格购得土地,不过广告警告称,价格将在未来几个月内上涨。[2]对许多人来说,这个极好的机会,根本不容忽视。在这个拥有数百年历史的西班牙帝国终于崩溃之际,英国人的目光正贪婪地在新世界寻找着一个新的机会,而对拉丁美洲的投资则是最热门的新事物。到1822年夏天,这些广告不仅仅为大家提供了投资土地的机会,广告还蛊惑移居者作为乘坐"非常宽敞舒适"的洪都拉斯邮轮(正如《泰晤士报》的一则广告所说)的乘客,去波亚伊斯开始新生活。[3]

为了支持这一点,麦格雷戈发起了一场全面的宣传运动。他接受报纸机构的采访,跻身上流社会,并在伦敦和爱丁堡为他想象中的国家设立办事处。不仅如此,他甚至不惜代价出版了一本软皮精装书,名为《蚊子海岸开发纲要》(Sketch of the Mosquito Shore),据说是由一位名叫"黄金圈骑士"托马斯·斯奇韦尔斯(Thomas Strangeways, K. G. C.)②的人写的,而其被描述为"波亚伊斯第一土著团团长,波亚伊斯总督格雷戈殿下的侍从副官"。

《蚊子海岸开发纲要》的第一页,印有一幅很漂亮的格雷戈的皇室肖像,以及一幅船只往来如梭的黑河泻湖田园画。正是这本书向

① 罗布·罗伊(Rob Roy, 1671—1734年),苏格兰传奇英雄。
② K. G. C,是"黄金圈骑士"(Knights of the Golden Circle)的缩写,而所谓黄金圈,是指墨西哥、加勒比等蓄奴地区的统称。

读者承诺,那些河流将为定居者提供"金珠",土壤每年可种植三季作物,以及在这里还有态度友好的本地劳工,他们对英国人有着深厚而持久的热爱,会整年愉快地工作,以换取一笔小钱,或者可能仅仅是获得遮羞的衣服。[4]

（书中还煞有介事地指出,刚开始的时候,蚊子海岸并不是因为存在有大量的蚊子而获此称号——哈,就知道你会这么想！而是因为这里的海岸线上有许多小岛。这两种解释都不正确。事实上,蚊子海岸是以当地的米斯基托人(Miskito)的名字命名的,或者说是用错了名字。[5] 不过,正如定居者很快就会发现的那样,这里确实有很多蚊子。）

事实上,这本书的大部分内容都是从几十年前出版的其他几本关于该地区的旧纸堆中剽窃而来,没有抄袭的材料则纯属凭空捏造,后来的诽谤案审判中的证词显示,这些文字实际上出自麦格雷戈本人的手笔。

但是,麦格雷戈甚至比书中更进一步,大肆推销了波亚伊斯不仅是一个新的殖民地,而且是一个已经组建起来的国家,拥有一个运作良好的政府、广泛的公民基础设施和充满活力的文化氛围。他会给人们看一张《告波亚伊斯公民书》,而这份文件,据说是他在动身前往伦敦之前分发给全国各地的,恰恰标志着他的国家正式诞生,同时宣称,蚊子海岸的国王,已经永久将波亚伊斯领土主权授予给了自己。他为这个新兴国家发明了一面旗帜和一套骑士荣誉制度,并计划授予潜在的盟友"绿色十字勋章"。麦格雷戈印制了"波亚伊斯元",并提供了一大箱子给移居者,好让他们在新家安顿下来。他还讨论了波亚伊斯政府体制的三方结构。他说服了安德鲁·皮肯(Andrew Picken),一位对文学生活怀有梦想、易受他人影响的格拉斯哥年轻职员,撰写了一篇诗歌和一首民谣,以歌颂波亚伊斯,但给人的印象是,这些都是波亚伊斯自己文化的产物。

皮肯将继续成为最重要的声音之一,告诉其他定居者正在圣约瑟夫等待着他们的美好生活的最新消息,因为在一次酒后的聊天其间,麦格雷戈强烈暗示,皮肯可能会成为波亚伊斯国家剧院的负责人。许多移民也得到了类似的承诺:有人会成为圣约瑟夫副市长,还有人则被委任为中央银行行长。爱丁堡的一个鞋匠叫约翰·海利(John Hellie)或约翰·喜利(John Heely)(文件版本不同),他因为被许诺将成为波亚伊斯公主的官方制鞋人,贱卖财产抛家弃子。

当然,定居者到达那里时发现的情况……却不那么令人印象深刻。他们在现代洪都拉斯北部海岸——一个颇令人望古思情的命名为感谢上帝(Gracias a Dios)地区的西端登陆。今天,黑河被称为里约西科河(Rio Sico);泻湖则被称为"伊班斯湖"(Laguna de Ibans)或"艾巴纳湖"(Laguna Ebano)。[6] 这里仍然地处偏远、人迹罕至,尽管现在这里已经修有一个机场——嗯,一条草地跑道,而且根据著名自助游手册《孤独星球》(*Lonely Planet*)①的说法,还有一个相当不错的"原生态旅馆"提供旅游服务。[7] 总之,和洪都拉斯邮轮号上的乘客相比,今天的造访者所面对的招待,可能会略微热情一点。

他们面对的只是一片丛林、一堆瓦砾和一位住在小屋里的美国隐士。没有城市,没有城镇,没有港口,没有贸易。这些河流出了名地缺乏金沙。第一批来自洪都拉斯的移居者花了几个星期的时间,绞尽脑汁想弄清楚到底出了什么错,并一直住在海边的帐篷和简陋的庇护所里,等待波亚伊斯当局与他们联系。

几周后的三月份,第二艘殖民地船只肯纳斯利城堡号(*Kennersley*

---

① 《孤独星球》(*Lonely Planet*),创刊于1972年,出版总部设于澳大利亚,是世界知名的自助游手册丛书。

Castle)抵达,情况开始变得愈加糟糕。一下子,这把定居者的人数从大约70人增加到200多人,这意味着要养活的人将多得多,生病的人要多得多。更糟糕的是,两组人马之间立即发生了摩擦。新来的移民,他们一直在听信皮肯讲述圣约瑟夫是多么美好的故事,以致对到达时发现的实际环境特别不满。但他们也不明白,负责人赫克托·霍尔上校(本应担任副州长一职的那个人)为什么没有着手建造更具永久性的定居点,或者他为什么都没有前来迎接自己。

部分原因是那些选择殖民的人,并不具有从头开始建设一个城镇所需的技能。移民者包括银行家、一些公务员、珠宝商、印刷商、几位园丁、一位绅士的仆人和许多橱柜制造商:如果等在面前的已经是一个繁华的大都市,那么所有这些显然都是首屈一指的职业,但如果你需要打造的,是比橱柜更大的东西,作用就显然十分有限了。

但最主要的原因在于,霍尔上校已经意识到了大多数殖民者还没有意识到,但却正在以一种史诗规模所经历的东西,根本就没有什么波亚伊斯当局会来联系他们。离开海岸向内陆移动意味着死亡,建立一个定居点也毫无意义。洪都拉斯邮轮号带着许多补给物资,在一场风暴中扬帆远航。现在的首要任务,变成了营救。这就是霍尔上校的处境:在一次探险中,他试图找到消失的洪都拉斯邮轮号,并与乔治·弗雷德里克·奥古斯都(George Frederic Augustus)国王(该地区名义上的米什基托土著统治者,其实是英国人安置的傀儡,也是最初被认为被授予麦格雷戈波亚伊斯相关权力的人)取得联系。

等到霍尔返回后,除了得知国王对他所说的几乎一无所知之外,还特别不高兴地发现,新来的定居者也让肯纳斯利城堡号开走了。移居者则对他只带了一小桶朗姆酒回来感到愤愤不平。

事态迅速恶化。在内讧中,大家士气骤降,建造更多庇护所的努力失败，最糟糕的是，随着雨季的到来，以及随之而来的大批蚊子（事实证明蚊子很多），殖民者开始相继生病甚至死亡。霍尔继续隐瞒他们是被自己骗来的消息，担心败露后会引发什么反应，但这只会增加两个组织之间的不信任，特别是其本人为了执行所谓神秘任务长时间人间蒸发。可怜的鞋匠即约翰·海利，因再也见不到家人而深感绝望，在吊床上开枪自杀。[8]

最终，五月份，在忍受了几个月的炎热之后，一艘来自伯利兹的船只发现了这个悲惨的营地，同时带来了好消息和坏消息。坏消息是，他们认为这个所谓等待移民的国家并不存在；好消息是，移民者终于可以脱离险地。几天后，霍尔带着乔治·弗雷德里克·奥古斯都国王的口信，从其最近一次探险回来，证实了这是最好的行动方案：麦格雷戈宣称的任何土地出让，都是无效的，而这些殖民者，实际上属于非法入侵者。

因此，心碎不已的殖民者，被迫经历了一系列人满为患、令人触目惊心的伯利兹之旅。有些人病得太重，根本无法登船；更多的人在航程中生病或病情恶化。其中超过一半的人死亡：在前两艘船上总共 270 名定居者中，也许只有 50 人最终回到英国。

在这一点上，也许值得一提的是，这整件事——"一整船的殖民者，为了追求中美洲新天堂的梦想背井离乡从苏格兰启程，最终以破产、疾病和死亡梦断大洋"——听起来可能有点……嗯，熟悉。

那是因为，难以置信的是，这并不是历史上首次发生此类事件。125 年前，几乎同样的命运正在等待着几千个苏格兰人，他们被一个口吐莲花的推销员说服，离开故乡，以期在位于巴拿马地峡的达里安（Darien）建立一个新的殖民地。那一次，并不算是真正的欺诈，而只是一次极度雄心勃勃的尝试，试图建立一个苏格兰帝国，并证明一些有关全球贸易的理论，但效果大同小异。大约一半的殖民者死于非命,许多投资者倾家荡产了。整个事件对苏格兰来说,算得上一个巨大的国耻,不仅破坏了苏格兰的经济,还促使苏格兰最终与英格兰走向联合。如果你想多读一点关于达里安事件的内容,在作者的前一本书《人类:失败简史》中,包括一个关于达里安事件的重要章节。

这确实提出了一个问题:仅仅一个多世纪后,人们是如何重蹈覆辙的?

要回答这个问题,我们需要看看麦格雷戈本人,并查清他如何能够说服这么多人,如此相信一个根本不存在的国家,并为了追求新世界,将自己原来的生活彻底搞砸。但这需要解决一些不大不小的障碍,不幸的是,无论是麦格雷戈的声誉,还是我们为寻找对这个人形象的客观评价所做的努力,都面临一些阻碍。因为,他在历史影响方面处于不利地位。很简单,当时围绕这个人所撰写的很多东西,都出自对其深恶痛绝者之手。

麦格雷戈非常善于和人甜言蜜语,并使大家站在自己这一边。对他来说,很遗憾的是,让人们持续相信某事的功夫,实在是太差劲了。

首先,我们将会看到,不仅麦格雷戈口中的那个国家是虚构的,甚至连他的传记中的大部分内容也都是编造的,这可能不会让你感到惊讶。没错,他这个麦格雷戈,是格雷戈家族成员,但肯定不是该家族的首领,也不是罗布·罗伊的直系后裔,他来自这个宗族中不受欢迎的一支。尽管他曾在英国军队服役,但他并不隶属于在阿尔布埃拉战役中一战成名的"硬骨头团",因为他在战斗前一年多就被悄悄地赶出了那个部队——在被委婉地描述为"与上级军官发生误会"[9]之后,他后来的确被借调到葡萄牙军队……但也只坚持了几个月,就发生了同样的事情。

至于,在短短几个月里,他所谓的葡萄牙骑士身份来自哪里,姑且留给读者诸君大开脑洞,需要提醒各位的是,在这段时间,他所做的,主要是激怒了自己的上司。

　　麦格雷戈的问题是,尽管无可否认的确具有一些天赋,但他对个人名利地位的渴求,远远超过了他为此付出的勤奋。正如通常比其他大多数作家更同情麦格雷戈的历史学家马修·布朗(Matthew Brown)①所说,麦格雷戈是一个"自命不凡、追逐名利的人"。[10] 他入赘了一个家资巨富、人脉广泛的军人家庭,并遵循了一项古老的传统,即通过买官,加衔进爵。随着军职的晋升,这个人变得越来越让人无法忍受。1810 年,他被赶出军队,非但没有进行一段时间的自我反省,他似乎变本加厉,自封上校头衔,和妻子锦衣昼行,在爱丁堡大肆招摇。1820 年,他的一位死敌,出版了一本对其措辞特别严厉的传记,并且提出,麦格雷戈对于自己的自由限度"很少深谋远虑,极度缺乏思考"。[11]

　　1811 年,随着麦格雷戈的妻子玛丽亚撒手人寰,这一切突然而悲惨地宣告终结。由于无法继续挥霍妻子家的财产,奢侈的生活无以为继。手头拮据的麦格雷戈好比无头苍蝇,像当时许多英国退役军人那样,前往拉丁美洲与西班牙人作战。准确来说,他不久便逃走,前往委内瑞拉。

　　正是在委内瑞拉,麦格雷戈最大限度弥合自我人设和实际成就之间的差距。像许多"空缺年"(gap-year)②的学生一样,他去国外旅行,并找回了自己。他很快就成了伟大的革命将军弗朗西斯科·德·米兰达(Francisco de Miranda)③的密友,麦格雷戈对他赞不绝

---

① 马修·布朗(Matthew Brown, 1964—2011 年),美国历史学者,作家。

② "空缺年"(gap-year),是西方国家的青年在升学或者毕业之后、工作之前,做一次长期的旅行,让学生在步入社会之前体验与自己生活的社会环境不同的生活方式。间隔年期间,学生离开自己国家旅行,通常也适当做一些与自己专业相关的工作或者一些非政府组织的志愿者工作。

③ 弗朗西斯科·德·米兰达(Francisco de Miranda, 1750—1816 年),委内瑞拉军事领导人,独立领袖。

口。米兰达是一个积重难返的寻欢作乐者,风流异常。他和麦格雷戈一样,喜欢特权,但和麦格雷戈不同,米兰达还是一个军事天才。麦格雷戈不仅和米兰达相处甚欢,而且第二次娶了一个有背景的女人:当时的传奇自由战士西蒙·玻利瓦尔(Simón Bolívar)①的表妹塞诺拉·多尼亚·约瑟法·安东尼娅·安德烈亚·阿里斯特奎塔·洛维拉(Señora Doña Josefa Antonia Andrea Aristeguieta y Lovera)。

麦格雷戈在委内瑞拉的军事记录并不完美,但所有人都认为其相当可靠,其中还包括至少一项应归功于他的成就。事实上,如果不是非常不幸地在独立革命低谷期抵达委内瑞拉,情况可能会好得多。他遭遇了一些失败,但却被誉为英雄。原因是,他在 1816 年指挥了历时一个月至关重要的奥库马雷(Ocumare)大撤退。其间,他领导了一支主要由新近解放奴隶组成的部队,勇敢抗击追击的敌人,通过这一艰苦卓绝的阻击战,支持独立的军队得到喘息时间,并重新集结。最后,麦格雷戈终于赢得了自己所渴望的赞誉,不是因为自封头衔或四处挥霍,而是通过艰苦奋斗取得的成就。

不管怎样,在那之后不久,他似乎又和委内瑞拉人发生了某种灾难性的纷争,并挂冠而去,不再为其服务。哦,果然是麦格雷戈的做派。

从此开始,麦格雷戈的职业生涯变得愈发疯狂,因为他开始不再受制于他人。1817 年,他试图入侵佛罗里达,并从西班牙人手中夺取这块宝地。他的部队最后在一个被他们占领的小岛上被围困了 6个月,最后,麦格雷戈独自离开,将自己的手下留在那里。他还领导

---

① 西蒙·玻利瓦尔(Simón Bolívar, 1783—1830 年),拉丁美洲政治家、革命家、思想家和军事家,19 世纪解放南美大陆的英雄人物,是拉丁美洲独立战争的先驱,先后领导军队从西班牙殖民统治中解放了哥伦比亚、委内瑞拉、厄瓜多尔、巴拿马、秘鲁和玻利维亚,被称为"南美洲的解放者""委内瑞拉国父"。其独立思想至今仍影响着美洲政治思想。

了对达里安地峡发动的灾难性袭击，正是在那里，苏格兰在 18 世纪遭受过堪称国耻的惨败。麦格雷戈在自己的募兵布告中明确提到了这一点，声称他的一位祖先曾参加过那次不幸的远征，并把这次远征描绘成一次挽回国家荣誉的机会。结局却并非如此。在波托贝洛（Portobelo），麦格雷戈被西班牙军队抓个正着，实际上是在酣睡其间被按在了床上，最后他不得不未穿裤子就跳出卧室窗户，凫水求生（而他居然不会游泳）。

正是这一时期，他被许多人描绘成了不讨人喜欢的人物。迈克尔·拉弗特（Michael Rafter）曾于达里安之战中，在麦格雷戈手下服役，而拉弗特的兄弟在西班牙人夺回波托贝洛后被处死。拉弗特决心写回忆录，揭发麦格雷戈——我们已经引用了他的这本传记，其中这样总结我们的英雄："麦格雷戈被胜利冲昏了头脑，他的浅尝辄止和傲慢性格，很快就颠覆了大好前景。"平心而论，这种评价非常公正。[12] 另一个关于这场灾难的描述是，麦格雷戈手里拿着一杯葡萄酒，站在船的甲板上指挥着一场战斗。[13]《牙买加公报》(The Jamaica Gazette)则用一句不那么恭维的口吻在文章中写道："他开始说，可以在远征中对他的敌人——用他的手下战士们的话说——打家劫舍。但结果却是以对自己人痛下杀手而告终……现在看来，这位传说中的伟大领袖所倡导的事业已经一无是处，而这位英雄自身也完全不值得再去加以关注了"[14]。

在这段时间里，麦格雷戈一直在磨练自己的三个特质，回想起来，这三个特质似乎是波亚伊斯诈骗计划的试水之作。他有一种天赋，可以招募同胞参加他的任务，说服若干兵士离开苏格兰和他一起去大洋彼岸冒险。他已经在建构自己幻想中的荣誉制度：在佛罗里达州开始颁发绿十字勋章。他恣意地发布鬼扯宣言，任性地授予自己最荣耀的称号——在一次探险之后，拉弗特在"人类心智异常的永久纪念碑"上写道：麦格雷戈以前所未有的厚颜无耻，将自己塑造成"新格林纳达的印加人"！！[15]

不过，问题是在当时的加勒比地区和拉丁美洲，这些行为似乎都不是特别怪异。[16]

好吧，这有点奇怪，但并不完全离谱。给自己加上冠冕堂皇的头衔，接近该地区领导人的标准操作惯例。伴随着帝国兴衰与曼舞霓裳，这里的领土几乎处于一种永久性的变动状态，城头不停变换大王旗。伦敦交易所里有关拉丁美洲的每便士投机性投资产品卖到了10英镑，而这个巨大的泡沫，直到几名波亚伊斯幸存者想办法回到老家后，才被戳破。

麦格雷戈似乎真的得到了乔治·弗雷德里克·奥古斯都国王（这个家伙经常为了获得政治上的支持和保护而分配土地）承诺的一些土地，尽管也许没有他所宣称的那么广阔，当然也不是为了让他作为一个新国家加以统治。但是，尽管在脆弱的法律基础上指着一块土地说"这是我的"，然后说服一些易受忽悠的人冒着极有可能死亡的风险去那里定居，当然算是大规模的欺诈，但这与当时很多殖民主义的运作方式没有什么根本的不同。

如果说麦格雷戈的疯狂计划能够说服很多人，那是因为这一计划既反映了那个时代，又偏离了那个时代。

不过，这并不能完全回答这个问题，因为这并不是说人们对麦格雷戈的说法没有产生足够的怀疑。当然，还有拉弗特于波亚伊斯计划落地前一年所撰写的复仇传记。这显然让一些人认识到了麦格雷戈的鬼扯。但波亚伊斯开发行为本身，尤其是为支持他而出版的那本书，引发了媒体的诸多不满。

1823年2月1日的《伦敦文学公报》（*London Literary Gazette*）检讨了《蚊子海岸开发纲要》，并对描述这个国家时措辞的一些"显著特点"提出了若干质疑,例如"河流的上溯纵深,以及宽达数百英里的河面,显然超出这个国家的极端广度"。

"整件事,"《伦敦文学公报》嗤之以鼻,"强烈地带有两个世纪前海盗冒险家的味道"[17]。

特别残酷的是《评论季刊》(*The Quarterly Review*),这是一本以保守主义政治立场和几乎空前绝后的尖刻文学评论相结合而闻名的出版物。可以说,他们在 1822 年 10 月的报道里,对《蚊子海岸开发纲要》的态度并不友善。但是,换个角度来说,就在一年前,珀西·比希·雪莱(Percy Bysshe Shelley)①指责该刊对约翰·济慈(John Keats)②的评论过于严厉,简直差点要了他的命。[18] 即使考虑到浪漫主义诗人的高度敏感,这在恶劣的批评领域仍然是一个相当大的成就,并暗示,如果有什么区别的话,显然是,麦格雷戈被轻轻放过了。

最值得注意的是,《评论季刊》的回应,不仅仅彰显出他们的怀疑态度。当然,他们在最终提出这一切可能仅仅是一场所谓邪恶的骗局之前,谴责这一计划的负责人是"贷款经纪人和土地经纪人",并讽刺说这是一片"庄稼不种自长,果实不摘自落,牲畜不育自肥"的神奇大地……烤猪背着叉子跑来跑去,哭着说"快来吃我!"[19]

不,真正有趣的是,这个匿名的评论者非常清楚(以极为精确的口吻),自己到底在说些什么。用现代的说法,他们言之有据。以及还引经据典,参考地图。"我们必须告诉他们……波亚伊斯是一个属于西班牙管辖,由木屋窝棚组成的微不足道的'城镇'。"他们精确地指出,之后又翻了好几页有关当地政治局势和管理该地区的条约的

---

① 珀西·比希·雪莱(Percy Bysshe Shelley,1792—1822 年),英国著名作家、浪漫主义诗人,历史上最出色的英语诗人之一,受空想社会主义思想影响颇深。

② 约翰·济慈(John Keats,1795—1821 年),英国诗人作家之一,浪漫派的主要成员,与雪莱、拜伦齐名。

确切性质的细节,所有这些都会使麦格雷戈发布的有关这块土地的任何声明无效。评论预测说,如果发现任何一厢情愿这样认为的大傻子定居者……就会将其作为入侵者,并给予相应对待。评论者还质疑这本书的作者斯奇韦尔斯是否真的存在,并说,即使果有其人,书中也没有任何证据表明他曾经真的踏足"蚊子海岸"。最后,他们想知道波亚伊斯总督格雷戈殿下是否就是几年前那个"差点儿被逮到,令人吃惊地从窗户跳出来,手里拿着钱包,但将裤子落在身后"的家伙。

以任何标准衡量,你都会认为这将彻底坐实麦格雷戈的谎言;这是一种很难逆转的批判性通知,而波亚伊斯开发计划似乎也已经成为事实上的批评靶标。

我们必须直面两种可能性:第一,许多定居者可能不是《评论季刊》的热心读者;第二,他们从根本上都只是真的,真的希望麦格雷戈的虚构是真的。这种念力相当强大,因为类似登峰造极的公众骗子,直到今天依然不绝于世。

这种对于某种幻想状态令人绝望的渴望具有相当持久的力量。值得注意的是,一小群受骗的定居者在数年后仍坚持认为麦格雷戈在整个事件中没有过错,事实上,一切都是霍尔上校的错,而麦格雷戈从未真正像被指控的那样,向殖民者做过如此之多疯狂的承诺,这都是由于皮肯这样想象力过于活跃的人造成的(这种抗辩并不完全成立;虽然定居者在说服自己时,相信的范围甚至比麦格雷戈出售的还要大,但很难忽视麦格雷戈在印刷品中大肆吹嘘的明显欺诈性细节,比如投资者如何通过在波亚伊斯首府圣约瑟夫镇上的登记处出示地契来认领他们的土地)。

迫切希望这是真的群体,不仅仅限于麦格雷戈开拓计划的受害者。尽管存在着所有明显的骗局因素,麦格雷戈故事的核心问题仍然是：他到底在多大程度上算是一个骗子，他到底相信多少？当你考虑到计划曝光后所发生的一切，以及他成为了镇上每个人的笑柄时，这个问题变得愈发突出，人们这样取笑他：他好像什么都没发生过一样，只是闷头前进。

对于那些因信任自己最终不幸身亡的人，麦格雷戈似乎没有表现出任何悔恨之情，他唯一承认的幸存者回家后讲述的故事，就是在《先驱晨报》刊载了幸存者证词的报告后，起诉其诽谤。但还没有出庭，麦格雷戈就输了，因为他逃到了法国，一到那里，他便立即开始试图再次出售波亚伊斯开发计划。

1825 年，拉美泡沫破裂伦敦股市崩盘，这在很大程度上源自波亚伊斯开发事件。超过 60 家银行倒闭，英格兰银行不得不由法国人纾困，其影响遍及全球。与此同时，麦格雷戈在法国，起草了波亚伊斯宪法，并招募了一批新的定居者。法国当局只是在收到异常多的护照申请时，才知道他在做什么，这些人竟然想去一个没有出现在任何地图上的国家旅行。麦格雷戈被捕，被控欺诈，但相关审判最终未果。

总体而言，麦格雷戈随后花了十多年的时间，试图让自己的波亚伊斯计划正式投入运行，并在有任何机会确保骗局成功的情况下，继续一以贯之。

波士顿大学法学院教授塔玛·弗兰科尔（Tamar Frankel）在 2012 年出版的《庞氏骗局之谜》（*Ponzi Scheme Puzzle*）一书中，研究了金融欺诈大师的形象。她所发现的一些特征并不令人惊讶：骗子缺乏同情心，自恋、贪婪，善于自我辩护。一旦被抓到，他们会矢口否认并转移注意力，责备别人而不是承担责任。他们常常认为自己的行为只是反映了他人的行为，以此为自己的行为辩护：其他人也都是骗子，受害者也理应如此，因为他们同样贪婪和堕落。俗话说，你骗不了一个诚实的人（这是胡说八道。你绝对可以！一些诚实的人是彻头彻尾的傻瓜）。

但这还不是全部。此外，骗子往往像弗兰科尔所说的"对不切实际的梦想和压倒一切的野心甘之如饴"；[20] 她建议，将骗子的手法与演员的技巧进行比较，"骗子很可能是扮演了他们长期以来梦寐以求的角色"。[21] 麦格雷戈围绕一整个国家的梦想，可能是比其他骗局更异想天开并难以承受……但本质来看大同小异。

显然，骗子对自己自导自演的阴谋的真诚确信，不仅有助于解释其自身的行为，也是人们对其信任有加的部分原因。"骗子自身的内心确认，"弗兰科尔写道，"能让他们变得可靠。"[22]

今天，由于过去几十年来热衷描绘完美骗局的电影和电视节目，让我们产生了一种想法，即所有的骗局都必须存在令人匪夷所思的曲折复杂，充斥各种出乎意料的循环交叉。所以，也许值得记住一个概念的真正词源。骗局（con）这个词现在可能已经非常通用，但这一用语的起源，含义却十分特定。"骗取他人信任的人"（Confidence man）一词，最初只适用于一个人：他的名字叫做威廉·汤普森（William Thompson）。

汤普森是一个骗子，19 世纪 40 年代后期在纽约活动，他的骗局，可谓无比简单。衣冠楚楚、温文尔雅的绅士汤普森，会在街上寻找陌生人，和他们和蔼可亲地交谈，然后问他们以下问题："阁下是否信任我，能不能把手表交给鄙人，替您保管到明天？"[2]

面对出乎意料的要求，很多人都会顺从。因此汤普森会……把他们的表拿走。这手法，实在够出类拔萃。

汤普森可能是第一个获得"骗子"称号的人，但当然，自从有了容易上当受骗的人，坑蒙拐骗者就不曾断过，永远都是这样。也许美国第一个真正传奇的骗子，乃 18 世纪上半叶大肆活动的汤姆·贝尔

(Tom Bell)。在实施了某些"鲁莽行为"之后,他被哈佛大学开除。多年来,他利用自己对美国富裕精英社会方式的了解,在殖民地横行霸道,无情地利用这样一个假设:穿着漂亮衣服,具备上流社会风度的人不可能是骗子。他很可能就是那个化名威廉·劳埃德(William Lloyd),假扮老师,堂而皇之走进富兰克林家,从本杰明·富兰克林手里偷了一件皱巴巴的衬衫和一条手帕的那个家伙。这不是一个特别有创意的骗局,我刚开始觉得不舒服,因为已经有一段时间没有提到富兰克林了。

如果你想要了解一个真正复杂,影响深远的骗局范例,就不能忽略莫特伯爵夫人(Comtesse de la Motte)珍妮·德·瓦洛瓦-圣-雷米(Jeanne de Valois-Saint-Rémy),一个在上流社交圈长袖善舞、攀权附贵的法国骗子。她利用自己授予自己的头衔,完全虚构了与玛丽·安托瓦内特(Marie Antoinette)①的友谊,以便用借来的钱买了一条价值连城的钻石项链,这个骗局一度让她雇了一名妓女冒充王后陛下,与某位天主教红衣主教(珍妮与其有染)会面。

这场骗局险些成功,但在王后得知后功亏一篑。虽然珍妮因这一罪行受到审判、定罪并被投入监禁,但对玛丽·安托瓦内特来说,下场也不太好。审判将公众注意力集中在王室的奢侈开支上,使她从一个不太受欢迎的王后变成了一个无论如何不能被接受的敌人。所有这些都将有助于在几年后引发法国大革命,并最终导致玛丽命丧断头台。

尽管这些设局者的动机主要是财富,但有史以来最吸引人的骗

---

① 玛丽·安托瓦内特(Marie Antoinette,1755—1793年),法国国王路易十六的妻子,死于法国大革命,原奥地利女大公,生于维也纳,是神圣罗马帝国皇帝弗朗茨一世与皇后兼奥地利大公、波西米亚及匈牙利女王玛丽娅·特蕾莎的第 15 个孩子,也是最小的女儿,她还有一个弟弟。

子之一的动机,却与此截然不同。

这个故事始于 1951 年秋天的加拿大埃德蒙斯顿(Edmundston)。玛丽·西尔拿起一份报纸,惊讶地读到了一个关于她儿子约瑟夫是如何成为一个战争英雄的故事。

该报讲述了在朝鲜战争中,在加拿大海军服役的约瑟夫·西尔博士(Dr Joseph C. Cyr),如何拯救了许多身负重伤的韩国士兵生命的故事。这些人在濒死关头,被一艘小船接走,随后,西尔博士在一间临时手术室里进行了一整夜的紧急手术,与此同时,手术室所在船舶正在努力从一场骤风暴雨中驶出。最后,西尔医生将他们一一从生死关头拉了回来,其中还包括从其中某位患者的心脏旁边取出一颗子弹。很高兴从战争中得到一些好消息的加拿大军方新闻办公室,开始自豪地吹嘘西尔医生无私的英雄主义和高超的医疗技巧。

这一切出乎玛丽的意料,是因为她非常肯定自己的儿子并没有加入加拿大海军,而且几乎肯定不在韩国海岸的某个地方。事实上,一般情况下,他应该出现在距自己大约 40 英里的路边。不过,这位母亲认为最好还是再确认一下。

约瑟夫·西尔性格随和善良,精通双语,他的母亲讲英语,父亲说法语,[24] 所以他在一个名叫新不伦瑞克大瀑布社区(New Brunswick Community of Grand Falls/Grandault)的小型双语社区行医,该社区距离加拿大与缅因州的边境只有一箭之遥,这也许并不奇怪。当开始接到电话,被询问自己是否身在韩国的某艘船上时,他正是在那里,静静地处理自己的事情。

他最初的直觉,把这件事当作一个简单的身份错误案例,也许还存在同名同姓者但这些想法很快就丧失殆尽,因为他是加拿大唯一的约瑟夫·西尔博士。他记得自己的医学文凭和其他身份证明文件,在前一年冬天不见了踪影。想到这里,他意识到,究竟是谁带走了这些材料，应该是自己的好朋友约翰，一位当地神甫，整件事，就发生在约翰神秘地消失之前不久。

当然，这位约翰，并不是真的约翰修士，也不是其在利用教职身份之前所自称的生物学家和癌症研究者塞西尔·B.哈曼医生（Dr. Cecil B. Hamann）。这个人的身份，更不是在成为哈曼医生和西尔医生之前的罗伯特·林顿·弗伦奇博士（Dr. Robert Linton French），一位据称是毕业于斯坦福大学的心理学家。

约翰神甫，实际上是一个叫费迪南德·沃尔多·德玛拉（Ferdinand Waldo Demara）的美国人，而其很快就会成为永留史册的"伟大的冒名顶替者"。德玛拉在传奇的骗子行列中脱颖而出，因为他显然没有特别出于经济利益的动机。我的意思是，当然，他开出了自己应得的那部分冒名支票，滥用了自己"职业"生涯中获取的各种账户，但他从来没有用自己不容置疑的技能去追求大量的财富或飞机豪宅的生活方式。他在社会工程方面很有天赋，劝服官僚机构放弃人们的身份证件，说服各行各业的人把他置于信任的位置，他本可以用这种禀赋来达到可怕的目的，但事实上，他几乎完全是利用这一点，冒充他人从事一系列极其有价值和正直体面的公共服务工作。这些年来，他做过医生，担任过副警长，监狱看守，多次任职于学校和宗教团体，还进入法律学校学习过法律，他甚至创立过一个哲学系乃至一所完整的大学。

德玛拉没有欺骗他人口袋里的钱。他骗人的目的，是为了获得他们的敬仰，也许还有他对自己的尊重。

德玛拉的问题是，他不仅擅长利用欺骗手段获得某个工作岗位，还常常出人意料地对其非常擅长精通。他是个学习速度极快的人，有着简直堪称过目不忘的光速记忆。冒充弗伦奇博士，他成功说服宾夕法尼亚州的一所天主教学院任命他担任新设立的哲学院院长，并继续在另一所天主教学院教授心理学（他说，秘诀是在上课前做阅读——"学习任何东西的最好方法是去讲授它"[25]）。作为塞西尔·哈曼/约翰神甫，他在与"基督教教诲兄弟"（Brothers of Christian Instruction）①成员一起学习时发现，那里缺乏一所可供教学的高等教育机构，于是他设法迫使僧侣和地方当局建立了一所私立大学，但当有关人士给这所大学起了一个他不喜欢的名字时，德玛拉勃然大怒——他创立的这所大学至今仍然存在，只不过名字和地点都发生了变化，即俄亥俄的沃尔什大学（Walsh University）。当然，在以"西尔医生"的名号招摇撞骗期间，他在皇家海军"佳雅号"（*Cayua*）上开展了奇迹般的救生工作，他在手术前迅速潜回自己的舱室，快速阅读了一些外科手术教科书。

这种非凡的才能，如果利用的是自己的实名，可能会对他自己很有帮助，甚至会出人头地，但德玛拉这个人，在做自己时，似乎从来没有感到那样自在。他试图在这个世界上找到自己的位置，并成为别人，特别是拥有德玛拉缺乏的资历的人。这似乎为其提供了一条捷径，让他摆脱不得不在慢车道上生活的无聊和沮丧。

德玛拉觉得自己很难安定下来，从来没有完全确定到底想成为什么样的人。他曾一而再再而三回到教书的岗位上，也曾多次以各种化名参军（然后又未经批准擅自离队），他多次以自己的身份和一套别名参加宗教团体，似乎至少在一定程度上是基于对精神发展的真正渴望。他对职业感的追求，读起来就像游乐园的哈哈镜，映照出二十出头的年轻人在不同职业生涯之间跳跃穿梭，试图寻找自我（年轻读者注意：这些都曾是 2008 年金融危机前你可以做的事情太酷了）。

---

① "基督教教诲兄弟"（Brothers of Christian Instruction），1819 年创立于法国的宗教组织，旨在为劳工阶级的天主教徒提供教育机会。

1951 年,冒充约瑟夫·西尔的事情曝光后,他的案子在北美引起轰动。1952 年,他接受了《生活》(Life)①杂志的一次长篇采访。在采访中,他讲述了自己(很可能是不可靠的)版本的故事,最后表达了自己的愿望,即最终只做自己。

1956 年,他在德克萨斯州监狱看守本杰明·W. 琼斯(Benjamin W. Jones)在任职期间被捕——当一名囚犯从一本旧的《生活》杂志上认出他时,这项工作结束了。当时,他向新闻界表达了同样的愿望。[26] 作为一个普通的老费迪南德安度晚年的计划仅仅持续了几个月,突然间他成了马丁·戈加特(Martin Godgart),缅因州一个偏僻岛屿上一所贫困学校的老师。他在那里被捕后,又把自己的故事讲了一遍,这次讲给了作者罗伯特·克里顿(Robert Crichton),同时保证自己肯定会有话直说。在那之后的某个时候,他再次成为戈加特,这一次他在阿拉斯加州的巴罗角(Point Barrow)教爱斯基摩儿童。这个地方位于美国最北端的一个可以想象到的最偏远的地方,好像他试图借此从肉体上尽可能地远离过去。一切都进行得非常顺利,直到一个路过的猎人又一次从《生活》杂志上认出了他。之后,他试图成为墨西哥的桥梁工程师和古巴的某位监狱长,并取得了一定成功。

此时,克里顿继续把他的故事改编成畅销书《大骗子》(The Great Impostor),这本书后来又被改编为托尼·柯蒂斯(Tony Curtis)②主演的轻喜剧电影。德玛拉对此并不买账,他抱怨说这部

---

① 《生活》(Life),美国图画杂志,1936 年创办于纽约。原为周刊,1978 年 9 月改月刊,内容以专题照片、特写为主,题材广泛。

② 托尼·柯蒂斯(Tony Curtis, 1925—2010 年),原名伯纳德·施瓦兹,出生于纽约州布朗克斯,职业是演员,曾演出了超过百部影视剧,成为第二次世界大战后好莱坞壮硕猛男的典型代表。代表作是与玛丽莲·梦露一起拍摄的《热情似火》,并凭借《挣脱锁链》获奥斯卡影帝提名。

电影对事实不屑一顾。

至此,德玛拉的名气已经达到了前所未有的高度,这意味着他再也不能化身为他人了。从 1960 年开始,他被自己的恶名所困,被迫生活在自己所营造的"藩篱"之中。最后,他再次接受了宗教的感召,成为了一名牧师,这次是以他自己的名义,在一个充满爱心的社区里,作为费迪南德·沃尔多·德玛拉,过完了随后二十年美好、满足的生活。1982 年,当德玛拉去世时,他的医生对美联社说,"他是我认识的最悲惨、最不幸的人。"[27]

德玛拉能够在身份之间自由穿梭,并如此容易地确立自己的责任感,是因为他利用了当时美国社会的结构性特征。各种各样的主教和其他知名人士(都是为被他冒名顶替的人所写)签署的一连串推荐信,都被照单全收,并被视为他身份的证明,这使他能够轻而易举地取得进步。一旦有一只脚迈入门里,他就知道利用什么杠杆来巩固自己的地位。正如克里顿在《大骗子》一书中所说,德玛拉的主要观点是:"在任何一个组织中,总有许多松散的、未使用过的权力,它们可以在不疏远任何人的情况下被利用"。[28] 这本书,坦白讲,既可以用来作为一本有关骗子的传记,也可以被视为关于在商业世界中如何脱颖而出的公司自助教程。

优秀的骗子,会自动适应他们所处的文化,实际上,他们是文化的产物。德玛拉在 20 世纪 50 年代的美国发现了漏洞。同样,弗拉基米尔·格罗莫夫(Vladimir Gromov)在 20 世纪 20、30 年代的苏联,也洞察到了同样的可乘之机。

斯大林领导下的前苏联,可能不算是随便就能成为以行骗为生的人的理想生活所在,而且,事实上,如果你用一些琐碎的指标来评判格罗莫夫的生活,比如是否会在 36 岁时被判处死刑,那么他可能会更明智地寻求另一种职业。另一方面,如果从他是否成功地通过撰写一部关于布尔什维克男子和一个芳龄不到其一半的漂亮资产阶级女性之间的爱情故事的剧本，并将其寄给了苏联副总检察长来试图换取减刑的做法判断，对格罗莫夫来说，事情看起来有点过于乐观。

格罗莫夫深刻地认识到，斯大林统治初期营造的恐惧气氛、压迫性官僚作风以及僵化的意识形态，事实上已经为其提供了予取予求的可乘之机，他非常成功地做到了这一点，以专家工程师或著名建筑师的身份示人，并由此为自己积累起不菲资财。

他意识到，苏联官僚机构对文件的渴求简直不能自已，使得这个系统几乎没有能力真正检查他们所积累的大量材料的真实性。因此，他非但不是避其锋芒，而是选择了迎头而上，肆无忌惮地窃取或伪造文件，这使他能够在不同"工作"之间跳跃穿梭。可能面临的任何问题，都被其恰如其分地利用布尔什维克教条化与无形化，并且一旦说服了某人接受自己的身份，他就利用斯大林统治下地位的威慑力量，确保没有人会对其提出质疑——一个完美的胡说八道的反馈循环，被据信可以根除违法犯罪的专权文化所强化。历史学家戈尔夫·阿列克索普洛斯（Golfo Alexopoulos）说，格罗莫夫并没有回避当局，而是用虚假的就业文件、对金钱和货物的不实要求以及恶毒的谴责炮轰政府。[29]

他的标准套路是，借助伪造文件证明虚假资质，并利用这些证件，为自己争取到一个国有企业的高级职务，最好是在苏联加盟共和国的某个遥远角落。他显然需要单位预付工资和预付差旅费。当符拉迪沃斯托克（Vladivostok）的煤矿意识到他们的总工程师永远都不会出现时，格罗莫夫已经在别的地方开始了新的"工作"。

格罗莫夫骗局最"辉煌"的成就，便是其成功地被任命为坐落在哈萨克斯坦—中国边境附近的一家大型鱼罐头厂的工程师兼建筑师。现在，这可能不会立即让你觉得这是世界上最令人向往的任务，但在苏联，尤其是 20 世纪 30 年代，这真的是一件大事。因此，格罗莫夫通过讨要 200 万卢布项目资金的狡猾手段，设法说服供应委员会委员阿纳斯塔斯·伊凡诺维奇·米高扬（Anastas Ivanovici Mikoian）①，给他汇去了 100 万卢布的巨款（为了让你知道那是多少钱，我必须告诉你，当时苏联人的平均年薪只有 1500 卢布多一点）。[30]

"哈萨克罐头厂"堪称格罗莫夫骗子职业生涯的巅峰，但不幸的是，对他来说，这也是葬身之地。全部都是因为他犯下了一个典型的错误——放弃了久经考验、值得信赖的方法，也就是说，在别人发现真相之前就溜之大吉。这一次，格罗莫夫觉得自己得到了这样一件好差事，于是决定既来之，则安之，完全接受自己作为工程师和建筑师的虚假身份。很可能，就像德玛拉一样，他只是想扎根，真正成为他假装的那个人。也许权力和金钱都落到了他的头上。阿列克索普洛斯认为"也许到了 1934 年，格罗莫夫就不再是一个冒名顶替者了，不是因为他已经内化或开始相信自己的谎言，而是因为他认为，在格拉夫里巴（Glavryba）纪念性建筑项目中，周围的人与他自己基本上没有什么不同"。[31] 换言之，如果其他人都在造假，他为什么不应近墨者黑呢？

这种想安定下来，适应洗白后的全新地位的愿望，并不能在与严酷现实的太多接触中存活下来，坦率地说，他实际上在工程、建筑或鱼罐头制造领域没有太多技能。格罗莫夫将任何质疑他的人斥责为斯大林主义敌人的策略，在短期内是有效的，在此期限内，他可以为所欲为……但是，如果在一个地方待了太久，这些计谋所起的作用，

---

① 阿纳斯塔斯·伊凡诺维奇·米高扬（Anastas Ivanovici Mikoian, 1895—1978 年），前苏联政治家，祖籍亚美尼亚，卫国战争期间任苏联国防委员会委员等职，战后历任部长会议副主席、第一副主席等职，三朝元老式人物。

就只是建立了一个对格罗莫夫怀恨在心的庞大群体而已。即使在遭到逮捕并被判死刑之后，格罗莫夫还是设法逃脱生天。他最后一次把激发他伪造假想工单、发票和电报的创造力，变成了一种更传统的小说形式。

他在监狱里创作的一部名为《爱与祖国》的戏剧，写得可能并不太好。事实上，当检察官把这本书交给剧作家联合会主席，让他对格罗莫夫的文学功绩发表专业意见时，收到了一种颇具批评性的答复——这会吓坏任何一位作家，更不用说一个想靠一本手稿来换取一条命的死刑犯了。作家联合会负责人写道，格罗莫夫的"编剧能力极低"，并且"这部作品没有意识形态或艺术方面的价值，从任何角度来看都显然是不可接受的"。[32] 我认为，可以相当肯定地说，如果是约翰·济慈面对这样的差评，一定会如坐针毡。

然而，他奇迹般地成功了。格罗莫夫的死刑被减为十年劳动改造。直到今天，还不清楚到底是为什么，可能说服一位苏联高级官员饶了格罗莫夫的命，仅仅是一个剧本吗？——在这部作品中，作者把一位苏联高级官员描绘成一个英俊而骁勇的人物，通过其意识形态的力量和男性吸引力，将一位 23 岁的漂亮资产阶级女性转变为社会主义者。啊，好吧——我想这将是永远无法解开的神秘历史之谜。

如果这种发现社会漏洞并对其无情地加以利用的能力，是一个伟大骗子的标志，那么本章最后一个故事中的明星，必须是千中之王。

虽然格雷戈·麦格雷戈可能是历史上在最大舞台上左右逢源的骗子，但下面各位将看到的，是一个女人的故事，她的雄心壮志和惊天胆量，与格雷戈相比毫不逊色，但她在细节尺度的另一端工作。麦格雷戈的骗局，要求他创造一个完整的国家，而赛蕾丝·亨伯特

(Thérèse Humbert)的把戏,则完全围绕着一个上锁的保险箱里的东西展开——这个道具,通过一个极其简单的合法组合,使这个曾经身无分文、想象力过度活跃的乡村女孩,在美好时代(La Belle Epoque)[①]的巴黎度过了整整二十年的奢华生活。

据说,这只保险箱里有一套价值约一亿法郎的债券。这些资产,据说是一位名叫罗伯特·亨利·克劳福德(Robert Henry Crawford)的神秘美国绅士遗赠给赛蕾丝的。几年前,他心脏病发作,幸亏被赛蕾丝在火车上救起。出于感激之情,他发誓要给她丰厚的回报,这是他遗嘱中的承诺,临死前不久,他改变了这一许诺,以便她继承自己的大部分巨额财产。

在这笔即将到来的财富基础上,赛蕾丝得以自由借贷,因为放款人高兴地预计,他们不久将获得巨额回报。这不是一个复杂的骗局,从根本上说,这只是"支票在途"的老套路。当然,这种伎俩只在有限的时间内有效,因为最终邮递员只能空手而来。

赛蕾丝·亨伯特对此非常清楚,因为在最终被发现之前,她有着长期编造富有捐助者的悠久历史。从孩提时代起,她的现实生活和幻想生活之间的界限就变得模糊,几乎不复存在了。在这件事上,她受到了父亲奥古斯特·多里格纳克(Auguste Daurignac)的影响。他是一个古怪而有点可怜的梦想家,坚信自己是贵族的后裔。他晚年一直坚持说,自己可以施展魔法,虽然此时的他深陷债务漩涡,但其向债主保证,他有文件证明自己应该得到一笔巨额遗产,而这笔遗产被锁在一个旧箱子里。

---

① 美好年代(La Belle Epoque),这一法语词汇是用于形容法国历史上的一段时期,也泛指整个欧洲的美好年代。在这期间,整个欧洲都享受着一个相对和平的年代。该年代始于1871年,拿破仑三世被俘,法兰西第三共和国建立,结束于1914年,第一次世界大战开始。

由于父亲认识上的缺失,赛蕾丝·多里格纳克被迫管理家计,同时接受了父亲的幻想,并将其转化为一种实际的、即使是暂时的收入来源。她魅力十足,精明能干,几乎向大图卢兹地区的每一个商人举债,同时承诺,在一个并不存在的遗产继承,或是在和一个伟大的航运家庭继承人举行虚构的婚礼之后,他们将得到报酬。正如赛蕾丝的传记作家希拉里·斯普林(Hilary Spurling)所写,"她一生都把金钱当作一种幻觉:一种必须掌握的自信或魔术把戏"。[33]

但是,正如注定要发生的那样,这位骗子无以为继,多里格纳克一家在债务的漩涡中被赶出了家门。但没过多久,他们就卷土重来,又一次靠赛蕾丝的狂野想象东山再起。这一次,是她最长久的幻想之一,帮助了她的事业:马科特城堡(Château de Marcotte),一座建于遥远海边的宏伟豪宅,她一直梦想居住的地方。

马科特城堡并不存在,但这从来没有停止过赛蕾丝对它的谈论,好像其是世界上最真实的东西。正如一位熟人后来回忆起来的那样,她"巧舌如簧"。[34]她对此坚信不疑——而且令人信服——她所描述的这座敷设大理石地板,附带郁郁葱葱花园的豪华宅邸,似乎说服了很多其他人,使他们也认为它是真的。其中包括她未来的公公古斯塔夫·亨伯特(Gustave Humbert),一位堪称法国政坛新星的参议员。亨伯特不仅赞成他的儿子弗里德里克迎娶赛蕾丝,还对他的女儿爱丽丝竖起大拇指,同意她嫁与赛蕾丝的哥哥埃米尔,两对新人举行了一场四人婚礼。一个野心勃勃(但并不富有)的政治家为什么要把自己的家庭和多里格纳克一家(这样一群古怪、贫穷的下层人士)联系得如此紧密,始终是一个谜,直到你考虑到赛蕾丝家在这个国家拥有一栋很大的房子所可能带来的诱惑。

哦,还有,这两对新婚夫妇是表亲。亨伯特的妻子是赛蕾丝的姑姑。你在那里可以发现有一些额外的细节。

凭借这层全新的政治关系，赛蕾丝重新回归江湖。在这位参议员的帮助下，依仗自己所虚构的城堡，以及臆造的葡萄牙软木种植园，她迅速借到了钱。但很快她就想要更多，于是 1883 年，罗伯特·亨利·克劳福德和他的一亿法郎即将登场。这笔遗产的承诺，以及她可以提前借到的钱，本身可能会让亨伯特一家多维持几年。但这正是赛蕾丝（很可能是与丈夫和公公合作）发挥她诈欺大师神来之笔的地方。

　　如果被麦格雷戈利用的英国人的弱点，是其对殖民幻想的偏爱；如果被德玛拉利用的美国人弱点，是其对资历的崇敬和对个人权力的粗心分配；如果被格罗莫夫利用的苏联弱点，是其骨子里的压迫性的意识形态和官僚主义；那么被亨伯特利用的法国弱点，就是这个糟糕的法律体系。当时的法国法院以其缓慢、磨蹭的工作方式和对正义观念的欲说还休而臭名昭著。正是在这样的背景下，赛蕾丝又想出了一个延长骗局寿命的计划，是如此简单和狡猾，坦率地说，连我都对此感到惊叹不已。

　　她把自己告上了法庭。

　　或者，更准确地说，她为自己虚构的美国赞助人，凭空创造了几个侄子，以便他们可以对其口中所谓的遗嘱提出异议，起诉自己。这一步的关键并不在于他们应该赢。事实上，最重要的是，任何人都不能赢，因为每一个判决都会导致上诉，然后再对上诉进行上诉，所有这些都是在利用法国法院能够达到的最慢速度。克劳福德兄弟甚至不需要露面，而只是从大洋彼岸写信给巴黎一些最优秀的律师。唯一重要的是，这个案子无限期地拖延下去。这样又过了一年，赛蕾丝仍不能继承她一直即将获得的遗产，因此被迫从一群"热心"的放贷者那里借到大笔钱。

　　而且，一直以来根据法院的严格命令，实际文件必须安全地锁在赛蕾丝的保险箱里，永远不被人看到。

亨伯特一家成功地将这种生活维持了二十年：在这二十年里，他们过着巴黎几乎最奢侈的生活，而当时巴黎奢华生活的门槛，确实非常之高。赛蕾丝和她的丈夫住在格兰德阿梅大街（the Avenue de la Grande-Armée）上最豪华的公寓之一；两人举办的聚会更是传奇式的，从女演员莎拉·伯恩哈特（Sarah Bernhardt）①到共和国总统，出席的都是些当时最伟大、最优秀的人。赛蕾丝，一个来自贫困家庭的天真乡下女孩，现在则一跃成为法国最有影响力的女性之一。

而且，如果偶尔有一位赛蕾丝的债权人，对出借给她巨额资金但无回报感到焦虑不安，并开始制造威胁性的噪音，好吧……他们本可以求助的大多数有影响力的人都喜欢参加赛蕾丝的宴会。

计划的失败，不期而至十分突然，且源于一个简单而不寻常的失误：当被要求提供克劳福德兄弟在纽约的一个地址时，赛蕾丝犯下了一个错误，随便编造了一个地址。她可能认为，去查证并发现没有一个叫克劳福德的人住在百老汇 1302 号，显然太费劲了。但因为事情牵涉到数以百万计的法郎，并且越来越多心烦意乱的债主聚集在了一起，努力瓶颈突然就降低了很多。一家法院终于开始怀疑，并下令对遗嘱进行审查。

1902 年 5 月 9 日，数量多达上万的一大群人聚集在格兰德阿梅大街上，见证了那只著名的保险箱从亨伯特的公寓里被吊下并打开。经过一番努力，指定的锁匠终于用锤子敲开了保险箱。

人群急切地往里面观看，希望最后能看到里面蕴藏的巨大财富。

当保险箱里的东西被发现不过是，"一张旧报纸、一个意大利便

---

① 莎拉·伯恩哈特（Sarah Bernhardt，1844—1923 年），19 世纪末 20 世纪初最为知名的法国女演员。

士和一枚裤扣"时，所有人都惊得目瞪口呆。[35]

赛蕾丝·亨伯特成功地在数十年间，将报纸、硬币和纽扣转变成无价珍宝，仅仅是因为其本能地深谙一种诀窍，即如何利用同胞的弱点和他们创造的社会制度。

正如赛蕾丝的一位朋友，这位使用"X夫人"这一很酷笔名的作者写道：

> 最能证明赛蕾丝是天才的，是她所经营的骗局规模之大。如果她要求继承不超过四或六百万法郎的遗产，很可能撑不过两年，而且或许只能艰难地筹到可怜的几千法郎。但是想想，是一亿！人们会像是在胡夫金字塔前凭吊那样为其摘帽致敬贪婪与敬佩，使他们根本看不清究竟。[36]

第六章

失信政府

如果说每个人都对政客有所了解，那就是他们大都会"撒谎"，喜欢大事粉饰，小事蒙骗，对介于两者之间的各种各样的事情掩藏真相。对最受信任和最不受信任职业的调查，经常会把政客排在最后面，低于房地产经纪人，甚至是记者。正如老生常谈的笑话所说的那样，你可以看出一个政客什么时候在撒谎，因为他们的嘴唇在动。

　　不过问题在于大多数从政者实际上不会像你想象的那样爱撒谎！我知道这听起来有点难以置信，尤其是考虑到……（总的来说，这是在向世界指代不明地盲目挥手）……最近发生的种种怪象，但是请相信我，核查政治家表述的真伪，就是我的日常工作。事实上，谎言在日常政治事务中所占的比重，远小于你所笃信的那种成见。

　　但这也并不是说英国政治人物（包括英国领导人，乃至整个国家机构）全都是些高尚、正直且值得充分信赖的个体，在任何情况下都毫无私心地实事求是，直抒胸臆。

　　是的……好吧，这显然是荒谬的，尽管也许不比认为政治是窝里斗、狗咬狗的一团乱麻，更具有误导性。但问题是如果认为政治只不过是说最有说服力的谎言，那么你对我们如何被治理的看法，就存在偏差。

　　当然，英国领导人有时候也确实说谎。就像大多数人一样，他们中的一小部分人习惯性地说谎，他们将虚与委蛇视为手边的最大武器,而不是绝望时刻的最后退路,他们似乎经常乐于说谎。你现在可以在头脑中想出此类政客的相当多的事例(你选择哪些人,可能取决于你自己的政治偏好)。

但他们中的大多数只是偶尔撒谎,而且确实存在不实之言,当他们扯淡的时候,往往和我们所有人一样,出于同样愚蠢的原因:摆脱尴尬的谈话,掩饰基本上属于蒙混过关的事实,或者隐藏——不管是什么原因——和一个不想公开承认的对象有所关联。

"这不是犯罪,而只是掩饰"纯属陈词滥调,原因之一在于很多时候,让政客们失望的是他们所说的谎言,只是为了阻止人们发现那些至多会让人有点尴尬的事情(据说,这句话被认为源于水门事件——正如我们稍后将简要讨论的那样,在水门事件中,虽然确实存在掩饰,但也确实存在大量罪行)。

那么,为什么谎言和政治在我们的头脑中有着千丝万缕的联系呢?这个问题是双重的。第一个问题是,如果政界不一定比其他行业吸引更高比例的强迫性说谎者(我知道在此方面尚没有什么研究——赶快动手吧),也肯定会为那些有这种倾向的人提供更多的机会,以极其公开的方式磨练他们的技艺。在某种程度上,如果他们在坎布里亚(Cumbria)①的一家小型农业物流公司工作,情况可能就不是这样了。

英国政客,每天都有机会在早餐前就 6 件事撒谎,而且,更重要的是,他们可能会找到愿意接受这些谎言的平台和听众。总有人想听到某些安慰人心或激怒情绪的谎言:我们正进入一个光荣的新时代;有人要为我们所遭遇的问题负责;世界并不复杂多元,而是非黑即白(如果你认为前一句话是在说别人而不是你,那很可能就是在说

---

① 坎布里亚(Cumbria),位于苏格兰西北部的一处偏远郡县。

你）。

第二个问题是：如果你在管理一个国家的时候撒谎，那可真是要命了。

首先，这意味着在那些我们都必须在诚实和不诚实之间做出的边缘决定中，政治家往往对偏向诚实一侧存在更大的排斥力。如果在坎布里亚农业物流中心工作的你，忘记回复某封电子邮件，那么可能会导致一些羊滞留在安布塞德（Ambleside）[①]。这对养羊人来说是个坏消息，可能会让公司失去一点儿生意。那么可以肯定你得给公司所有员工发邮件，说些"对不起，我让团队失望了"的话，而激励措施依然可能站在那些坦白错误、勇于承担者的一边。相比之下，如果你是英国内政部负责护照和边境管制的部长，并且在工作中忘记回复邮件，那么14万愤怒的选民可能会被困在盖特威克机场（Gatwick Airport）[②]，《每日邮报》将为火力全开的批判做好准备，还有，仅仅写上一封邮件说，"嘿，人非圣贤，我希望你们能既往不咎，着眼未来"，也许不太可能成功止血。每个人都说希望政客们能够更加诚实，但一般来说，没有太多迹象表明，当这种诚实涉及说"天哪，是的，我把那件事搞砸了，但我从中学到了很多，下次我会做得更好"时，我们会买账。

当我们的领导者撒谎时，有时真的，真的，真的会导致很多人死于非命，可能引发战争或者其他的惨剧。而且，是的，这类事情确实有点让人难以释怀。

政治谎言一直伴随着我们，与政治陪伴我们的时间一样久（确切地说，还不清楚我们什么时候发明了政治，但可以肯定的是，那是很

---

① 安布塞德（Ambleside），英国的一座城镇，位于英格兰西北的坎布里亚郡。
② 伦敦盖特威克机场（Gatwick Airport），英国仅次于伦敦希思罗的第二大机场，位于伦敦近郊，亦是全球最繁忙的单跑道机场。

久以前的事了）。举一个例子，历史上最著名的说谎者之一，是一个名叫提图斯·奥茨（Titus Oates）①的人，他在 1678 年，凭借某些一见即明的谎言，成功地使英格兰和苏格兰陷入歇斯底里的疯狂反天主教状态，长达三年之久。

现在，重要的是不要夸大这是多么不寻常。在大部分历史长河中，让英国人沉溺于反天主教的歇斯底里，几乎和让狗为自己的尾巴发狂一样困难。但是，值得注意的是，几年来这个国家最有影响力的人一直被一个自称拥有剑桥学位而被任命为牧师的人所奴役，然后在接下来的十年里，后者大部分时间都在逃避各种伪证和指控。

奥茨曾被形容为“最没文化的笨蛋，无可救药”[1]，他是一个有点闷、不快乐的孩子，生活在具有暴力倾向的父亲的阴影之下，曾因虚报学费而被学校开除。他试图在剑桥的两所不同学院学习，但从未毕业，尽管，在剑桥期间，用《牛津国家传记大词典》（*The Oxford Dictionary of National Biography*）的话来说，他确实获得了“愚蠢、同性恋和‘行事疯狂’口碑”[2]（我的意思是，并不是说这些事情在剑桥都是史无前例的）。

1677 年，在短暂出任皇家海军牧师过程中，他被指控和战友同性恋，并因伪证罪至少两次入狱并越狱。而这个当口，奥茨看准时机，决定皈依天主教。同时，他还与一个相当可能是疯子的反天主教阴谋论者以色列·汤格（Israel Tonge）②沆瀣一气。不同寻常的人气组合将使奥茨为他最臭名昭著的历史贡献建立完美的基础：虚假指控罗马天主教人士密谋暗杀国王查尔斯二世。

这涉及需要撰写一本厚达 68 页的小册子，里面充满了对阴谋的

---

① 提图斯·奥茨（Titus Oates, 1649—1705 年），英国历史上的著名谎言制造者。
② 以色列·汤格（Israel Tonge, 1621—1680 年），英国历史上的著名谎言制造者。

疯狂谴责和一百多名共谋者的名字，奥茨和汤格把这些物证秘密放在理查德·贝克爵士（Sir Richard Baker）——天主教狂热反对派的房子里，贝克爵士在第二天很快偶然地"发现"了这些东西。不，这没道理。为什么会在那里？为什么天主教徒会把他们的阴谋写下来，然后不小心把它留在一个讨厌他们的人的家里？听着，阴谋论从来就不需要逻辑一致，对吧？

汤格的一位朋友曾力谏国王，警告可能存在阴谋诡计。值得注意的是，出了名不喜欢虚假新闻和咖啡馆的查尔斯二世对此不以为意，他认为这都是胡说八道。但是，查尔斯国王手下的大臣，或整个议会，却对此照单全收。奥茨被传唤到枢密院作证，尽管查尔斯二世本人对他进行了各种质疑与盘问，但政界人士认为他说的是实话。每当他叙述中遇到障碍时，奥茨的解决办法就是编造全新的情节，指控更多的人。他把对方想听到的内容，精准无误地告诉了聚集在一起的政要，而其说法甚至自相矛盾，但这似乎无关紧要。有一次，国王抓住奥茨所说的一个特别厚颜无耻的谎言，对其实施逮捕，但议会否决了这一决定，不仅释放了奥茨，还给了他一所房子和一份薪水。最终被奥茨指控密谋谋杀国王的人包括王后（一位葡萄牙天主教徒，在英国并不很受欢迎）、日记作家塞缪尔·佩皮斯（Samuel Pepys）[①]和几年前曾驱逐自己的校长。

结果是完全陷入了歇斯底里的状态。数十名知名天主教徒被捕受审，其中 22 人被处决。天主教徒被逐出伦敦。媒体和公众激起了人们的恐惧，对天主教阴谋和可疑人物的恐慌像山火一样蔓延开来。几年后，这种歇斯底里的情绪才平息下来，人们开始怀疑奥茨，最终

---

① 塞缪尔·佩皮斯（Samuel Pepys，1633—1703 年），英国海军军官、国会议员，以其所记日记而闻名于世。

要求他搬出政府提供的公宅,因为所有人都对整件事感到有点尴尬。

奥茨,一个声名狼藉、前后矛盾之人,即使连被认为是暗杀阴谋目标的人也不相信他的说辞,和一个可能是疯子的人一起,是如何控制整个国家的政治叙事长达数年之久的?和许多现代阴谋论一样,奥茨的故事也遵循了许多人已经根深蒂固的内心确信:他们选择相信,这意味着谎言中的矛盾和不一致并没有对不实言论本身造成伤害。但也有奥茨自己的功劳,这个不讨人喜欢的没教养的家伙,却似乎对自己的听众具有影响的魔力。简单地说,他是一个才华横溢的鬼扯大师,即使他不可信,但至少很有趣。正如作家约翰·波洛克爵士(Sir John Pollock)所说:"他的粗俗性格中包括有一种滑稽的成分。他不仅能无中生有,而且,即便出现意外,也能随机应变、化险为夷。奥茨的说辞粗鄙,但不乏机智诙谐。每每出场,都会好戏连台"[3]。

提到政治谎言,就不能不提"水门事件"。但我觉得,因为已经推出过多部这一主题的好莱坞电影,已经足以涵盖相关此事。各位读者大概都知道这个故事吧?我的意思是,如果不知道,那就去查一下这个弥天大谎。但是,仍然有几个方面值得重新审视。或许水门事件第二个有趣的特点,便是肇事者几乎差一点就逃出生天,全身而退。《华盛顿邮报》的文章在揭露这一切的过程中起到了主要作用,但这些文章基本上都属于抽丝剥茧,其中大部分故事绝对算不上惊天动地,而且很容易就会走上另一个极端——人们只是把之前的揭露视为理所当然,调整了自己的内心对于多大程度的不诚实才算不诚实的接受程度。因此,导致这个故事从来没有完全发酵成震惊世界的丑闻。

最有趣的是,他们都不善于撒谎,这是多么令人吃惊。

我的意思是,糟糕透了,无能得令人目瞪口呆。首先,事实是尼克松录下了总统椭圆形办公室里的所有谈话,而他们就在那里谈论正在做的所有坏事。尼克松不是第一个窃听自己谈话的总统,富兰克林·罗斯福就这么干过。但尼克松是第一个把这当作例行公事来做的总统,当你认为他所讨论的问题远比办公室里的其他人更加恶劣时,这样的做法显得颇为奇怪(我是说……也许他不是这样的。我们怎么知道?)。迄今为止,对这种行为最合理的解释来自于《神秘博士》(Doctor Who)[1],他这样做是为了对抗记忆抹去外星人的影响,这一事实也许能让人感觉到这是多么愚蠢和莫名其妙。

但真正的亮点在于我们没有办法接触到的那十八分半钟的录音带。这是 1972 年 6 月 20 日上午,即非法侵入水门办公室三天后,尼克松和他的幕僚长 H. R. 霍尔德曼(H. R. Haldeman)[2]的一次谈话中被"意外"抹去的总时间。鉴于那些未被删除的磁带仍然足以谴责尼克松,人们只能假定被销毁的那部分一定包含一些近似于下面的交谈的内容:

尼克松:好吧,能否向我报告下我们所犯罪行的最新进展?

霍尔德曼:是……嗯……犯罪?

尼克松:犯罪,进展得怎么样了?我下令你犯的那些罪行。告诉我那些犯罪的情况。

霍尔德曼:犯罪,(听不清楚)犯罪已经发生了。我们严格按照您的指示实施了相关犯罪。

尼克松:好的,很好。我对这些罪行感到高兴——这些罪行是我明确告诉你要做,而你随后同意做的。很好,罪行已经发生了。

---

① 《神秘博士》(Doctor Who),一部由英国 BBC 出品的科幻电视剧,讲述了一位自称为"博士"的时间领主用他伪装成 20 世纪 50 年代英国警亭的时间机器塔迪斯(TARDIS)与其搭档在时间、空间探索悠游、惩恶扬善、拯救文明、帮助弱小的故事。

② 哈利·霍尔德曼(Harry R. Haldeman, 1926—1993 年),美国政治人物、美国白宫办公厅主任、第 37 任总统尼克松的幕僚。1973 年在水门事件中被指控伪证,被判处 18 个月的监禁,获释后投身房地产开发生意。

（听不清楚）太正了，我喜欢那些勾当。

霍尔德曼：是的，但出了些纰漏，他们发现了我们的罪行。太糟糕了。

尼克松：噢，不。现在我们必须多犯罪，以阻止人们发现以前的罪行。

霍尔德曼：是的，好的……好吧，是的，更多的犯罪。理解。一起，让我们立刻去干吧。

尼克松：好的，是的，很好。感谢你犯下的罪——我们共同的罪行。（听不清楚）我讨厌共产主义者。哦，好家伙，我喝多了吗？

水门事件掩饰失败的最佳证据，来自于解释为什么这些录音被抹去的极其糟糕的尝试。尼克松的秘书罗丝·玛丽·伍兹（Rose Mary Woods）①公开承担了"不小心"清除磁带信息的责任。据伍兹女士所言，她一直在誊录磁带，其间突然接到一个电话。而她在伸手接电话时，不小心按了录音机上的"录音"键，脚一直踩在踏板上，让录音带向前走，以至于抹掉了 5 分钟的对话内容。暂时忽略这样以下事实：这并不能解释其他 13 分钟内容的缺失，被删掉的部分不是一整块连续的内容，而是 4 到 5 个不同的部分，而且，所讨论的型号的录音机并不是这样工作的。⁴请关注这样一个事实：有人认为应该让伍兹女士向新闻摄影记者演示她是如何不小心擦掉录音带的，以说明她的说辞是多么可信合理。

瞧，罗丝·玛丽·伍兹非常正常地接电话，同时脚踩踏板五分钟的姿势：

---

① 罗丝·玛丽·伍兹（Rose Mary Woods，1917—2005 年），曾长期担任尼克松的私人政治秘书，从被尼克松雇佣起，到尼克松政治生涯终结，她的这一职位从未改变过。尼克松卸任总统后，她陪同尼克松在加利福尼亚度过了一段时间，后来，她回到华盛顿，在美国国会山担任共和党某国会议员的秘书。

被媒体戏谑为"罗丝·玛丽伸展运动",作为一个颇具说服力的例子可以证明——尽管伍德沃德（Woodward）[1]和伯恩斯坦（Bernstein）[2]进行的英勇调查报道内容可谓丰富——一个中年妇女的身体扭曲形象让美国公众认为"嗯，有些事情不对，就在这"。

如果曾几何时，导致西方世界领导人不诚实的原因真正显现出来了，那就是有人想去打仗。事实上，大量的战争是由极具煽动性的事件引发的。回想起来，这些事件的报道并不准确。第二次东京湾事件为越南战争提供了正当理由，后来证明这次对美国船只的袭击事件纯属虚构。1898年爆发的美西战争的主要催化剂，是美国军舰缅因号在哈瓦那沉没，一家狂热的美国媒体将其归咎于西班牙人。尽管最初的看法是，这是一起意外事故，随后的调查大都认为可能的原因是煤仓自燃。当然，大家耳熟能详的还有导致海湾战争的借口，即伊拉克有大规模杀伤性武器，而且可以在45分钟内部署完毕。

然而，在这场与试图发动战争有关的胡说八道中，最令人不齿的，当属"苏伊士危机"（Suez Crisis）。在本文撰写之际，在英国，苏伊士正在进行某种修辞复兴，这要归功于媒体频繁地使用诸如"这是苏伊士危机以来最严重的危机"这样的短语。英国的政治现状实际上与西奈战役没有任何相似之处（我的意思是，首先，那场危机涉及与法国的合作），但这仍然值得我们简短地回顾一下，以说明当年的危机是如何收场的：一个国家被羞辱了，一位总理最终辞职，而人们甚至不知道这其中有多少鬼扯。

简言之，事情发于1956年，日不落帝国时代即将结束，英国并没

---

① 鲍勃·伍德沃德（Bob Woodward, 1943—　），美国记者，因深入挖掘并报道水门事件而闻名。
② 卡尔·伯恩斯坦（Carl Bernstein, 1944—　），美国记者，因深入挖掘并报道水门事件而闻名。

有很好地应对分崩离析。这个国家决定发动一场战争,而不是采取久负盛名的"破罐子破摔"方式,披毯而坐,听着阿兰尼斯·莫里塞特(Alanis Morissette)[1]的浅吟低唱大快朵颐。纳赛尔上校在一次政变中夺取政权,英国被迫分批从埃及撤军,纳赛尔随后迅速将苏伊士运河国有化(苏伊士运河是红海和地中海之间的重要贸易通道,在埃及建国之前,苏伊士运河一直由英国和法国共同拥有),这让英国人颇为恼火。

问题是该怎么办? 在英国,首相罗伯特·安东尼·艾登(Robert Anthony Eden)[2]被敦促采取强硬路线,尤以一些媒体人士为甚——特别是《泰晤士报》,可能是因为还记得"二战"前支持绥靖的不祥之举,故极力建议艾登采取强硬措施。类似的故事也在法国上演。但目前尚不清楚军事行动是否会奏效,但这在其他任何国家都非常受欢迎。纳赛尔的行为或许令人愤怒,但并不清楚这些行径是否违法:运河公司的股东是按市场价格获得报酬的。因此,几个月来,局势一直处于崩溃的边缘。

在 10 月底以色列军队入侵埃及时,一切都改变了。这显然增加了一场可能席卷整个中东的大规模血腥战争的可能性。很快,英国和法国军队作为维和人员进行干预,并将以色列和埃及部队分开。完全是巧合,这意味着英法两国也将控制运河。

有些人不禁发现,这一切……也太近水楼台了。

在英国,人们的情绪开始转变。虽然这场战争仍然得到支持,但

---

① 阿兰尼斯·莫里塞特(Alanis Morissette, 1974—   ),加拿大裔美国籍流行歌手,词曲作者,唱片制作人,女演员,以其动人的半高音而闻名,其歌曲多次获得格莱美奖提名。

② 罗伯特·安东尼·艾登(Robert Anthony Eden, 1897—1977 年),英国政治家、外交家,第二次世界大战时期曾任英国国防委员会委员、陆军大臣、外交大臣和副首相等职,战后曾担任英格兰伯明翰大学的校长,并于 1955—1957 年出任英国首相。

此前获得各政治派别压倒性青睐的强硬立场开始引起越来越多的批评。新闻界的情绪发生了变化,《泰晤士报》开始敦促人们谨慎行事,而《曼彻斯特卫报》则直截了当地表示,有某些糟糕的事情正在发生。国际社会的反应更糟,来自世界各地的谴责;对艾登计划的沉重打击是,美国直截了当地拒绝支持这项军事计划,并且威胁,如果英国方面继续军事行动,就将进行石油制裁。是的,美国居然反对中东战争。

英国对自己在后帝国时代将意志强加于世界的能力,做出了疯狂误判。其结果,是几周后令人羞辱的撤军。艾登向议会坚称,英国对以色列的入侵毫无先见之明,但他的权威已不复存在,且健康状况每况愈下,最终不得不于 1957 年 1 月饮恨辞职。

问题是,尽管人们普遍怀疑,但这一切都发生在人们不知道整个故事的情况下。几十年后,当人们终于发现英国不仅对入侵先知先觉,而且他们对此早有计划的时候,这种情况就不会出现了。艾登的否认完全是在胡说八道。事实上,英国、法国和以色列已经事先秘密策划了战争的每一个阶段,以色列的入侵,以及"维和"行动。这一切都是一周前在法国举行的一次秘密会议上决定的,三国当时起草了一份文件,概述了各自在这场地缘政治哑剧中的具体角色。英国销毁了他们的文件副本。对于艾登来说,非常不幸的是,以色列保留了他们手里的文稿,因为其相当合理地怀疑这两个欧洲国家不会尽守协议的诺言。

这也解释了《泰晤士报》意料之外的情绪转变:他们的高级编辑在战争发生之前就已经听取了政府关于战争计划的简报。[5] 意识到这是一个可怕的想法,他们很快改变了路线。当然,他们实际上并没有想到要报道这样一个事实,因为他们知道战争的爆发,建立在谎言基础之上。

不仅仅是在战争开始的时候,治国之道的谬误才会盛行。众所周知,战争并不能产生可靠的信息:战争的迷雾意味着战场上的许多细节都是不可靠的。但是,除此之外,战争为谣言、神话和宣传的混合提供了导火索,这些谣言、神话和宣传助长了疯狂和无法控制的谎言。

你可以在"第一次世界大战"期间的所有战地报道中看到这一点,这些报道让前几章提到的美国记者门肯非常恼火。他估计当时所有的战争报道中有99%都是胡说八道,虽然他可能有点儿言过其实,但这一史无前例的冲突,的确导致了大量完全不真实的报道。

有一个广为流传的故事,讲的是一名加拿大军官在伊普尔(Ypres)附近被德军血腥地钉死在十字架上,胳膊和腿被刺刀戳伤。细节各不相同:当《泰晤士报》报道时,他被钉在墙上;在《多伦多星报》上,他被绑在树上;《晨早邮报》(Morning Post)说他被捆在门板上。随着谣言的传播,故事从一个十字架演变成两个十字架,然后发生多起事件。这些谣言引发伦敦街头的骚乱和下议院的质疑,其中包括一个更为巴洛克式的犯罪细节,声称"德国人从村庄的十字架上取下了基督的塑像,并将中士活活钉在了上面"。[6]

被钉死的加拿大人是否真的曾经存在?当时当然没有确凿的报道,然而这并没有阻止盟国把它变成丰富的宣传。后续调查曾为这名士兵确定过身份,但一直都没有得到证实。

但是,这个可怕的故事与第一次世界大战的"大师骗局"相比,明显相形见绌:德国的"尸体工厂"。虽然具体从哪里开始还不清楚(人们经常声称这是英国情报部门的杰作,虽然这本身可能是扯淡),而且细节也经常发生变化,但基本的故事总是一样的:德国人会把本国军人的尸体从前线打包,运回一家工厂。在那里,这些尸体会被加工和煮沸,用于生产各种各样的产品——肥皂、炸药、化肥。这家工厂甚至有一个名字"伟大的尸体利用机构"（Kadaverver-wertungsanstalt），《泰晤士报》的一篇文章如是说。[7]

最可信的消息来源是英国情报局局长，准将约翰·查蒂斯（John Charteris）①。据报道，他曾在 1925 年纽约的一次晚宴上吹嘘自己编造了这个故事。但当他回到英国时矢口否认了这个报道，这可能是因为他因口无遮拦而被人训斥，或者可能是因为报道本身就是胡说八道。

然而，"第一次世界大战"的残酷故事并不是第一批从战场上出现的暴行传说，它们的历史要比这长得多。1782 年 4 月，在美国独立战争结束前后，一个令人震惊的故事出现在《波士顿独立纪事报》的副刊上。它讲述了新英格兰民兵组织的一名队长，塞缪尔·格里什（Samuel Gerrish）的一个骇人听闻的发现。八个大包裹在运往加拿大总督的途中被查获。经检查，发现包裹里装的是能够想象得到的最恐怖的物品——总共有近千张人头皮。

格里什队长讲述了三年来，一群塞内卡印第安人按照英国政府的命令，从不幸的美国受害者身上取下头皮的过程。这些包裹打算从加拿大直接运到乔治国王本人手中，作为提神的礼物。

这家报纸以冷酷无情的口吻，详细揭露了头皮的来源。其中的 359 张，是农民的头皮，他们在田间地头被杀，其中 18 个被特别标记，以表明他们是被活活烧死的。43 名北美战士也被剥下头皮，他们是在小规模战斗中被枪杀。还有 88 名女性的头皮。这篇文章尽职地记录了大量的头皮是从儿童身上取下来的：193 名男孩，以及 211 名女孩。更令人发指的是，29 名还在"母亲肚子里"的胎儿，也被取了头皮下来。[8]

---

① 约翰·查蒂斯（John Charteris，1877—1946 年），英国军人，曾于第一次世界大战期间担任英国远征军总司令部情报机构负责人。

这篇报道令人震惊，堪称惊世丑闻，伦敦、纽约和费城等城市的其他报纸也纷纷效仿，在接下来的几个月里印刷了自己的版本。它在英国引起了恐慌，而在美国，人们对英国下令实施这些可怕的罪行产生了强烈的不满。

这一切只有一件事，你早就猜到了：那不是真的，什么都没有。根本就没有什么格里什队长，当然也没有一包可怕的人头皮飞向嗜血的乔治国王。

但是，不仅这篇报道编造的，整个报纸也是假的。或者，更确切地说，这个版本是唬人的。诚然，《波士顿独立纪事报》（*The Boston Independent Chronicle*）是一本真正的出版物。但看一下这份刊物的完整标题，《波士顿独立纪事和环球广告报》（*The Boston Independent Chronicle and Universal Advertiser*），因为在 18 世纪，名称简洁的报纸真的不是什么牛掰的存在。但所谓的"续貂"之作，从头到尾都是捏造的。第一页上关于头皮的故事是虚构的，战争英雄约翰·保罗·琼斯（John Paul Jones）的来信也是伪造的，同样被捏造出来的，还包括第二页底部的"大片土地"和"方便的晒黑场"等分类广告。

整件事都是一件令人信服的赝品，是一件真正的用手工精心制作的作品，甚至可能还涉及真挚的情感。这种欺骗的起源，只有在你极其仔细观察，同时对 18 世纪排版颇为痴迷的情况下，才会显现出来。如果你是 18 世纪的排版迷，除了要感谢你出生在桑斯漫画字体（Comic Sans）①问世两个世纪前之外，你可能还注意到报纸上使用的金属字体不是美式或英式的。实际上是法式的。

那是因为这份报纸不是在波士顿，而是在帕西（Passy），当时巴

---

① 桑斯漫画字体（Comic Sans），1994 年由微软公司发布的一种非正式脚本字体，旨在用于非正式文件和儿童材料。

黎郊区的一个田园诗般的高档公社，还附带有一个相当不错的水疗中心印制的。故事的作者与真正的《波士顿独立纪事报》无关，他甚至已经有好几年没有在北美生活过了。印刷假报纸的人，正是北美驻法大使、开国元勋、博学家和18世纪的排版怪才，本杰明·富兰克林。是啊，又是这个家伙。

是什么驱使富兰克林，这个精通科学文艺，在其所生活的那个时代最受尊敬的人物之一，想出了这样一个离谱的骗局？实际的答案很简单：这是对英国人民宣传战争恶行的一部分。当富兰克林发行《波士顿独立纪事报》时，独立战争几乎结束了；美法联军在关键一役约克城战役中取得决定性胜利，已经过去了6个月；巴黎和谈才刚刚开始。富兰克林的骗局实际上并没有在美国传播，相反，他把它寄给了英国、西班牙和荷兰的盟友。他所觊觎的目标是，在英国媒体上播下这个故事的种子，希望它能左右公众舆论，促使他们支持为英国人的暴行向美国支付赔偿金，而他确实成功了。

然而，尽管这是最直接、最实际的原因，但对于他为什么要搞这个骗局，还有一个更深层次的答案，我想，更令人满意的解释是：本杰明·富兰克林喜欢撒谎，绝对无法自拔。正如我们所看到的，从十几岁到84岁去世前的几天，富兰克林是一个始终如一的、快乐的恶作剧者，无论是大恶作剧还是小恶作剧。有时他是为了政治目的，有时是为了经济利益，有时是为了个人琐事，甚至常常仅仅是为了享受编造谎言的纯粹乐趣。某些假话可能偏离正轨，造成了意料之外的更大后果，但无论如何，本杰明·富兰克林都必须成为历史上最多产、最娴熟、最具创新精神的鬼扯大师之一。

富兰克林希望人们在多大程度上认真对待他的大部分骗局……尚不清楚。毕竟，他并不是当时唯一一个使用假名发表文章的人。印刷机的兴起导致了我们称之为"内容"的爆炸式增长，人们仍在纠结于这样一个事实：有些印刷品是真实的，而另一些则是可以虚构的。就在富兰克林创造出赛琳斯·多伍德的几年前（如第二章所述），即 1772 年的前几年，丹尼尔·笛福（Daniel Defoe）①出版了《鲁滨逊漂流记》——这是有史以来第一部英国小说的有力候选作品，一部以事实自传的风格写成的传记，而且被广泛认为是事实自传。大约在同一时间，乔纳森·斯威夫特正忙于创作现代讽刺作品。富兰克林的意图是真的欺骗，还是他只是在尝试伦理界限还有些模糊的新文学形式？

　　"恶搞"和"骗局"之间并非泾渭分明，即使是现在，几乎所有富兰克林的编造都被统一起来，成为他顽皮、讽刺和极度活跃的幽默感的发泄渠道。简单地说，富兰克林是个特别爱鬼扯的人。根据一个可能是虚构的故事，据说托马斯·杰斐逊向人们解释说，富兰克林没有被要求写《独立宣言》的原因是"他不能克制住自己不开玩笑"。如果我说，被历史拒绝接受的本杰明·富兰克林版本《独立宣言》更有趣，我觉得这代表了许多人的看法。

　　我的意思是，别误会，现在的《独立宣言》是一个很好的作品，但它的强项肯定不是搞笑。把几个花絮塞进里面来放松一下心情是不会有什么坏处的。但是，尽管富兰克林的许多骗局不可否认是为了取乐（至少是逗笑他自己，可能还有其他人），但剥头皮的事情，却绝对不可以归入此类。无论他的作品中有什么讽刺的意图，愤怒都远远超过了它，而且，在职业生涯的这一时点，他非常清楚自己的故事会被广泛地相信，也明确知道如何在一个国家的媒体上植入一个虚假的故事，使之在国际上传播，从一张报纸复制到另一张报纸，从一

---

① 丹尼尔·笛福（Daniel Defoe，1660—1731 年），英国作家，启蒙时期现实主义丰富小说的奠基人，被称为欧洲的"小说之父""英国现实主义小说之父""英国报纸之父"和"现代新闻业之父"等。

个国家传到另一个国家。这是一种蓄意的欺骗,是为了达到不正当的外交目的。一切都小心完成、苦心经营:报纸上的刊号与一个月前才出版那期报纸相同,包括了报纸真正的编辑的名字,外观与风格非常接近真实的《波士顿独立纪事报》,就像是复制品(尽管,像历史上许多伪造者一样,富兰克林忍不住稍微改进了一下他本应临摹的东西,用了一种优雅但又能说明问题的斜体字体——这是他为自己的帕西出版社定制的)[9]。当他把报纸邮寄给约翰·亚当斯(John Adams)①时,他甚至耍了一个老把戏,假装对几个小时前他自己制造的赝品报纸表现出怀疑的态度。[10]

但是,虽然富兰克林造谣的目标是英国人,但他所讲的故事最终却伤害了一批完全不同的受害者:土著印第安人。关于他们,他构建了一个只能被称为大规模种族主义谎言的东西。富兰克林在寻找血淋淋的细节,使他的故事在引人注意、耸人听闻的过程中,重复、放大和渲染了一个关于土著民族的谎言,这将在很长一段时间内影响对他们的看法。

显然,不可否认的是,在美国,头皮交易是一种战争行为,而且几乎可以肯定的是,早在欧洲殖民者到来之前,土著人民就已经开始了这种行径。但是,从革命战争一开始,恐惧、谣言和宣传的有力结合就把它夸大成了一个永远存在的威胁,与实际发生的情况远远不相称。这成了一个民间故事,一种普遍存在、危机四伏的恶行。大量的道听途说和谣言传闻意味着,有关印第安人屠杀和大规模剥人头皮的虚假故事(据说,英国人重金招募能割下北美白人头皮的印第安人),是司空见惯的,一个这样的骗局甚至登上了《独立宣言》[11](取而

---

① 约翰·亚当斯(John Adams,1735—1826 年),美国第一任副总统,其后接替乔治·华盛顿成为美国第二任总统。

代之,开玩笑肯定会更好)。实际上,倒卖头皮绝不是印第安人的专属做法。其实,战争期间,各方都在实行这种做法,革命力量经常为获得印第安人的头皮而提供大笔奖金。事实上,就在富兰克林撰写假报纸的前几周,战争中最惨烈的一次暴行发生在俄亥俄州的格纳登赫滕(Gnadenhutten)。当时一队白人民兵将九十多名手无寸铁的囚犯——(印第安男女老幼)赶进谷仓,然后用木槌将他们活活打死,最终将他们的头皮割下倒卖。

也许,如果富兰克林的骗局一直保持在其原意范围的话(1782年春季的伦敦报界),将只是今天历史的一个脚注。但是,相反,不散的阴魂还飘到了1783年最终签署和平条约的那天,并继续在人间游荡。这就是真正令人信服的谎言的麻烦所在:一旦把虚假信息散布出去,就不会在完成你想要的工作后悄无声息地消失。谎言宛如僵尸,它们拒绝死亡,而且它们是为了啃噬你的大脑而来的。

富兰克林的骗局就是这样,在他死后二十多年,这个骗局以复仇者的口吻,咆哮着复活了。在1812年的战争中,即在美国再次与英国作战的前奏中,一些土著部落再次与英国站在一边,这个故事在某种程度上出乎意料地重生了,而且,这一次它的影响要大得多。

当富兰克林第一次传播他的故事时,8家美国报纸对其进行了报道。在1806—1814年的第二轮流传中,至少有27家不同的报纸刊登了这个故事的不同版本,其中12家——从南卡罗来纳到佛蒙特——在1813年短短7个月的时间里,对这个故事大肆报道。这个神话渗透到了美国公众的意识中,使人们更加认为印第安人是无情的野蛮人。尽管众所周知,富兰克林在信中承认了这一骗局,但即便在现代,这一说法仍不时被当作真理拿出来重复。我们永远无法确切地知道,这种令人发指、令人难忘的谎言,在接下来的几个世纪里,给印第安民族带来了多少无妄指摘,但他们一定没有少背黑锅。

第七章

可笑行当

无论哪里有钱，总会有人愿意为了赚钱歪曲事实，这一点并不奇怪。我们生活在一个"金钱至上"的世界：它让你借此生活，满足你的欲望，如果钱足够多，也许会让你拥有权力。一旦积累了足够的财富和地位，你所能做的会更多，影响力也更大，甚至会影响周围的世界，在某种意义上，这种力量强大到让你塑造现实来满足欲望的程度。你不必为了钱而扭曲事实，金钱会替你完成这一切。如果每个人都把你当作地球上最伟大的商人，那么，几乎按照定义，你就是。机会对你开放，而别人却需要吃闭门羹。你可以逃避那些轻易毁掉别人的失败，如果你想的话，你可以重新当一回"了不起的盖茨比"①。赛蕾丝·亨伯特认为金钱是一种幻术——一种必须掌握的魔术手段——她说得并没有错。

　　基本上，你只需要在最终奏效前一直假装就行了。

　　本章将探讨历史上人们为了追求金钱而假装——至少是暂时成功了的各种方式。

　　值得注意的是，事后诸葛亮在这一切中扮演了很重要的角色。在商界，这种在最终奏效前一直假装的心态不仅仅是被容忍的——

---

① 源自《了不起的盖茨比》一书，该书是美国作家弗·司各特·菲茨杰拉德创作的一部以20世纪50年代的纽约市及长岛为背景的中篇小说，出版于1925年，描写了小人物依靠个人奋斗实现所谓美国梦，但最后注定破灭的悲剧故事。

它经常被作为重要的创业课程来加以传授,同时那些喜欢社交网络领英(LinkedIn)①的人,也会经常分享一些关于三斗草民白手起家的创业轶事。例如,当比尔·盖茨假扮他的联合创始人保罗·艾伦(Paul Allen)②给开创微电子时代的"牛郎星"(Altair)个人电脑公司总裁打电话,告诉他自己已经为其公司推出的产品编写了软件时,微软才刚刚起步。牛郎星公司总裁艾德·罗伯茨(Ed Roberts)③对此印象非常深刻,请他们过来演示一下。太棒了……但盖茨的说法纯属胡扯,他们不仅没有已经完成的产品,甚至还根本没有开始动手去做。软件实际上是在打完电话和预计演示之间的两个月里疯狂编写的。由于没有"牛郎星"计算机进行测试,盖茨等人直到演示那天才知道他们的软件是否能正常工作。[1]

即使你把样本限制在"全球占主导地位的美国科技公司",这也不是唯一的"假装直到奏效"的成功案例。2007 年,史蒂夫·乔布斯

---

① 领英(LinkedIn),全球最大职业社交网站,是一家面向商业客户的社交网络,目的是让注册用户维护他们在商业交往中认识并信任的联系人,俗称"人脉"。用户可以邀请他认识的人成为"关系"圈的人。现在用户数量已达 2 亿,平均每一秒钟都有一个新会员加入。

② 保罗·艾伦(Paul Allen, 1953—2018 年),美国企业家,与比尔·盖茨创立了微软公司的前身,是世界上最富有的人之一。

③ 艾德·罗伯茨(Ed Roberts, 1942—2010 年),被誉为"PC 之父",于 1974 年推出最早基于英特尔微处理器的个人电脑牛郎星(Altair)8800,虽然,这个品牌的生命非常短暂,却从此点燃了个人电脑的创新之火,并启发了乔布斯、盖茨等无数爱好者。作为第一个雇佣比尔·盖茨和保罗·艾伦的雇主,对于微软的起步,起到了至关重要的作用。值得一提的是,罗伯茨好不容易装配成功的第一台样机,在邮寄给《大众电子》主编索罗门的途中莫名其妙地不知所踪。杂志已经排版,十万火急地等着封面照片,要抢在圣诞节前发行,牛郎星公司已绝不可能立即重装第二台,万般无奈,罗伯茨只好把一个仅有仪表外壳的机器重新寄出,《大众电子》上刊登的正是空壳电脑的照片,这简直就是伪劣广告,把百万读者都蒙在鼓里。

(Steve Jobs)①令人印象深刻地发布了苹果手机,向公众承诺推出一款"革命性的神奇设备",重塑我们对手机的认知,但他遇到了一个小问题:苹果公司还没有成功生产出一款真正起作用的苹果手机。他们的原型机不停地崩溃、死机、掉线。当乔布斯在旧金山的莫斯科纳中心向狂热的人群演示苹果手机时,似乎可以在应用程序之间随意切换,巧妙地展示了这款手机改变游戏规则的能力和可用性,而他实际上是在遵循一条严格定义的"黄金之路"——一系列由苹果公司工程师最终想办法找到的精确的行动顺序,几乎是唯一一个能让手机演示顺利通过的应用程序组合。²

当然,盖茨和乔布斯之所以能在全球商学院的教学大纲中占有一席之地,原因很简单:就是他们造假了,后来成功了。他们做出判断的依据是对自身履行承诺的能力的完全准确的评估。初出茅庐的微软证明了他们的编码勇气,并将他们自己打造成垄断家用计算机市场的公司;苹果用一种新的定制芯片解决了智能手机的内存问题,永远改变了我们用于无视火车上其他乘客的方式。对于阅读这篇文章的律师来说,非常重要的一点是:**我并不是说比尔·盖茨和史蒂夫·乔布斯是骗子或骗子之类的人。他们做得很好!**这本书就是使用微软公司出版的 Word 软件在苹果笔记本 Macbook Pro 上写的!谢谢你们,我的老伙计。

问题很简单,这一切都是回顾性的:你只有在事后才知道历史会把你归为"伪造者"还是"制造者"。因此,它并没有为现在如何行动提供非常有用的指导。"继续胡搞吧,因为在未来你会成功的,而

---

① 史蒂夫·乔布斯(Steve Jobs,1955—2011 年),美国发明家、企业家、美国苹果公司联合创始人,被认为是计算机业界与娱乐业界的标志性人物,他经历了苹果公司几十年的起落与兴衰,先后领导和推出了麦金塔计算机等风靡全球的电子产品,深刻地改变了现代通讯、娱乐、生活方式。

这一切只不过是一个有趣的传闻轶事",并没有被世界上任何一个主要宗教(资本主义除外)普遍接受为合法的道德立场,并且在很大程度上,证明你以前所做的一切取决于你事后的成功。

　　当然,故事的另一面是,当人们对自己履行承诺的能力估计不准确时,你想到的不是微软或苹果,而是"西拉诺斯"(Theranos),一家估值高达百亿美元的独角兽(Unicorn)①生物科技公司,建立在一种革命性的新型血液检测基础上。后来人们发现,这种检测方法实际上并不能很好地检测血液,属于典型的伪造,而不是制造,甚至假得不能再假,甚至最终不得不面临欺诈指控。但是,在最终垮台之前,这家公司及其年轻的创始人伊丽莎白·霍尔姆斯(Elizabeth Holmes)②,作为创业先驱在媒体上广受赞誉,拥有杂志封面人物的光环、耀眼的个人资料以及与史蒂夫·乔布斯等价齐观的江湖地位——这似乎主要是基于霍尔姆斯喜欢穿一件黑色高领毛衣,借此希望人们能将她与史蒂夫·乔布斯相提并论的事实。本书不想对其过多着墨,希望各位读者能够读一读《坏血:硅谷创业公司的秘密与谎言》(*Bad Blood*:*Secrets and Lies in a Silicon Valley Startup*)这本书,作者是 2015 年第一次曝光"西拉诺斯丑闻"的记者约翰·加里由(John Carreyrou),因为说了实话,这本书有点让人瞠目结舌。

　　换言之,如果格雷戈·麦格雷戈能少花一点时间设计想象中的勋章及荣誉系统,多花一点精力招募具备在丛林中建造城镇所需技能的人,他还会出现在本书第五章中吗? 也许如果他能成功地做到这一点,那么现在,他将被视为英雄先驱,并以他的名字命名很多东

---

① 独角兽(Unicorn),作为神话传说中的一种生物,稀有而且高贵。在资本市场,用来形容私募和公开市场的估值超过十亿美元的未上市创业公司。

② 伊丽莎白·霍尔姆斯(Elizabeth Holmes, 1985—　　),美国女企业家,宣扬一滴血体检理念,后面临刑事欺诈指控。

西,如果有什么书籍暗示这位开国元勋多少有那么一点狡诈,势必会引起与波亚伊斯政府的外交事件,而新闻专栏作家们会撰写气急败坏的评论专栏,谴责请求移走麦格雷戈雕像的抗议大学生。

从惠特克·赖特(Whitaker Wright)[①]的案例中可以看出,此类行径的利润空间到底有多大。

赖特是维多利亚时代晚期的超级富豪实业家的楷模,他白手起家,摆脱了贫困状态,他的商业利益横跨大洲,并用穷奢极欲的生活炫耀自己的财富。当我说"炫富性消费"时,绝对所言非虚。他拥有人们能够想象到的一切:占地广阔的乡村庄园,伦敦繁华市区的豪宅,和朋友凯撒·威廉二世(Kaiser Wilhelm II)[②]举行比赛时所用的巨大游艇。赖特宅邸"威特利公园"(Witley Park)的核心地标,是一系列人工湖,其中一个湖里有一个精巧建筑,听起来像是"蒸汽朋克"(Steampunk)[③]小说里的东西——一个水下吸烟室。这座 18 英尺高的玻璃穹顶结构,贴着湖床铺有马赛克地板,需要深入湖底,穿过长达 350 英尺的隧道才能抵达,赖特的客人可以在这里抽雪茄、喝酒、跳舞,仰望游过头顶水面的鱼。当时的媒体称之为"沉入水中的仙境",赖特称之为他的"水晶洞穴"[3],而这里所产生的烟雾废气,则是通过一个突出于水面之上的海神雕像的嘴排出,穹顶的玻璃则由一队特别雇佣的潜水员定期清理。

---

① 惠特克·赖特(Whitaker Wright,1846—1904 年),英国企业家,在面临刑事诈欺指控后自杀身亡。

② 凯撒·威廉二世(Kaiser Wilhelm II,1859—1941 年),德意志帝国末代皇帝和普鲁士王国末代国王,1918 年 11 月 28 日退位。

③ "蒸汽朋克"(Steampunk),是一个合成词,由蒸汽(Steam)和朋克(Punk)两个词组组成。蒸汽自然是代表了以蒸汽机作为动力的大型机械了。朋克则是一种非主流的边缘文化,用街头俗语对白书写的文体,它的意义在于题材的风格独立,而非反社会性。蒸汽朋克的作品往往依靠某种假设的新技术,如通过新能源、新机械、新材料、新交通工具等方式,展现一个平行于 19 世纪西方世界的架空世界观,努力营造它的虚构和怀旧等特点。

再说一遍——水下吸烟室！如果你没有水下吸烟室，你真的能说你成功了吗？

但是真实情况是，赖特的整个生意帝国，完全建立在谎言基础之上。

赖特是英国人，但他首先在美国淘到第一桶金，然后在澳大利亚和加拿大让自己的事业渐入佳境。他和兄弟在哈利法克斯（Halifax）①创办的印刷企业不到一年便破产。然后，他和家人首次迁移到安大略省，赖特似乎已经下定决心不再重蹈商业失败的覆辙。他于19世纪70年代初迁居费城，当时美国各地生意兴隆。最初，赖特在财务上的成功在很大程度上是正当的，尽管这其中有着深刻的自我信念，迷人的、喋喋不休的态度以及一些虚假的资质身份加持。赖特15岁就中途辍学，但他很喜欢在自己的名字后面加上表示文科硕士学位的"MA"字样，并声称曾在著名的海德堡大学（Heidelberg University）②学习地质学。他似乎非常地认定，核实这些证书的努力瓶颈是非常难克服的。

赖特之后沉迷于采矿，并认定这是自己的未来所在。他在评估矿石质量方面真的很有天赋，曾深入西部并加入了疯狂的贵金属争夺战。最开始，他在莱德维尔（Leadville）的一个银矿镇工作，在此之前的几年里，那里涌入了成千上万探矿者，而他们的矿场每年产出数百万美元的矿物。这是一个荒芜而危险的地方，奥斯卡·王尔德（Oscar Wilde）③几年后造访此地时说，他震惊地注意到，这里人的二

① 哈利法克斯（Halifax），加拿大新斯科舍省的首府，是加拿大大西洋地区的最大城市和主要经济中心。
② 海德堡大学（Heidelberg University），建立于1386年，位于巴登-符腾堡州，是德国最古老的大学，也是神圣罗马帝国继查理大学和维也纳大学之后开设的第三所大学。
③ 奥斯卡·王尔德（Oscar Wilde，1854—1900年），出生于爱尔兰都柏林，英国最伟大的作家与艺术家之一，以其剧作、诗歌、童话和小说闻名，唯美主义代表人物。

头肌平均尺寸比自己的腰围还粗[4]——充斥着一夜暴富者，以及更多渴望从中分一杯羹的窥伺者。

最初，赖特走上了和其他许多人一样的道路：在岩石斜坡上艰难地生活，寻找一丝财富。他很快就和一个叫乔治·罗伯茨（George D. Roberts）的家伙扯上了关系，后者是一位声名狼藉的矿业大亨，道德卑劣，十年前他自己就曾在一个著名的采矿骗局（1872 年的钻石大骗局）中处于下风。当时，一对名叫菲利普·阿诺德（Philip Arnold）和约翰·斯莱克（John Slack）的探矿者，在科罗拉多州的一块荒地上埋下未切割的钻石，以使投资者相信这块土地蕴藏着巨大的财富，遍地钻石亟待被发掘。罗伯茨和赖特似乎都认为，这是一条比真正的采矿业更容易获得经济成功的途径。与其费尽心机去发现一段丰富的银矿层，不如让热心的投资者相信，你已经探测到了一条丰富的银矿层，并美滋滋地接受他们的金钱回报。他们意识到所买的其实只是地上的一个矿洞，你只需要"小车不倒继续推"就行，因为拥有金钱，就意味着可以买到一切权力、影响力和对后果的豁免权。

从许多方面来看，对莱德维尔来说最丰富、最容易开发的资源，不是这里的白银，而是这里的人民，以及他们对快速赚钱的渴望。

赖特立刻想出了一个能让自己终生受益的方案：利用他的自然魅力，说服那些有着无可挑剔的资历和高社会地位的人加入他的项目，利用他们的名声和他自己的威严个性给人留下这样的印象（特别是在一个容易被操纵的媒体上）投资支持他的企业肯定会赚钱。他选择的第一个人，是著名的美国古生物学家爱德华·德林克·科普（Edward Drinker Cope）[①]，科普对从地下挖东西非常了解，但对人

---

① 爱德华·德林克·科普（Edward Drinker Cope, 1840—1897 年），美国古生物学家及比较解剖学家，以及爬虫类学家与鱼类学家。

类的虚伪能力却一无所知。在这位学者的鼎力相助下,赖特以500万美元的市值成功地将自己的第一家矿业公司在证券交易所包装上市,而这一估值,远远超过了这家公司的实际价值。

这便是赖特将继续遵循的模式,从一个风险投资转移到下一个风险投资,几乎从来不会为身后留下一系列失望的投资者这一事实所困扰。媒体对他也低眉顺眼,对他的描述听起来像是米尔斯和布恩出版社(Mills & Boon)①小说中的片段:"一个高大、魁梧、专业的人,性格中的一切都充满了勇气、活力和雄心"——《奥尔巴尼评论》(*The Albany Review*)写道,"从炽热的额头上擦去了汗水"。[5] 从美国返回英国之后,赖特成立了伦敦及环球公司(London and Globe Company),将其在抬升虚假矿业股价方面的才能提高到一个新的水平,确保自己的董事会中充斥伦敦上层社会的名流士绅,甚至还包括矿业领域的多个同行。一切都是为了保证社会压力不会让任何人产生太多疑问。

具有讽刺意味的是,赖特最终的垮台,并不是因为有人大声疾呼他的矿山名不副实,而是来自一个完全不同于矿山项目的隧道工程:赖特决定建造一条地铁。

赖特意识到,自己的全部产业都有如流砂积塔,因此需要加强投资的多样化组合,他认为一些在某种程度上彰显公共精神的投资,会帮助自己提高公信力。1900 年,赖特将目光转向了一直停滞不前的贝克街和滑铁卢地下铁路建设项目。这条地铁,自 19 世纪 90 年代初以来就一直处于混乱的建施中,屡屡遭遇工期延误和财政困难。(我知道你的惊讶,伦敦居然有地铁线路超出预算,而且没有按时完

---

① 米尔斯和布恩出版社(Mills & Boon),曾是英国出版商哈莱金英国有限公司(Harlequin UK Ltd.)旗下主打爱情浪漫小说的通俗出版社,于 1908 年创立,读者以女性为主,后在 1971 年被某加拿大出版社所收购。

工——真令人难以置信！)赖特决定提供帮助，并发行了一笔债券，为正在进行的建设募集资金。

结果十分令人不堪，债券几乎无人问津，赖特也没办法加快线路的建设。由此给赖特的商业帝国带来的额外的财务压力，使他不顾一切地试图维持一切都很美好的外表，通过公司间复杂的一系列贷款来回转移资金，人为地充实了公司的账户。但这样做实在经不起推敲，赖特因欺诈被捕并受审。1902 年，他被定罪。判决宣告不过几分钟，他便在法庭的留置室中自杀身亡。

同年，一家新公司接管了贝克街和滑铁卢地下铁路的建设项目。他们很快就完成了施工，而且，这条地铁今天还在运营：当然，这便是贝克卢线（*the Bakerloo line*）。

惠特克·赖特或许是商业成功与公然欺诈之间狭窄界限的一个较为酷炫的例子，但他如此开心地对这种投资泡沫上下其手、予取予求，这在历史上很常见。

1720 年在伦敦，人们对投资南海的兴趣进入走火入魔的状态，以至于一批投机者成功地出售了被描述为"一家在所处行业具有巨大优势，但没有人知道它到底干的是什么的公司"的股票。

几个月后，在巴黎，囚犯们被释放出狱，然后结婚，后又被集体运往路易斯安那州，理由是那里迫切需要定居者。北美的经济奇迹正在等待着大家，有鉴于此，所有人都会成为富翁。

赖特并不是第一个涉足可疑铁路行业的人。在 19 世纪 40 年代，像查尔斯·达尔文（Charles Darwin）①、勃朗特三姐妹（the

---

① 查尔斯·罗伯特·达尔文（Charles Robert Darwin，1809—1882 年），英国生物学家，进化论的奠基人，在《物种起源》提出了生物进化学说，从而摧毁了各种唯心的神造论以及物种不变论。

Brontë sisters)①和威廉·马克佩斯·萨克雷（William Makepeace Thackeray)②这样的社会名流，也把钱投入了虚假的新铁路建设项目，同时英国议会几乎每周都会通过一项新法案，批准建设一个可能永远都不会变成现实的铁路网的全新组成部分，而某些情况下，这些铁路网连建设的客观可能性都没有。

人们很容易认为，如此尖端的商业操作是最近才发明的，而处理那些狡猾的企业所引起的麻烦，是过去的人们不必处理的事情。我们可能会认为，花半生时间向一位漠不关心的客户服务代表抱怨其所提供的糟糕业务是一种全新现象。当我们在推特上抱怨一家公司时，正在经历"第一世界的问题"。看起来，商人无耻撒谎，从根本上讲是现代社会的产物。

但是，如果你曾经有过此类想法的话，那就去见见埃纳西尔（Ea-nasir)吧。

埃纳西尔基本上是生活在 3500 年前的惠特克·赖特。这位商人，生活在公元前 1750 年左右的古美索不达米亚的一个大城邦乌尔城（位于今天的伊拉克南部），他似乎是一个精明的商人，为了能从中获利，他会做从房地产到二手衣服贩卖的各种交易。但埃纳西尔的主营业务，似乎都是从距离波斯湾较远的主要贸易中心迪尔蒙（Dilmun)进口铜。

我们每个人在自己生活中都有为之感到羞耻的事情，但是，如果

---

① 勃朗特姐妹(the Brontë sisters)，勃朗特三姐妹是英国家喻户晓的作家。夏洛蒂·勃朗特在《简·爱》中对女性独立性格的叙述、艾米莉·勃朗特在《呼啸山庄》中对极端爱情和人格的描写、安妮·勃朗特在《艾格尼丝·格雷》中让人印象深刻的寂寞情绪，均使其在英国文学史上留名。

② 威廉·梅克比斯·萨克雷(William Makepeace Thackeray, 1811—1863 年)，英国作家，代表作品是世界名著《名利场》。

这一切能够被我们所铭记,显然聊胜于无。埃纳西尔,则代表了对这个希望的致命一击。你看,在他离开这个世界近四千年后,埃纳西尔这个名字依然是少数留名史册者之一,但我们对埃纳西尔的了解,主要是他是一个大骗子,以及一位相当可怕的青铜商人。

我们之所以知晓这一点,是因为考古学家发掘了埃纳西尔曾经住过的房子,房间里有他保存的很多信件,有些信件上印有客户信息的粘土牌,对后世的研究大有帮助,这些信息都是由专业中介机构传达给他的。埃纳西尔一开始的生意似乎做得相当不错,还代表国王进行大量交易。

但是,随着时间的推移,人们发送给埃纳西尔的信息中开始出现某种主题。简而言之,主题是,"拿我的钱干了什么,你这个无耻之徒!"

这些泥板上有苏美尔楔形文字,是人类历史上最早的书面语言之一,书写了世界上已知最古老的客户服务投诉函。

我们所知道的抱怨者,是分别名为南尼(Nanni)、阿比图拉姆(Abituram)、阿帕(Appa)和伊姆基-辛(Imqui-Sin)的四位绅士。从这些信息来看,他们似乎一直是埃纳西尔到迪尔蒙采购的资金支持者,后者承诺他们将得到一批优质的铜锭作为回报。

南尼似乎十分恼火,因为当他派中间人去提货时,埃纳西尔用来交差的,只是一车劣质低档的铜块,然后说起老调重弹的开场白:"不拿就滚,伙计",同时拒绝偿还南尼的钱。

值得详细解读南尼的一条投诉信息,因为(尽管存在直接从苏美尔语翻译过来的怪怪的语气),相关投诉确实让人感觉到在过去四千年里,在对偷奸耍滑的企业进行贬损批驳时,情况几乎没有变化:

> 告诉埃纳西尔,南尼发来了这样一条信息:
> 你来的时候对我说:"我要给吉米尔-辛(Gimil-Sin)-如果他

来的话——优质的铜锭。"然后你走了,但你没有履行承诺。你把不好的锭放在我的使者(希特辛)面前,说:"你若要拿,就拿吧;你若不想拿,就走吧!"你这么轻蔑地对待像我这样的人,你以为我是吃干饭的吗?

显然,埃纳西尔选择了"如果不喜欢我的铜锭,可以不要"的经典战术,作为回应,南尼祭出了"你以为我是吃干饭的"老牌。他还非常热衷于强调埃纳西尔对他有多轻蔑,接着详细说明他是如何派遣"像我们这样的绅士"去收账的,但埃纳西尔"对我态度轻蔑,好几次打发他们空手回来,而且还是通过敌方领土",他在结尾处,下达了最后通牒:

> "你把我的钱袋藏在敌国,现在该你(把我的钱)全还给我了。告诉你,从现在起,我不再接受你方任何质量不好的铜锭。从今以后,我要在我自己的院子里,把锭拣选出来,各拿各的,因为你藐视我,所以我要向你行使拒绝的权利。"[6]

可悲的是,我们没有任何记录表明埃纳西尔对这些投诉的回复是什么——他只保留了收到的信件,而他的回复都没有进入考古记录。这些回复是使用苏美尔文写的,"您的反馈对我们意义重大,如果我们提供的服务低于您的期望,在此深表歉意"? 或者使用苏美尔文写的,"哈哈! 你真差劲,失败者"?

我们不能确定,但似乎可以从随后来自阿比图拉姆和阿帕的信息中了解到这一点。阿比图拉姆似乎比南尼有一点优势,因为他在埃纳西尔身上有一些额外的筹码——他在信息中选择的第一个策略,就是威胁说,如果不把货物交给中间人——一个名叫尼加-南那

(Nigga-Nanna)的家伙——他就会要求没收埃纳西尔的抵押物。

阿比图拉姆来的第一封信接着威胁说："你把银子和利润都给了尼加-南那，为什么不把铜块给他呢？如果你不给铜块，我就把你的抵押物拿走。"[7]

他的下一封信的内容大致相同："你为什么不把铜交给尼加·南那？"信开篇写道，在结束之前（以防信息还没有完全传达出来），写道"铜……把它给尼加-南那"。

然后阿帕也加入了战斗："我的铜，把它交给尼加-南那——好铜，这样我的内心就不会受到困扰。"

在那之后，伊姆基辛开始敦促，抑制住愤怒，写道："把好铜交给尼加-南那并打上封缄。"然后，忍无可忍，再次强调，以明确这一点："为了不让你的良心受到困扰，把好的铜给他。"

然后，他又用一种悲哀的语气补充道，尽管我们与乌尔城的上述商家时隔千年，但任何一个与宽带服务提供商纠缠了两个小时的现代人都会立刻意识到——"你知道我有多难？"

这一切给埃纳西尔带来了回报吗？看起来，和赖特的情况很像，埃纳西尔所制造的骗局曾一度表现出色，但后来就陷入了崩溃。

正如此前提到的那样，我们之所以能够看到这些楔形文字，是因为埃纳西尔的房子在 20 世纪 50 年代被考古学家挖掘出来了。首席考古学家伦纳德·伍利（Leonard Woolley）[①]注意到了我们主人公住所的一些有趣之处。这是一幢豪华的大房子，与他的地位相称——大商人。但是，在埃纳西尔的商业生命接近尾声时，这座豪宅的大部分似乎被突然并入了埃纳西尔的邻居家。

---

① 伦纳德·伍利（Leonard Woolley，1880—1960 年），英国考古学家，曾领导不列颠博物馆和宾夕法尼亚大学考古工作队发掘伊拉克古代苏美尔人的乌尔城遗址，把该城的历史追溯到公元前 4000 年左右。

伍利的结论？我们的这位朋友突然被迫缩小自己的住房规模，并采取一种更为节俭的生活标准——姑且可以认为，多年来一直被美索不达米亚古代版"叶利普"（Yelp）①的评论者们炮轰的他，终于黯然落幕。

埃纳西尔的故事告诉我们，日光之下，并无新事。只要有了文明，就会有投机者希望在他人身上捞一笔。只要还存在货币，就会有人的主要技能是说服倒霉的人对其加以放弃。而且，只要还存在书信，我们就会一直发送愤怒的投诉信，质问我们的铜到底在哪里，为什么不将其交给尼加-南那。

当然，在谈论欺诈性商业行为时，你不能不提靠弄虚作假大发横财的个中翘楚：巴纳姆——"地球上最伟大的演员"。巴纳姆臭名昭著，不仅因为帮助其在 19 世纪中叶聚敛财富的马戏团和各种新奇展品，还因为——怎么说呢——其与真相的复杂关系。

巴纳姆是个声名狼藉的骗子。他的节目中经常出现一些彻头彻尾的噱头，比如"斐济美人鱼"（Feejee Mermaid）（将一只猴子的躯干和头部缝在鱼的下半身上，而其甚至不是斐济出产的，人们普遍认为，这个怪物是在日本组装后，才被卖给了巴纳姆的[8]）和"卡迪夫巨人"（Cardiff Giant），后者甚至不是他自己搞出来的恶作剧。这个巨人是在纽约的卡迪夫地区被挖掘出来的一个 10 英尺高的"化石人"，但其实际上是一个人工雕塑，由一对名叫乔治·赫尔（George Hull）和威廉·纽威尔（William Newell）的表兄弟为了"被发现"而故意埋到地下的。在其被加以公开展出并获得巨额利润后，巴纳姆要求购买，遭到拒绝时，巴纳姆自行制作了假冒巨人的仿制品，并大声宣称之前的那个是赝品。

---

① "叶利普"（Yelp），是美国最大点评网站，创建于 2004 年。

同时，巴纳姆也是一个乐于揭穿其他假冒伪劣现象的名人，特别善于批判媒体和唯心论者。他甚至在 1865 年写了一本名为《世上骗局》（*The Humbugs of the World*）的书，记述了历史上各种"幻觉……术士、骗子和被骗者"。如果你问我的话，这绝对算是个好选题。

但让我们来关注一下 1835 年 8 月 10 日，当时还是一家杂货店店员的巴纳姆，是如何通过在纽约尼布洛花园的首次演出开启其娱乐事业的——而这，就发生在理查德·亚当斯·洛克利用他的月亮大骗局吸引全世界注意的两周前。这个演出就是一个展览：一个叫乔伊斯·赫特（Joice Heth）的女人，巴纳姆声称她已经 161 岁，而她居然还曾是乔治·华盛顿孩提时代的保姆。巴纳姆宣布，她是"世界上最令人惊讶，最有趣的奇观！"

乔伊斯·赫特，当然，与华盛顿没有任何关系，也不是 161 岁，她当时只不过七十多岁，且已双目失明。同时，她还是个奴隶，不久前，在纽约拥有奴隶被定为非法，巴纳姆只好通过"租借"来加以规避。

这次展览很受欢迎，街头小报热切渴望引发轰动的报道为之锦上添花。在纽约取得成功后，巴纳姆带着赫特遍访整个新英格兰，吸引了各地渴望亲眼目睹甚至触及这一活着的遗迹的人群。紧密的日程安排对乔伊斯虚弱的身体来说是一种折磨与惩罚，她于 1836 年 2 月去世。但巴纳姆仍然没有善罢甘休。在报纸的催促下，为了回应针对赫特年龄的怀疑，巴纳姆安排对赫特的尸体进行公开解剖，并以每张门票 50 美分的价格，向 1500 名观众售票，而观众则看着乔伊斯·赫特的尸体在他们面前被切成肉块。[9]

进行尸检的外科医生宣称这是一场骗局——乔伊斯·赫特不超过 80 岁。但这个消息并没有损害巴纳姆的事业，反而成就了他。巴纳姆将整件事情玩弄于股掌之中，在接下来的几个月的时间里，向纽约媒体讲述了一个又一个故事，以增加曝光度——赫特实际上还活着，尸体是另一个女人的，他自己被欺骗了，巴纳姆才是骗子。他几乎比任何人都更了解新媒体是如何运作的（曾有一度，据说他手下有 26 名记者），并很快意识到，真实可信并不是自己职业生涯的关键，坏名声和提供娱乐性报道的能力，才是个中要义。

奇怪的是，所有这些都被排除在休·杰克曼（Hugh Jackman）[①]关于巴纳姆生平的音乐剧之外，该作品莫名其妙大获成功。

巴纳姆还能从困扰其所处时代的顽疾中渔利——那是一个对医学着迷的时代，从真正的突破到出于政治动机的种族理论，当然也不乏江湖庸医。这一点也不奇怪：如果你想赚钱，又对如何赚钱没有多少顾忌，那么没有什么比治愈人们疾病更好的生意了。医学史上充斥着卖"假药"（Snake Oil）[②]的推销员，他们兜售虚假的药膏和可疑的药水。在某些情况下，所贩卖药品的药名中甚至含有"蛇油"二字——比如克拉克·斯坦利（Clark Stanley）销售的蛇油搽剂，在 1916 年的一个里程碑式的判例中，经美国医药局测试，发现其中蛇的成分为 0%。斯坦利先生接受了 20 美元的罚款，同时给英语留下了一个新词，"江湖郎中"（Huckster）。

然而，斯坦利的行径绝非个例。例如，以"哈达科尔"（Hadacol）为例，这种臭名昭著、气味难闻的棕色液体，于 20 世纪四五十年代上市，是一种宣称可以治疗多种疾病的药物，实际上只含有少量维生素，但可

---

① 休·杰克曼（Hugh Jackman，1976—　），澳大利亚演员、歌手和制片人，因在 X 战警系列电影中扮演金刚狼而闻名。

② "假药"（Snake Oil），是欺骗营销的委婉说法，指的是以石油为基础的矿物油或"蛇油"，它是被用来治疗各种生理问题的灵丹妙药。18 世纪开始，很多欧美人将矿物油（通常与各种活性和非活性的家用草药、香料和化合物混合，但不含任何蛇源性物质）作为"蛇油搽剂"进行宣传和销售，可笑地对其作为灵丹妙药的功效加以宣称。威廉·洛克菲勒也曾把"岩石油"作为一种抗癌药物出售，但没有提到蛇。后来，这一称谓还被用来掩饰包含成瘾成分，如可卡因、安非他命、酒精和鸦片基混合物的药物。

能与这种商品的销售数字更具相关性的是，其中含有 20% 的酒精。

但是，假药的生意比简单地诱骗那些容易上当的人去买一瓶什么也治不好的药水更进一步（而且更加怪异）。20 世纪历史上最著名，同时也最成功的庸医之一，是被其同代人所熟知的"羊蛋医生"约翰·R. 布林克利（John R. Brinkley）①。

他为什么叫"羊蛋医生"？好，非常有趣的问题，很高兴有人这么问。

因为布林克利把山羊睾丸移植到了人类身上，宣称这样有助于治愈阳痿。

布林克利不是医生，尽管其使用了这个头衔。他从未从任何一所公认的医学院毕业，但那并不是因为其缺乏努力。他一直觉得有必要从事医疗行业，并申请过几个医学学位，但经济状况和复杂的个人生活（有一次，他绑架了自己的女儿并带她去了加拿大）意味着，他从来没有将其中任何一项坚持到底。

但布林克利不会让这样的小事阻碍自己行医的梦想，所以他在堪萨斯州开设了一家小型外科诊所。最初，这里进行的实际上多是相当体面的手术——1918 年，流感肆虐，他在治疗相关患者方面做了出色的工作。但没过多久，布林克利就琢磨出了能让自己发财的主意。面对一个对自己性能力缺乏自信的病人，他不知何故把一对山羊睾丸移植到了这个男人的阴囊里。

很明显，这并没有起到任何作用，只是给了那位先生一对临时的额外睾丸（它们会随着时间的推移逐渐消失）和一种全新的自信。但是这种疗法变得非常流行，原因在于布林克利积极的市场营销，以及他之前治疗过的一位病人的妻子后来偶然怀上了孩子（对布林克利

---

① 约翰·R. 布林克利（John R. Brinkley，1885—1942 年），美国电报员，美国江湖医生，开过诊所，出售了自己制造的若干种"神药"并提出"山羊睾丸植入法"。

来说是偶然)。值得一提的是,这孩子是人类,而不是某种梦魇般的山羊—人类的杂交体。

布林克利可能不是一个很好的医生,但他是一个优秀的,颇具开拓性的广告人。他是最早意识到当时刚刚出现的广播这一媒介宣传潜力的人之一。布林克利在堪萨斯州建立了自己的广播电台,并一直借此鼓吹自己的治疗方法。当联邦广播委员会最终褫夺其无线电执照(此前不久,堪萨斯州医学委员会吊销了他的行医执照)时,他干脆越过边界到墨西哥,并从那里使用高功率发射机继续播出。

基于遭遇上述两个决定,布林克利决定进入政界,并因毫厘之差,险些当选堪萨斯州州长。1930年,他作为一名非正式候选人参加竞选,如果不是因为一条规定选民只有用某种特定的方式写下候选人的名字才算得票的竞选规则,导致上万张对他有利的选票被宣告无效,布林克利很有可能问鼎大位。

哦,还有,他的很多病人都死了,因为布林克利不是一个医术精湛的医生。当他决定以诽谤罪起诉一位批评他的羊蛋移植方法的评论者时,一切开始反转,他输了,而且一败涂地。在随后接踵而来的一连串诉讼中,其中很多涉及过失致死,最后布林克利宣布破产。

多年来,许多江湖郎中可能暗中发了大财,但其中至少有一位——如果不小心的话——实际从事了一项合法的医学发现,并为英国语言增添了一个专门用来对其加以形容的词汇。这个人,就是安东·梅斯默医生(Dr. Anton Mesmer)①,他在18世纪因其创新的医学理论以及这些理论对上流社会成员的显著影响,而成为维也纳以及随后的巴黎人谈论的话题。

---

① 安东·梅斯默医生(Dr. Anton Mesmer,1734—1815年),维也纳医生,德国心理学家,催眠术学科的奠基人。

梅斯默正在推广他的"动物磁学"（Animal Magnetism）理论，即认为宇宙中弥漫着一种目不可及但可洞穿一切的流体，将所有生物与天空中的天体联系起来。有了这个理论作为自身医疗工作的基础，他会用特殊的会诊手段治疗病人，通常包括盯着他们，让他们拿着铁棒。这对病人产生了令人难以置信的效果，欧洲富裕的精英们蜂拥而至，接受梅斯默的治疗。

1778 年，这一切在巴黎走到了终点。

国王路易十六非常不安，因为他的妻子——臭名昭著的蛋糕推广者[1]玛丽·安托瓦内特在几年前卷入珍妮·德·瓦洛瓦·圣·雷米的项链骗局——已经投身于催眠术，充当梅斯默的赞助人，为他鼓吹生意，贵族们蜂拥而至他的诊所，以便可以被其用铁棒为自己治疗。所以路易斯做了任何开明君主都会做的事：他召集了一个由法国最优秀的智者组成的委员会，来调查梅斯默理论的真相。调查的结论是，梅斯默的理论是空穴来风，于是这个奥地利人被赶出了城市，但这并没有阻止他的理论在他败落之后继续存在，并在几十年后在美国重新崛起。

当然，梅斯默发现的不是动物磁性理论，或者类似的理论。事实上，他偶然发现的，是真实存在的催眠术，这也是他的治疗似乎产生如此深远影响的原因，也是我们今天仍在谈论"被梅斯默/催眠"（Mesmerised）的原因。

他发现，人类的思维是一种非常奇怪的东西，很容易便可被愚弄，而且，事实上，人类常常可以诓骗自己，甚至可以产生物理效果。有趣的是，这便是本书下一章的内容。

---

[1] 臭名昭著的蛋糕推广者是指这位法国王后不知民间疾苦，在听说巴黎百姓没有面包吃时，惊呼"没有面包的话，吃蛋糕不就好了吗"？

第八章

大众迷思

2018 年圣诞节前夕,英国一个名为"盖特威克机场"的主要交通枢纽因人们看到天空中的闪光而关闭了三天。当然,这种异象造成了巨大的破坏:伦敦第二大机场,在可能是一年中最繁忙的营业时间,完全关闭,原因是,有人在它周围驾驶无人机。约一千个航班取消,14 万人滞留。对于一个饱受国内政治纷争困扰、面临大多数人记忆中最深刻国际地位剧变的国家来说,堪称至暗时刻。

　　可能有些读者以前就对此有所耳闻。

　　"哇,天那,谢谢你,"你可能在想,"你从过往历史的那片无人踏足的原野上,挖掘出来的珍贵记忆碎片,十分迷人,十分晦涩。"

　　回想起来,这三天发生的事情似乎有些不对劲……哦,机场惊险片。盖特威克无人机事件,是我们这个技术恐慌时代挥之不去的鬼魂故事。无论是谁在无人机后面,似乎都对正在发生的事情有着不可思议的、近乎超自然的了解;就像电影中的超级反派一样,他们总是设法领先一步。每一次发现无人机,它都会在被当局追踪到之前再次消失;每一次,机场接近重新开放的时候,仿佛被施了魔法,天空中那些诡异的灯光都会在最后一分钟重新出现。媒体上充斥着关于无人机近乎嘲讽的行为的报道,说它在控制塔附近嗡嗡作响之后又消失了。数百人看到了无人机,然而,即使在每个人口袋里都装着一台联网的高清摄像机的时代,其仍然成功地躲过了抓拍,除了一些完全未经证实的视频中所显示的,在一片巨大的灰色天空中一个微小模糊的灰色斑点。

之所以提起这件事,是因为事发几个月后,在警察对抓罪犯一筹莫展时,盖特威克机场的首席运营官,克里斯·伍德罗夫(Chris Woodroof),接受了英国广播公司(BBC)的专访。在访谈过程中,他费尽心力,试图推翻被英国广播公司傲慢地称之为"网上流传的根本就没有无人机捣乱的观点"。[1](英国广播公司的报道奇怪地掩盖了这个"网络观点"的原始来源是……此前该公司自己的一篇报道——警方发表了一份官方声明,称"一开始,就可能没有任何真正的无人机活动"。)[2]

证明无人机存在的证据是,用英国广播公司的话来说,警方记录到"总共 115 人次分别看到 130 回可信的无人机活动。目击者中除了 6 人之外,都是专业人员,包括警察、安全人员、空中交通管制人员和飞行员"。伍德罗夫表示,这些人都是他信任的人,"他们知道自己见到的是无人机。我知道他们看到了无人机"。[3]

这里的目的,不是说,"在盖特威克肯定没有什么无人机,你们这些家伙"。出现无人机当然是可能的!这东西非常常见,这听起来像是有人会去做的事情!它可能是一个敌对的民族国家在为一些只能意会的坏想法做测试,或者是一个针对无人机设备制造商的反对派想干扰下对手的生意,亦或者只是一些混蛋捣乱。

我想要对此非常、非常清楚地加以明确,因为否则我几乎可以保证,这件事见诸报端的那天,英国的每一家报纸都将在头版头条宣布,**"盖特威克无人机嫌犯被捕,供认一切,还提供详细证据证明肯定有无人机"**。毕竟,这是一本书,而且,与互联网不同,你不能回头删除那些令人尴尬的部分。我告诉你,无法删除,其实很糟糕。

每当读到为什么一定有无人机的解释时,仍然有一点难以消除的怀疑。这仅仅是因为,我们作为人类最始终如一的错误之一,就是高估了目击者的可靠性——我们认为"更多的目击者"等于"更可信的目击者",退一步说,这不一定是事实。

在我们最喜爱的16世纪法国散文家米歇尔·德·蒙田所说的谎言的"不确定领域"中,我们被许多人误导了,正如各位在这本书中已经看到的那样。媒体戏弄我们,地图欺骗我们,骗子欺诈我们,政客隐瞒我们,商人糊弄我们,庸医忽悠我们。但真正深层次的幻象呢?不是外人强加给我们的,而是我们自己为自己营造的。而这种令人不安的怀疑与日俱增,因为,无人机事件,让人感觉似曾相识。

在英国,1913年春天,人们看到了天空中的灯光。这是一个陷入困境的国家,濒临国际社会的深刻动荡和对新技术的恐慌。这便是1913年幽灵飞船的大恐慌。

1913年春的几个月里,来自英格兰和爱尔兰各地的报道称,神秘的飞行器正在该国上空飞行。在这些岛屿的每一个角落,都有成百上千的目击证人见证此事。报告此事的范围,从肯特郡的多佛到德文郡的博维桑德湾;从奥克尼的桑迪到爱尔兰的高威,当然包含其间的其他地方;在基尔卡尔迪、利兹、伦敦、朴茨茅斯、霍恩西、卡纳文、克罗默、谢普顿·马利特、伊尔夫拉孔贝、查塔姆以及其他更多地方,均出现了相同的目击内容。[4]

怪异事件,实际上始于1912年冬天。当时,英国正处于一种广泛的焦虑状态,每个人都知道,战争正在不祥地逼近。最确信战争即将到来的人民,尤其是一些新闻界人士,也是推动国家走向战争的最努力的人群。

1913年晚些时候,时任《经济学人》编辑的弗朗西斯·赫斯特(Francis Hirst)[①]在其著作《六大恐慌》(*The Six Panics*)中写道:"不出

---

① 弗朗西斯·赫斯特(Francis Hirst,1873—1953年),英国记者、作家。

数天,英国《每日邮报》便宣布:现在可以毫无疑问地确定,一些外国势力,可能是德国的飞艇,正有计划地在英国上空进行定期飞行。"[5]

事实上,这一点并非毋庸置疑。德国人当时确实至少有一艘飞艇,但所有的历史记录表明,它从未在英国附近的任何地方飞过。在几个月的时间里,这艘飞艇当然无法成百上千次飞往不列颠和爱尔兰群岛的各个角落,或许的确有一两次目击到了一架真正的飞机。事发当时还只是航空时代的开始,无论是由某个国家还是某些爱好者操纵,实验飞行对于公众而言都无从得知。但其中绝大多数——成千上万的目击者所看到的,天空中所有的灯光——除了巨大的、全国性的集体幻觉之外,别无他物。

1913年幽灵飞艇恐慌的有趣之处还在于,这甚至不是唯一的一次集体幻觉。1909年,英国就曾出现过一次规模较小的前飞艇恐慌。同年,美国也出现过类似的大规模飞行器幻觉事件。

当时,一位名叫华莱士·蒂林赫斯特(Wallace Tillinghast)[①]的人告诉《波士顿先驱报》,他发明了"世界上第一台可靠的比重大于空气的飞行器",并且自称,他操纵这架飞机从马萨诸塞州的伍斯特飞到纽约,再飞到波士顿并返回,全程长达300英里。事实上,因为据说全部飞行都在夜间进行,以至于没有人曾目睹过这架假想的飞行器,包括其在自由女神像周围盘旋的一幕(蒂林赫斯特拒绝在白天向任何人展示自己的飞行器)。

极度令人难以置信的上述说辞,并没有阻止新英格兰地区的居民在接下来的几周里多次报告目击蒂林赫斯特的装置在空中飞行,而所有这些都得到了新闻媒体的热情报道。同年12月20日,一名男子说,他看到一个光点飞过波士顿港,《波士顿环球报》在头版头条

---

① 华莱士·蒂林赫斯特(Wallace Tillinghast,1872—1930年),美国工程师。

所写标题是"不明飞艇在夜间飞行"。第二天的更正——那个人所看到的不是飞艇,而是一艘船,原来是在水里而不是在天上——则出现在第十二版某个不太起眼的角落。

截至 12 月 22 日,伍斯特地区已有两千多人报告看到头顶上盘旋的灯光。第二天,通过电话,关于飞艇的报道得到进一步传播,估计伍斯特有五万居民涌上街头。平安夜,在纽约、佛蒙特州和罗得岛等遥远地方,分别报告了 33 起相关的目击事件。蒂林赫斯特先生的非凡飞行器,显然在相当大的范围内进行了活动。

这些景象不仅仅包括灯光——许多目击者坚持说他们能看到飞机的结构,甚至能认出坐在里面的两个人。蒂林赫斯特自己完全是在装模作样,表现得非常神秘,消失了很长一段时间,然后回来,看上去好像刚刚经历过风雨洗礼。

但随后,就像前几章"马顿疯狂毒气者"中出现的情况一样,新闻界的情绪突然发生了转变。到了圣诞节,一家报纸公开称,所谓空中的灯光,实属一种错觉,并写道:"昨天晚些时候,到处蔓延,将马萨诸塞州上下搅动得天翻地覆的幻觉,戛然而止。"几天后,所有媒体都突然变得事不关己,兴高采烈地嘲笑轻信者陷入了这个骗局之中。

你会惊讶地发现,没有证据显示蒂林赫斯特真的拥有什么飞机。

所有这些都说明了一点:尽管我们十分看重目击者、个人经历和同一事件的多个报道,但它们都不一定那么可靠。我们非常容易自我欺骗:我们容易犯错,容易受到暗示,害怕与人群作对。这是一个社会层面上的胡说八道的反馈循环。随着每一份新的报告都为某些事情一定是真实的想法增加砝码,人们开始表现出"自发的自欺欺人"行为,没有人愿意承认,也许一直以来,什么都没有发生过。

这不仅仅局限于错误的信仰——奇怪的群体癫狂在历史上司空见惯。正是在谣言和群体错觉领域,我们对具有传染性的非理性的倾向表现得最为强烈，尤其是当每个人所想象的东西，都是我们最害怕的东西的时候。"道德恐慌"概念，是一个相当意义上的全新发明，但它们已经存在了许多世纪。而他们在过去所经历的遭遇，似乎与我们今天看到的情况惊人相似。

令人感到惊讶的是，与道德恐慌相关的鬼扯主题经常重复：例如，突然间大众陷入普遍恐慌，担心某种邪恶的外部力量正在导致人们的生殖器萎缩，甚至消失。这在历史上，在许多不同的文化中都被多次报道过（相关医学术语是缩阳症，即"koro"）。1967年，新加坡爆发了一场阴茎萎缩恐慌症，一家医院报告说，在高峰期，他们每天治疗75名男性，他们都确信自己的阴茎正在变小，最终会完全消失。1990年，在尼日利亚，人们担心由于巫术的原因，男人的阴茎逐渐消失。[6] 在中世纪的欧洲，人们普遍害怕女巫偷割阴茎（有时把它们挂在树上）。[7]

人类可真是奇怪。

另一个主要类别，是对受污染食品和饮料的恐慌。这方面的例子很常见：从长期流传的儿童糖果中毒谣言，到20世纪90年代末席卷中东部分地区的蜚语说，口香糖中含有会导致无法控制的性行为的催情药。[8] 但这些，都无法与接近700年前笼罩法国的中毒恐慌的后果相提并论。

现在，人们（完全有理由）担心像"瓦次普"（WhatsApp）[①]这样的技术平台，在世界上许多国家散布谣言和煽动暴力方面的作用。但人们很容易陷入这样的认识误区：仅仅因为一项新技术正在某个事件中使用，它就一定是事件的起因。

1321年4月，恐慌蔓延到法国西南部的"佩里格乌"（Périgueux）

---

① "瓦次普"（WhatsApp），一款智能手机之间通讯的应用程序，借助推送通知服务，可以即刻接收亲友和同事发送的信息，可免费从发送手机短信转为使用 WhatsApp 程序，以发送和接收信息、图片、音频文件和视频信息。

镇。谣言称,有人揭发了一个在该镇水井中下毒的阴谋。而在中世纪,污染水源几乎是可以等同于在今天使用大规模杀伤性武器。

而这一事件的历史背景是,欧洲大陆在过去几年中刚刚遭受了一场空前的饥荒的蹂躏,饿殍满地。死亡的气息弥漫在空气之中,可以理解此时人们的焦虑心情。

在佩里格乌,流言蜚语工厂已经决定谁该成为替罪羊:麻风病患者。市长把镇上所有麻风病患者都加以逮捕。十天后,这些可怜的人都被烧死在火刑柱上,而他们的财产被侵占并卖给了当地的贵族。

但恐慌并没有停止。在接下来的几天里,麻风病患者被指控在佩里格乌以东的"马特尔"(Martel)东南一百多英里的"里斯尔苏尔塔恩"(Lisle-sur-Tarn)和以南 200 英里的"佩米尔"(Pamiers),实施了向水井中投毒的罪行。[9]

之所以这样指控,背后的理论是,麻风病患者试图将他们的疾病传播给未感染的大多数人。这是对疾病的执念,是的,但也是对人口转化与重新安置的偏执认知。麻风病人"正在谋划危害公众的健康,"检察官伯纳德·圭(Bernard Gui)写道,"因此,健康的人,通过饮用或使用受污染的水,会遭到感染,他们可能成为麻风病患者或死亡,或从内部被消灭。这样,麻风病患者的数量将增加,健康的人的数量将减少。"[10]

在接下来的三个月里,恐慌从图卢兹蔓延到法国大部分地区,一个人一个人,一个城镇一个城镇地不停蔓延扩散。后来,谣言跨越国界扩展到现在的西班牙境内——6 月初,阿拉贡国王詹姆斯二世(King James II of Aragon)[①]担心自己的势力范围被外国威胁渗透,

---

① 阿拉贡国王詹姆斯二世(King James II of Aragon,1627—1327 年),被称为"正义者",阿拉贡和瓦伦西亚的国王。

遂下令在弄清楚情况之前，全面彻底禁止麻风病人进入该国。到了6月下旬，他认为这还不够，干脆下令逮捕了所有外国人。

进入7月，法国国王发布命令，要求逮捕麻风病人并对其施以酷刑。数百名麻风病人被杀。在图卢兹，那一年的官方账目增加了一个全新的科目单纯用于核算没收被处决的麻风病人的财产所产生的收入。

但随后，在1321年夏天，阴谋论发生了变异。一开始是直截了当的疾病偏执，通过人与人之间的闲言碎语传播，而现在进入了政治领域——一旦谣言变成了政治，有权势的人就会试图塑造它使之符合他们的议事日程。那个夏天最显著的变化是，谁该受到谴责。突然之间，不是麻风病人有问题，而是犹太人，或者穆斯林应当承担责任。

在基农一地，就有160名犹太人被处死。

最终，随着夏天的结束，人们终于开始怀疑，事实上，没有人真的给水井下毒。法国国王菲利浦最终下令释放被监禁的麻风病人，这对所有被处决的人来说，可能算不上什么安慰。

谣言并没有就此消失。当时的恐慌已经结束，但有人正在向井里投毒的想法继续蔓延到整个欧洲，有时在再次出现之前，会休眠数年。它于1348年在欧洲大部分地区卷土重来，当时欧洲大陆正遭受着黑死病的蹂躏，而且狂妄的传染偏执统治着整个欧洲。在德意志帝国，数百个犹太人定居点因此被烧毁。

这里需要强调的是，这一切不仅仅出现在社交媒体时代之前，甚至出现在大众媒体时代到来之前，足足比第一份报纸早了近三百年。当时，信息传播的最快速度，就是马的速度。

但是，尽管如此，其中似乎还是有很多因素……让人感觉似曾相识。四处传播的，只有诡言，完全没有任何根据——如果你愿意，也可以将其称之为假新闻。夸张的想法，像病毒一样——你可以说——传播开来。谣言跨越国界，随着时间的推移不断变异，一次又一次地卷土重来，导致非常可怕的后果。正如我们所看到的那样，在历史上，人们对某些邪恶的外部势力污染我们的食品和饮料的恐慌一再发生；到现在为止，这仍然是脸书等网络社交媒体上所谓病毒性谣言的较大一类。

当然，如果要谈论此类迫害行为，就可能需要讨论有史以来最著名的政治迫害，实际的政治迫害。可以选择很多例子来说明几个世纪以来笼罩在欧洲上空的这种疯狂迫害的风气，但是，还是让我们来关注一下堪称其中的登峰造极者吧。

按照历史上大多数领导人的标准，苏格兰的詹姆斯六世（又名英格兰和爱尔兰的詹姆斯一世）其实并不算太坏。适度理智，设法让一个因宗教纠纷而四分五裂的国家团结在一起；似乎从来没有卷入任何例行公事的对天主教徒的迫害互动；几乎肯定经常与他最喜欢的男性宠臣发生性关系。（詹姆斯国王钦定版圣经，真是一本写得很好的圣经。）

但有一点是肯定的，詹姆斯国王，对猎巫绝对着迷。

所谓的着迷，绝对不是收藏《魔女游戏》（*The Craft*）①录影带，或者效仿尼尔·盖曼（Neil Gaiman）②也将自己的头发染成黑色等方式。这位国王，更多采取的是"亲自监督折磨他们"的方式。

詹姆斯基本上将猎巫，或者迫害的概念引入苏格兰，并在这片土

---

① 《魔女游戏》（*The Craft*），1996 年的一部美国超自然恐怖电影，由安德鲁·弗莱明执导，哥伦比亚电影公司发行。故事主要讲述的是，在一所虚构的洛杉矶教区高中里，四个被驱逐的少女为了自己的利益追求巫术并引发灾难后果的故事。

② 尼尔·盖曼（Neil Gaiman, 1960— ），是近十年来欧美文坛崛起的最耀眼的明星，被视为新一代幻想文学的代表，创作领域横跨幻想小说、科幻小说、恐怖小说、儿童小说、漫画以及歌词，作品不但部部畅销，更获奖无数。

地上开启了长达数十年的血雨腥风。他不仅下令在苏格兰进行了第一次大规模的巫术审判,还真的写了一本书。这本书卖得很好(正如你所希望的那样,考虑到他是一个连动物都不放过——酷爱兽奸——的国王),导致苏格兰各地掀起猎巫的高潮,以至于很多女人甚至不少男人遭到不必要的处决。

詹姆斯从丹麦这个早已开始疯狂猎巫的国家,开始了自己致命的嗜好,也是在这里,他迎娶了年仅十多岁的新娘安妮,丹麦国王的妹妹。由于天气不好,安妮本打算乘船前往苏格兰,赶赴自己的婚礼,但因为天气原因最终未果。于是詹姆斯亲自前往丹麦,希望接回安妮,结果自己也遭遇到危险的暴风雨,被困苏格兰。最后,1589年10月动身离开苏格兰的詹姆斯,直到第二年5月才得以返回。在这段时间里,这对夫妇结婚,度蜜月,参观景点,和钟情杯中之物的天才天文学家第谷·布拉赫(Tycho Brahe)①到处闲逛,总体上看起来颇为愉快。

但是詹姆斯总是有点偏执(这也并非不合理,因为很多人真的想暗杀他),他回到苏格兰后,对此前失败的航程忧心忡忡。这位国王在思考一个问题,"怎么可能整个冬天的天气都这么糟糕呢?"詹姆斯自然而然地想到了答案,"因为女巫作法,"而不是更明显的,"因为你生活在血腥的苏格兰"。"哦,是的,"他的那位丹麦新朋友,非常明智地点头附和,"绝对是女巫,典型的。"

北伯威克(North Berwick)②的巫师审判就是这样开始的,至少有70人因与巫师有关的各种活动而受到审判。主要的"罪魁祸首"遭到残忍折磨,屈打成招,詹姆斯本人也参加了几次刑讯。詹姆斯在

---

① 第谷·布拉赫(Tycho Brahe, 1546—1601年),丹麦天文学家和占星学家,曾提出一种介于地心说和日心说之间的宇宙结构体系,17世纪初传入我国。
② 北伯威克(North Berwick),位于苏格兰爱丁堡北部的一个海滨小镇。

其名为《苏格兰通讯》(*News from Scotland*)小册子里,如此记录了被自己查获的巫术,其中包括:亲吻魔鬼的屁股;任由恶魔舔舐私密部位;满足恶魔的肉欲;把猫扔进海里引发风暴。

在接下来的五六十年里,估计苏格兰有 1500 人因被认为行巫遭到处死。这个数字属实不少,但与神圣罗马帝国德语区相比,明显相形见绌,那里有多达 25,000 人,其中大部分是女性,在猎巫活动中被处死。在欧洲的猎巫狂热期,总共有约五万人惨遭处决。这个数据或许在下次有人说他们才是"史上最大规模迫害"的受害者时,是值得铭记的。

这一切到底是因为什么?大家到底在想些什么?人们提出了许多解释,其中许多都与 17 世纪的现状有关,彼时,整个欧洲大陆极为崇尚"及时行乐"(YOLO)①,宗教社会政治极其混乱(这有时被称为"大危机",是因为到处充斥着大量的鬼扯谎言——还记得罗伯特·伯顿所列举的层出不穷的一系列令人沮丧的新闻事件么?)是经济危机导致的猎巫狂热吗?小冰河时代?试图消灭特定性别?抑或只是一个摆脱自己不喜欢的人的狡猾方法?

(不是开玩笑——这确实是一些非常受尊敬的人类学家的理论。简言之:审视英国对女巫的审判,似乎大多数被告作为他人的邻居都是十足的混蛋,每个人都很高兴看到他们死翘翘的样子。)

最近的一项研究甚至认为,猎巫狂热,实际上遭到了敌对的天主教和新教教派大肆渲染和利用,实际上,这是一种营销特定宗教教义的技巧。(正如有报道所称:"欧洲的女巫审判,反映出天主教和新教在基督教世界公认的白热化竞争地区所发动的一场重新划分宗教市

---

① "及时行乐"(YOLO),美语新词,You Only Live Once 的首字母缩略词,意为你只能活一次,应该活在当下,大胆去做,该新词最早起源于 YOLO 商标,常常用在青少年的对话和音乐当中。

场份额的非价格战。"[11]）换言之，天主教和新教教堂直接竞争的地区，出现了大量的女巫审判；但在天主教会仍然占主导地位的区域，类似的情况却很少发生。然而本人无法判断这个理论的准确性，毕竟我并不是一个专门研究猎巫行为的经济学家。

但是，不管你选择了某种单一的原因来解释欧洲的猎巫狂热，还是认为各种原因共同导致了这一局面，都永远无法找到统一的理论来说明猎巫行为。因为，猎巫不仅仅是欧洲人的消遣。根据针对"巫术"和"迫害"的具体定义，不难证明在世界上几乎所有的文化当中，都曾经在历史的某个时刻，出现过猎巫或所谓迫害行为。

最终，这很可能归结为人类所面临的一个相当基本的问题：当世界呈现出令人难以置信的复杂性，并给生活在其中的人带来挫折感时，我们很喜欢能够用手指着一群不属于我们的人说："他们的错！"而且，如果我们自己不这样做，通常会有其他人站在那里，从告诉我们该责怪谁中受益。从古至今，巫师一直是一个备受欢迎的选项，但其他常见的替罪羊包括新近移民、犹太人、共产主义者、光明会（Illuminati）①成员——如果幸运的话，有时这四种替罪羊都会同时出现。

这显然触及信仰中的最基本部分，宗教可以成为我们一些更为疯狂的错觉支柱也就不足为奇了。这里仅仅选择一个特别怪异的例子：1962 年，两个骗子兄弟想要在墨西哥"耶尔瓦布埃纳"（Yerba Buena）经营一个骗局。他们认为这里的人偏听偏信，可能会被一个涉及古印加宝藏和亡灵转世的谎言所吸引。为此，他们从附近城镇雇了一个名叫玛格达莱娜·索利斯（Magdalena Solís）的穷苦妓女，说服她扮演一位转世的印加女神，以领导一个邪教。不幸的是，索利

---

① 光明会（Illuminati），18 世纪主张自然神论和共和主义的秘密社团。

斯入戏太深，以至于她开始相信自己真的是神，而且——就像女神经常做的那样——开始要求鲜血的祭奉。为了让索利斯和她的追随者喝到人血，至少有 4 个人被谋杀。

我们习惯认为，已经将头脑中的怪兽留在了历史的长河中，留在我们变得摩登花哨之前，留在一切都处于阴影与黑暗的那个时代。但是，怪兽总和我们如影随形；他们总是在那里，只是有时被我们赋予了新面孔或不同的名字而已。

这就是为什么，例如在 1929 年冬天，二十多名武装人员进入新泽西州的松林，寻找一个真正的怪物的原因。这个事例中的怪物，正如你可能猜到的那样，被称之为"泽西恶魔"（the Jersey Devil）——对于这个地区居民来说耳熟能详的臭名昭著的民间传说。《纽约时报》在描述这场特殊的怪物猎杀时，报道称，泽西恶魔是一个"神秘幽灵，样子众说纷纭，被认为能够喷云吐火，长着翅膀，呲着獠牙，毛发浓密，令人毛骨悚然"。[12]

人们对"泽西恶魔"的兴趣，一直和传闻谣言交织在一起，生生不息，因新闻界的持续关注而愈发浓厚。1929 年出现的恶魔猎杀行动，由两起被曝光的目击事件引发，一起是一名农民发现自己的猪被咬死，并在树林里追踪到了一组四趾的脚印；另一起是两名小学生，"一天下午在树林里遇到了一只长着猪鼻子的黑色毛茸茸的怪物，而且还会发出不可思议的叫声"。[13]

有人报警，警犬也被带入树林里试图追踪怪兽的气味。人们组成了小分队，深入松林，但一无所获。

我是说，他们当然什么也没找到。根本就没有什么泽西恶魔。但是，尽管如此，对它的信仰和源源不断的故事有助于魔鬼的存在，在整个 19 世纪和 20 世纪，都存在有定期的目击记录；毫无疑问，这个传说也将延续到本世纪。事实上，泽西恶魔的传说可以追溯到更久远的时空——据当地传说，1735 年，一位名叫马·利兹（Ma Leeds）的当地妇女，在新泽西州伯灵顿生下一个可怕怪物，泽西恶魔的传说首次在该地区出现。最初，它甚至不被称为泽西恶魔，它被简单地命名为"利兹恶魔"。

以传统的从前至后顺序阅读本书的读者，可能会注意到上一段中的内容似曾相识。

1735 年。新泽西，伯灵顿，利兹。

没错，泽西恶魔，这个最初关于泰坦·利兹家族的神话，诞生于本杰明·富兰克林宣布泰坦过早死亡的同一年。

我很想告诉你，是富兰克林一手缔造了这个传奇。这将会是绝佳的纪实性结尾，也会给本书画上一个完美的句号。不幸的是，我不能这样做。我的意思是，我想，他可能已经创造了这个故事，但也可能没有，也没有证据证明这一点。历史并不是那么整齐划一，所以你将不得不接受，本书的最后一章，无法令人满意地扣回富兰克林这一主题。相反，富兰克林和传说的创始者很可能只是对同一件事做出了回应——那些关于丹尼尔·利兹是"撒旦的马前卒"的古老诽谤。这种诬蔑源自当地的宗教内讧和政治纷争，在两个世纪后，会导致持枪的人在树林中徘徊，寻找一个只存在于他们想象中的恶魔。

我们并没有将心中的恶魔甩在身后，它们一直陪伴在你我身边。

结论

真实未来

2018 年初，我站在玛雅图卢姆（Tulum）①的废墟上，看着一只可爱的小哺乳动物兴高采烈地吃着椰肉。这是一只南美浣熊考蒂（Coati），也被称为巴西土豚，是北美浣熊的近亲，但更可爱，而且不会带有什么巫术色彩。我很高兴能看到其中的一只，因为巴西土豚是一种能告诉我们很多关于真相的东西，以及我们对真相是多么缺乏认知的动物。

你看，与考蒂相关的有一件事情特别有意思，它实际上根本不被称为巴西土豚，或者至少 2008 年以后，才被称为巴西土豚，彼时，事情开始变得奇怪起来。

一位来自纽约的学生迪伦·布雷夫斯（Dylan Breves）去巴西度假，看到一些考蒂，便认为它们是土豚其实是非常错误的。他不想为自己缺乏哺乳动物知识而感到尴尬，便半开玩笑地对维基百科上的考蒂页面做了一个小编辑，插入了一个声明（你已经猜到了），声称这种动物也被称为巴西土豚。

据我们所知，在那之前——2008 年 7 月 11 日，巴西时间晚上 11

① 图卢姆（Tulum），玛雅文化后期的重要遗址，坐落于尤卡坦半岛东北部，距离著名度假胜地坎昆约 130 公里，盘踞于加勒比海沿岸崖边，曾是 14 世纪玛雅文化末期的宗教城市，现今遗址保存尚好，当中有超过 60 栋石头建筑。以屹立于 12 公尺悬崖以上的卡斯蒂约（Castillo）古城大神殿最著名。

点 36 分——没有人用过巴西土豚这个词。既没有出现在互联网,也没有被写入学术论文,更从来没有出现在书本当中。[1]

现在,正常情况下,像这样轻微篡改维基百科的行为,很快就会被时刻保持警惕的志愿者编辑们捕捉到并予以清除。但是,不管出于什么原因,尽管事实上土豚并未生活在南美洲,也没有人在迪伦之前用过巴西土豚这个词,但这一概念还是在网上蒙混过关了。

然后,因为其出现在互联网上,并且人们信任维基百科,不久,人们就开始当真把考蒂称为巴西土豚。

正如《纽约客》的埃里克·兰德尔(Eric Randall)在 2014 年报道的那样,从那一天开始,《每日邮报》《电讯报》(*The Telegraph*)和《独立报》(*The Independent*)等报纸都纷纷囫囵吞枣地采用了这一概念。[2] 连英国广播公司也使用了这种称呼。[3]"马洛的巴西野生土豚脱逃",白金汉郡一家当地报纸的头条大肆报道,当时一只考蒂从私人收藏家手里逃了出来。伍斯特另一家当地报纸的头条写着"所以这就是土豚的样子",下面是一张长得不像土豚的考蒂的照片。[4] 你可以在以下网站上找到标题为巴西土豚的考蒂的照片——《时代》和《国家地理》杂志官网,同时《科学美国人》(*Scientific American*)①甚至在一篇关于自然保护的文章中,颠覆了传统的命名顺序,认为其叫"巴西土豚,在当地也被称为考蒂"。[5] 已经有一组巴西动物学家,似乎至少在一篇合著的严肃的科学论文使用了篡改后的名字,[6] 这个完全虚构的短语,已经至少出现在两家世界领先的学术出版社的出版物当中。一家是芝加哥大学出版社,其表示,"考蒂,又称猪鼻浣熊、史

----

① 《科学美国人》(*Scientific American*),美国的一本科普杂志,创始于 1845 年,是《自然》杂志的姐妹出版物,虽然被认为是大众化的高水平学术期刊,但这本杂志并不采用类似《自然》杂志同行评审的方式审查稿件,而是提供一个论坛来呈现科学理论和科学新发现。

努科姆熊或巴西土豚"[7]；而剑桥大学出版社在其出版的一本书中，相当精彩地重复了"考蒂"又名巴西土豚的这个错误，相关段落是关于18世纪博物学家布冯伯爵乔治-路易斯·勒克拉克（Georges-Louis Leclerc, Comte de Buffon）①，批评其他博物学家通过抄袭他人观点而重复了已有的错误。"错误的复制，确实是18世纪自然史上最常见的特征之一。"[8]

所有这些都提出了一个问题：这是不是错了？考蒂现在实际上也被称为巴西土豚吗？一个愚蠢的笑话成功地改变了一个动物的名字，仅仅是因为如果维基百科上有什么东西，那么它就会传播到世界上，直到它变成某种真实？

答案，就像通常的情况一样，是"呃，也许吧"。维基百科页面上不再出现考蒂也被称为巴西土豚的说法，理由是没有足够的证据表明这种称谓得到了广泛使用。而且，自从2014年《纽约客》发表批评文章，导致这一说法被删除后，外界对这种名称的提及似乎有所放缓（2017年《卫报》曾提到过一次，但那可能是在开玩笑[9]）。但毫无疑问，巴西土豚现在名声在外，如果我们都同意开始用这一完全错误的名字称呼考蒂，那么，该死的，这就是他们的名字。

这听起来像是一个以维基百科为代价的廉价笑话，但事实并非如此——不过，公平地说，这远非唯一涉及该网站的类似事件。有一个令人遗憾的例子，现代烫发钳的发明，应正确地归功于G.J.沃克尔女士（C.J. Walker），一位非洲裔美国具有开拓精神的企业家，但却在2006年8月被人称"老板"（the poopface）的爱丽卡·费尔德曼（Erica Feldman）所取代。维基百科管理员很快注意到了这起破坏事

---

① 布冯伯爵乔治-路易斯·勒克拉克（Georges-Louis Leclerc, Comte de Buffon, 1707—1788年），皇家植物园总监，是查尔斯·达尔文的重要先驱，法国第一位启蒙学家。

件,并只去掉了"老板"这两个字,剩下了爱丽卡·费尔德曼,不管她究竟是谁,都被不加质疑地认为是烫发钳的发明人。这个问题早就在维基百科上解决了,但如果你今天在谷歌上搜索"爱丽卡·费尔德曼烫发器",仍然会找到大量的网站,这些网站会很高兴地告诉你费尔德曼女士对非洲裔美国人发型的贡献。

哦,还有一次,《莱维森调查报告》(*The Leveson Inquiry*)——莱维森大法官对"英国新闻界的文化、惯例和道德规范"的调查——将年仅 25 岁的加利福尼亚学生布雷特·斯特劳布(Brett Straub)命名为《独立报》的创始人之一,因为布雷特的一个朋友在维基百科上加了他的名字,搞了一个恶作剧[10]。说英国媒体喜欢这样的话,多少有点轻描淡写了。

事实上,维基百科甚至在一篇标题中含有"循环来源"(Citogenesis,这个词是由创建 xkcd 在线网络漫画的兰德尔·门罗(Randall Munroe)①创造的)的文章中,介绍了一系列类似的事件及其发生的时间。比如,在网络上大肆流传的"1817 年,马尔科姆·桑希尔爵士(Sir Malcolm Thornhill)在英国生产出第一个商业纸箱"虚假新闻,以及后来出现在多篇科学论文中的一种被称为血糖富集症"(Glucojasinogen)②的疾病,这也是一个完全凭空创造的概念。[11]

记忆犹新的读者可能会记得,在第二章开篇,我写道:"我保证,不

---

① 兰德尔·门罗(Randall Munroe, 1985—   ),美国作家、漫画家、工程师,在线卡通漫画 xkcd 创始人。作者对 xkcd 漫画的描述是"关于浪漫、讽刺、数学和语言的网络漫画",是欧美目前较为流行的网络漫画,人物多是简单的火柴人,被网友誉为深度宅向网络漫画。xkcd 这个词,不是缩写,没有特殊的含义,没有特殊的发音。
② 编造这一术语的作者如此描述这一疾病:值得注意的是,糖尿病患者更容易出现与周围神经病变相关的症状,因为血液中过多的葡萄糖会导致一种称为"血糖富集症"的情况。这种情况与勃起功能障碍和上腹压痛有关,而上腹压痛又导致控制手臂和腿的运动的外周神经的血流量不足。

会在本书中养成从维基百科粘贴复制的习惯。"[12] 我承认,我撒谎了。

但是,重点是,在所有这些案例中,问题不在于维基百科,而是人们盲目地从单一来源复制并相信它是正确的(还有更多的人,把新的来源作为"第一个来源是正确的"证据,等等)。正如我们在本书中一次又一次看到的那样,这种循环式的报道并不仅仅局限于网络时代,自印刷术发明以来,而且可能早在更久以前,鬼扯的反馈循环就一直伴随着我们。事实上,博物学家布冯在 17 世纪末也在抱怨同样的事情,这可能会告诉我们,我们这里所遭遇的问题,可能不是吉米·威尔斯(Jimmy Wales)① 的杰出发明。

在收集和传播知识的过程中,很容易将长期存在的系统性问题归咎于维基百科(或推特,或电话,或印刷机),因为指责新事物相对容易,而且十分有趣,但这样做确实没有抓住重点。这一点在一项实验中得以证明。2009 年,一位名叫谢恩·菲茨杰拉德(Shane Fitzgerald)的爱尔兰学生进行了一项大胆的实验,当时传出法国作曲家莫里斯·贾尔(Maurice Jarre)② 去世的消息。菲茨杰拉德意识到全世界的记者都将前往贾尔的维基百科页面,于是编造了一句以假乱真的这位大师的名言:"我死后,脑海中会响起只有我才能听到的最后一支华尔兹",并很快将其加入莫里斯的维基页面。这种特殊的破坏行为被迅速地捕捉,并且这句所谓名言被及时加以删除,但在其存在的短暂时间中,这句话仍然为世界上许多主流报纸所复制,并刊登在头条新闻中。而且,与维基百科不同的是,这些报纸没有发现不妥并删除这一消息。一个月后,当菲茨杰拉德写信告诉这些报纸自己的所作所为后,这才陆续出现勘误。通过这个测试,维基百科实

---

① 吉米·多纳尔·威尔士(Jimmy Donal Wales, 1966—),维基百科创始人之一。
② 莫里斯·贾尔(Maurice Jarre, 1924—2009 年),俄裔法国电影配乐大师。

际上比世界主要新闻可靠得多。

如果有任何东西（能让我们揭开长期以来所犯错误的面纱）的话，那么应该是维基百科以及整个互联网。任何有数据连接的人都可以亲自目睹考蒂被称为巴西土豚这一错误想法进入世界的确切时刻，可以精准到分。但在互联网时代到来之前，追踪类似的谬误，是攻读博士学位的重要功课之一。

这是历史中真正存在的一个问题——有很多事是我们不知道的，也有很多事情，我们认为自己知道，实际上，我们并不知道。最悲哀的是，我们对于某事物一无所知，但是我们不知道自己的这种愚昧状态。举个例子，第一次世界大战的爆发，全在于一个不可思议的巧合。1914 年 6 月 28 日，加夫里洛·普林西普（Gavrilo Princip）[1]在萨拉热窝刺杀了弗朗茨·斐迪南大公（Archduke Franz Ferdinand）[1]，其原因是，普林西普刚好停下来，从莫里茨·席勒（Moritz Schiller）的熟食店买了一个三明治，他正在吃这个三明治，突然他看到大公的豪华轿车（偏离原计划路线）驶过。他抓住了机会，其余的……好吧，便是那段历史。如果普林西普在那一刻没有感到饥肠辘辘，或者如果他决定午餐要吃点不同的东西，那么就永远不

---

[1] 加夫里洛·普林西普（Gavrilo Princip，1894—1918 年），波斯尼亚人，塞尔维亚族民族主义者，黑手社成员，刺杀王储斐迪南时，他的身份是塞尔维亚首都贝尔格莱德的学生。事后普林西普承认了自己的罪行，由于当时他还不满 20 岁，不能判死刑。于是被判 20 年有期徒刑，后因肺结核死于狱中。

[1] 弗朗茨·斐迪南大公（Archduke Franz Ferdinand，1863—1914 年），奥匈帝国皇储、弗朗茨二世之孙，卡尔·路德维希大公长子，弗朗茨·约瑟夫一世之侄，他在皇帝独子于 1889 年因精神病自杀后，成为皇位继承人。因他主张通过兼并塞尔维亚王国将奥匈帝国由奥地利、匈牙利组成的二元帝国扩展为由奥地利、匈牙利与南斯拉夫组成的三元帝国，最终，在 1914 年 6 月 28 日与妻"霍恩贝格女公爵苏菲"视察时为奥匈帝国波黑省的首府萨拉热窝时，被塞尔维亚民族主义者普林西普刺杀身亡。这场所谓"萨拉热窝事件"，成为第一次世界大战的导火线。

会有机会发射致命的子弹，也许欧洲大陆也不会陷入战争。

这是一个伟大的故事，讲述的是最微小的细节如何产生巨大的结果，而这，事后被证明也是完全不真实的。

这个故事的来源似乎是英国广播公司于 2003 年拍摄的一部纪录片，其中包括这段三明治的故事。不过，据负责追踪三明治故事来历的记者迈克·达什（Mike Dash）[1]报道，这部纪录片的导演记不起三明治细节是从哪里来的，而且这个故事传播得很快。现在不仅出现在互联网上，甚至被英国广播公司著名记者约翰·辛普森（John Simpson）[2]收录在一本名为《不可靠的消息来源》（*Unreliable Sources*）的著作当中。

这不是什么全新的现象。如果你对金融泡沫感兴趣，可能会惊讶地发现，在本书前几章列出其他金融泡沫时，我没有提到 1637 年的"郁金香热"。这可能是有史以来最著名的经济泡沫，荷兰的郁金香价格在崩盘前飙升，导致许多投机者破产。自从其在查尔斯·麦凯（Charles Mackay）[3]1841 年的经典著作《非同寻常的大众迷思与集体癫狂》（*Extraordinary Popular Delusions and the Madness of Crowds*）——我恬不知耻地从中摘取了本书第八章的标题，也基本上从中获取了本书的理念——自出现以来，一直是人们讨论人类愚蠢倾向时的主要话题。不幸的是，如果不是完全错误的话，这似乎至少是被过分夸大了，麦凯是从反对金融投机的人发行的小册子中得到信息的，事实上，郁金香的价钱涨跌并没有毁掉任何人。

我们认为自己所知道的很多事情，其实都建立在不稳定的基础之上，而这一问题并不局限于历史。现在，科学正在经历一场"可复

---

① 迈克·达什（Mike Dash, 1963— ），英国记者。
② 约翰·辛普森（John Simpson, 1944— ），英国著名记者、新闻节目主持人。
③ 查尔斯·麦凯（Charles Mackay, 1814—1889 年），苏格兰诗人、记者、作家。

制性危机",在这场危机中,我们发现,在我们看来有充分根据的大量知识,实际上可能完全是虚幻的。这一切都归结为"科学方法"的基本点之一(社会科学研究者请注意:是的,我知道根本就没有这样一种科学研究方法——让我活下去吧),这就是,科学实验是为了让其他人复制它们而设立的事实——这就是为什么学生们被训练用目标、方法、结果、结论的经典形式来写下他们证明牛顿正确的尝试。

问题是,很多时候,没有人真的费心去复制重大的实验。这在一定程度上归因于科学界的激励机制:没有人会因为抄袭别人以前的做法而获得巨额拨款或名牌大学的职位。如果想在学术界领先,你需要创作出新的,用原创的作品来扩展人类的知识。令人遗憾的是,这意味着,没有人费心重复检查我们所认为的现有知识。

这在心理学领域尤为突出,最近一些大规模的试图复制一系列被广泛引用的研究成果的努力,却换来了令人不安的结论:其中大约50%的研究,可能无法真正复制出来——这些研究结论,可能只是偶然的发现。更有趣的是,在内心深处,这一领域的专家似乎心里非常清楚,哪些结果是不可靠的。实验者给了一个与这项研究无关的专家组一个投注市场,供其打赌,哪些实验可以被复制,哪些不能。投注市场被证明存在不可思议的精确性,这对那些渴望快速赚钱的人来说也许是个惊喜,但对同行专家评价系统来说,却不是什么好事儿。

哦,如果有人要说,"但那只是心理学,无论如何,这甚至不是一门真正的科学",那么,有趣的是物理学也存在复制危机。快把这个坏消息塞进烟斗里然后用力抽上几大口。很多时候,爱因斯坦(就研究价值而言,现在人们认为,爱因斯坦发表的论文中约有20%存在某种错误。)似乎得出了正确的结论,尽管事实上他是在做错误的假设。对你我来说,这才是真正的天才。

那么，这一切给我们留下了什么？真相岌岌可危吗？我们注定要在错误信息的迷雾中生活吗？在内心深处，我们是否都只不过是一只在一个古老文明的废墟上跳跃着的考蒂，而游客们指着我们说，"看，多丽丝，这是一只巴西土豚"？

我想不是。当然，我们确实生活在一个充满半真半假的真理和彻头彻尾的谎言的海洋里，因为这个世界既愚蠢又复杂，没有人知道到底发生了什么，而这正是我们大脑的形成方式。但这并不是危机。事情从始至终就是这样。

本书开头引述自鲁莽的北极探险家维尔杰尔穆尔·斯特凡森的那句话——人类文明最为突出的矛盾之处，便是嘴上满是对真理的由衷崇敬，但实际上却对真理不屑一顾——听起来可能像是来自一部为我们未能实现自己的真相判断标准而悲叹的作品。但是，事实上，他的观点恰恰与此截然相反，他建议或许我们不应该对真相有点儿稀缺这一事实感到惊讶。他写道："哲学家们仅仅从缺乏真相这一症状，便诊断这个世界存在一种无法治愈的疾病，似乎有点天真。""他们当然无法医好我们，因为我们根本就没有生病，这难道不可能吗？"

我认为，如果想从谎言回归真相，需要做的第一件事，便是不必惊慌失措。我们必须明白，胡说八道的鬼扯，永远伴随着我们，我们所能做的最好的事情，就是对其加以控制（这尤其适用于考虑通过法律禁止"假新闻"的政府，这可能会导致比试图解决的问题更严重的麻烦）。

但我认为，人们也可以做一些实际的事情，无论是作为一个社会，还是为我们自己。

我们需要克服努力瓶颈，而做到这一点的方法就是……好吧，再努力一点。这意味着，愿意花钱让人们去实际核查事实（我是说，我是一个事实核查员，当然我要这么说），但这也意味着，社会中工作大致与真相问题有关的不同群体，都需要更好的合作。学术界需要学会与记者对话，记者需要学会与学术界对话，理想情况下，如果能不仅通过新闻发布的媒介做到这一点，将是非常好的。

但我们也可以帮助自己克服努力障碍，只需在下次你想在网上分享一些离谱的东西时付出一点点辛苦，就几秒钟，检查来源。可以利用搜索引擎对其加以搜索，想想这条信息是不是完美得有点不真实了。

说到这里，我们也需要检查一下自己——我们中的任何一个人，无论认为自己多么忠于真相，都很容易陷入自以为是的陷阱，一厢情愿地认定自己希望事情是真实的。事实上，我们认为自己越诚实，就越不可能对这些偏见保持警惕。所以，当你停下来检查某件事情的来源时，也要问问自己，这是否是在迎合你的个人偏见，以及你是否在尽可能怀疑地接近它。我们可以把这一点反映到更广泛的社会中——每个人都会犯错，我们需要更好地歌颂那些愿意承认错误的人。是的，理想情况下，政客们一开始不会说错话，但是，嘿——至少让我们在他们纠正自己的错误时给他们一点信任。

我们还需要填补存在的信息真空，当然，这是一个持续的过程，每天都有数以百万计的人在世界各地，在各行各业，努力提高着人类知识的总和。但我们仍然可以做得更多：确实存在太多被锁定的信息，隐藏在数据库中或未发布的报告中，或者躲避在付费的壁垒后面。我们必须加紧努力，使更多的好信息广为流传，因为没有它，坏信息就会流回过去填补空白。仅仅拔除信息园的杂草是不够的，我们还需要在里面种满鲜花。

人们需要相信这样会起作用，这很重要，甚至可以说，仅仅因为你更喜欢的候选人在选举中落选，就一蹶不振并认为没有人关心真相,有点为时过早。同样不可取的,便是偏执地认为互联网只是一个巨大的鬼扯引擎,没有人能做任何事情来对其加以驯服。正如本书所展示的那样,这远非历史上我们第一次产生过此类担心。不受控制的谣言、对全新通信技术的提防、对虚假新闻的担忧乃至对信息爆炸的恐惧——已经存在了几个世纪。之前,我们挺过去了,现在也能顺利克服,只要我们不举手投降,然后安慰自己,"哈哈,没什么大不了的"。"假新闻"最让人担心的,其实不是人们相信假新闻,而是他们不再相信真消息。

我们需要在自己做了正确的事情时,予以欢庆,因为有时我们确实向前迈出了一大步。有时,这种情况发生在最不可能的地方,比如,巴黎的某处后花园。

18 世纪 80 年代,当我们的老朋友兼江湖医生安东·梅斯默进城时,我们在这里思考的所有问题——如何从一堆闪闪发光的、令人兴奋不已的废话中分辨出细小、平淡无奇的真相——都降临在了这座城市的正直市民身上。正如我们在第七章中提到的那样,路易十六国王对王后玛丽·安托瓦内特让梅斯默在她身上施展催眠的魅力并不十分满意。所以他组织了一群经验主义者来测试梅斯默的理论。这个小组包括当时巴黎最杰出的一群人,如现代化学之父安托万·拉瓦锡(Antoine Lavoisier)①和著名医生约瑟夫-伊格纳斯·吉洛廷(Joseph-Ignace Guillotin)②——他将在第二年提出一项发明,路易十六最终会非常熟悉。

---

① 安托万·拉瓦锡(Antoine Lavoisier,1743—1794 年),法国贵族,著名化学家、生物学家,被后世尊称为"现代化学之父",其在化学上的杰出成就很大程度上源于他将科学从定性转向定量的转变,因发现氧气在燃烧中的作用而闻名。

② 约瑟夫-伊格纳斯·吉洛廷(Joseph-Ignace Guillotin,1738—1814 年),法国医生,曾改进了处死路易十六所用的断头台。

在追求真理的过程中,这一委员会成员所做的事情,据我们所知,在科学史上堪称前无古人。他们进行了世界上第一次安慰剂对照盲法医学试验。在主催者家的后花园里,委员们发明了这个科学方法中相当重大的一部分,作为真真正正盲试的先驱,他们带领被蒙住眼睛的实验对象,让他们拥抱(在最终昏倒之前)被认为"已磁化"的树。通过这项实验和其他对照实验,最终证明梅斯默的理论站不住脚。

你可能会想,委员们在撰写自己的结论时,会面临诱惑,吹嘘真理战胜了鬼扯。但是,他们却用了一种完全不同的语气:几乎是在为发现梅斯默犯下的错误而欢欣鼓舞,并发现这远比单调的真相更令人着迷。

报告的主要执笔者写道,也许人类的错误史,无论从哪方面考虑,都比他们的发现史更有价值,也更有趣味性。这与蒙田几个世纪前的观察结果相呼应。他继续说道:"真相是统一的、有限的,是始终存在的,似乎不需要如此多的积极能量,而是需要灵魂的被动天赋,才能与之相遇。但是错误是无止境地多样化的,它没有现实载体,而是对其加以创造的头脑的纯粹简单的产物。在这个领域里,灵魂有足够的空间来扩展自己,展示其无限的才能,以及美丽有趣的丰富性和荒谬性。"

本书只是"人类错误史"的一小部分。对此,可以写上一百部其他版本的著作而毫无雷同之处。

希望我们已经成功地追随了这篇揭露真相的奠基性文章的作者脚步,而其当时正泰然自若地处于事实和编造的天人交战状态——尽管如此,作为追求真相的先驱,他似乎被虚假所具有的无尽魅力及扩展灵魂的可能性所蛊惑。因为,如果我们想要变得更加真实,就需要这样做——我们需要更深入地研究广阔而丰富的错误领域,在试图纠正错误之前,更好地知道我们到底做错了什么。基本上,我们需要成为研究鬼扯的专家。

哦,那个作者,那个在自家后花园里进行探索真理的实验的开拓者,叫什么名字来着?

当然是本杰明·富兰克林。

致谢

需要感谢很多人，同时也需要向他们致歉。其中尤为值得一提的是本书的编辑艾拉·哥顿（Ella Gordon），以及我的经纪人安东尼·托平（Antony Topping）。在这本书（稍有拖延）的写作过程中，他们给予耐心、鼓励，而非责骂，这些远远超过了我应得的程度。

还必须感谢"完全事实"网站的各位出色同事，一直对我充满耐心，给予启发。尤其要感谢我们的主任威尔·莫伊（Will Moy），他批准我撰写本书，同时非常善于接受我的暗示，从不去过问进展情况。

最后，谢谢各位，并向已经好几个月未曾谋面的朋友们表示深深的歉意。伙计们，哥们儿现在可以重回江湖了！请再邀请我一次吧。

延伸阅读

撰写本书的过程中,我参考了许多精彩绝伦的著述。其中大部分都在尾注中有所提及。但如果各位读者想深入探讨本书中的任何一个主题,其中部分绝佳著述的列表如下:

总体而言,我必须替本书写作期间出版的一本题为《牛津谎言手册》(*Oxford Handbook of Lying*)的绝妙著作吆喝几句。这是第一本围绕说谎的最新学术知识所进行的跨学科简编,以至于会让我本人数度怀疑自己,是否还需要撰写本书。它很好,也很重,可以作为一个有用的门挡,或者凶器。不过,我的书里有更多的笑话。同样名副其实,但已绝版的《企鹅谎言全书》(*Penguin Book of Lies*)也很有助益,本书很多经典参考资料,皆取自那里。

第一章:人类撒谎的方式、原因及频率等问题,参考颇具可读性的罗伯特·菲尔德曼(Robert Feldman)所著《骗子:谎言之真相》(*Liar:The Truth About Lying*)。同样简明扼要的资料,还包括哈利·法兰克福(Harry Frankfurt)所著《论鬼扯》(*On Bullshit*),以及该书的姊妹篇《论真相》(*On Truth*)。维尔杰尔穆尔·斯特凡森所著《错误的冒险》(*Adventures in Error*)一书虽然很难觅得,但本书对其多有摘抄,特此一提。

第二章:对本杰明·富兰克林感兴趣的读者,可以参考布莱恩·雷杰尔(Brian Regal)和弗兰克·J.埃斯泼西多(Frank J.

Esposito)合著的《杰西恶魔秘史》(*The Secret History of the Jersey Devil*),以及马克思·赫尔(Max Hall)的《本杰明·富兰克林与珀利·贝克:欺骗文学史》(*Benjamin Franklin and Polly Baker: The History of a Literary Deception*)。痴迷于新闻造假的各位,绝对不能错过安德鲁·派特格里(Andrew Pettegree)的力作《无中生有的新闻:世界如何认知自我》(*The Invention of News: How the World Came to Know About Itself*)。更可从布兰丹·多利(Brandan Dooley)及萨布里亚·巴隆(Sabrina A. Baron)的《早期近代欧洲的政治信息》(*The Politics of Information in Early Modern Europe*)一书中发现大量偏学术的有价值资料。

第三章:月亮大骗局相关内容,可以重点阅读马修·古德曼(Matthew Goodman)所著的《太阳和月亮:十九世纪纽约恶作剧者、表演者、决斗记者和月球蝙蝠人的真实故事》(*The Sun and the Moon: The Remarkable True Account of Hoaxers, Showmen, Dueling Journalists, and Lunar Man-Bats in Nineteenth-Century New York*)这部伟大的作品。对于更普遍的媒体错误,推荐柯蒂斯·麦克道格尔(Curtis D. MacDougall)的《经典骗局》(*Classic Hoaxes*),以及罗伯特·巴特勒缪(Robert Bartholemew)所著的《恐慌攻击:媒体操纵和大众错觉》(*Panic Attacks: Media Manipulation and Mass Delusion*)。

第四章:在本书撰写期间,由爱德华·布鲁克-希金(Edward Brooke-Hitching)编纂的《幻影地图集:地图上最伟大的神话、谎言和错误》(*The Phantom Atlas: The Greatest Myths, Lies and Blunders on Maps*)付梓,当发现他几乎把我计划写的每一件事都写了出来时,真让人既高兴又恼火。如果你喜欢这一章,请阅读该书,因为其内容更为详实,插图更加精美。喜欢北极的各位,请参阅布鲁斯·亨德森(Bruce Henderson)的《真正北方：皮尔，库克以及北极竞赛》(*True North：Peary，Cook，and the Race to the Pole*)一书。

第五章：大卫·辛克莱(David Sinclair)的《从未有过的土地：格雷戈·麦格雷戈爵士和史上最大胆之诈骗案》(*The Land That Never Was：Sir Gregor MacGregor and the Most Audacious Fraud in History*)一书，可以让你对波亚伊斯的那位总督有更多的了解。塔玛尔·弗兰克尔(Tamar Frankel)的《庞氏骗局之谜》(*The Ponzi Scheme Puzzle*)一书，对大师级骗子着墨颇多，艾米·雷丁(Amy Reading)的《内心印记：完美的骗局、狡猾的复仇以及大骗子简史》(*The Mark Inside：A Perfect Swindle，a Cunning Revenge and a Small History of the Big Con*)和玛利亚·康尼科娃(Maria Konnikova)的《信任游戏：骗子的心理和为什么我们每次都会上钩》(*The Confidence Game：The Psychology of the Con and Why We Fall for It Every Time*)也是如此。希拉里·斯普林(Hilary Spurling)所著的《显赫一时的赛蕾丝》(*La Grande Thérèse，The Greatest Swindle of the Century*)，则对主导本世纪最伟大骗局的赛蕾丝·亨伯特的生活和时代给予了浓墨重彩的描述。

第六章：更多关于政治谎言的内容，参考亚当·麦奎因(Adam Macqueen)的《大地的谎言》(*The Lies of the Land*)。关于第一次世界大战的相关部分，请看詹姆斯·海沃德(James Hayward)的《第一次世界大战的神话与传说》(*Myths & Legends of the First World War*)一书。

第七章：亨利·马克罗里(Henry MacRory)所著的《终极愚蠢：惠特克·赖特兴衰记》(*Ultimate Folly：The Rises and Falls of Whitaker Wright*)以及奥尔顿·李(R. Alton Lee)的《约翰·布林克利的奇异事业》(*The Bizarre Careers of John R. Brinkley*)——

围绕布林克利还有其他著述，但这是在英国能找到的唯一一本——值得一读。

第八章：如果想了解更多关于怪异的信仰和狂热，可参考罗伯特·巴斯拉缪（Robert E. Bartholomew）所著《骗局、神话和狂热：为什么我们需要批判性思维和丰富多彩的大众迷思史》（*Hoaxes，Myths，and Manias：Why We Need Critical Thinking and A Colorful History of Popular Delusions*）。在这一点上，查尔斯·麦凯（Charles Mackay）的著作《非同寻常的大众迷思和集体癫狂》（*Extraordinary Popular Delusions and the Madness of Crowds*）可谓经典（这就是为什么我和巴斯拉缪都在很大程度上借鉴了他的标题），尽管其中也存在若干错讹之处。

结论：这里没什么书可推荐，只是想提醒各位，应该读一下我之前的那本书《人类：失败简史》（*Humans：A Brief History of How We F＊cked It All Up*）。

尾注

序言：真理时刻

1 Kessler, Glenn, Rizzo, Salvador and Kelly, Meg, 'President Trump has made 10,796 false or misleading claims over 869 days', *Washington Post*, 10 June 2019, https://www. washingtonpost. com/politics/2019/06/10/president-trump-has-made-false-or-misleading-claims-over-days/

2 Kessler, Glenn, 'A year of unprecedented deception: Trump averaged 15 false claims a day in 2018', *Washington Post*, 30 December 2018, https://www. washingtonpost. com/politics/2018/12/30/year-unprecedented-deception-trumpaveraged-false-claims-day/

3 Kessler, Glenn, Rizzo, Salvador and Kelly, Meg, 'President Trump has made more than 5,000 false or misleading claims, *Washington Post*, 13 September 2018, https://www. washingtonpost. com/politics/2018/09/13/president-trump-has-made-more-than-false-or-misleading-claims/

不实之源

1 Dekker, Thomas, *The Seven Deadly Sins of London*, (Edward Arber, 1879), p. 21.

2 Machiavelli, Niccolò, 'Letter ♯ 179, To Franceso Guicciardini, 17 May 1521', 引自 Denery II, Dallas G. , *The Devil Wins: A History of Lying from the Garden of Eden to the Enlightenment* (Princeton University Press, 2015), p. 258。

3 引自 Trovillo, Paul V. , 'History of Lie Detection', *Journal of Criminal Law and Criminology*, vol. 29, no. 6, (1938 - 1939), p. 849。

4 参见 Trovillo, also Lea, Henry Charles, *Superstition and Force: 3rd edition*, revised (Henry C. Lea, 1878), p. 295, and Khan, Ali Ibrahim, 'On The

Trial By Ordeal, Among The Hindus', in Jones, Sir William, *Supplemental Volumes Containing the Whole of the Asiatick Researches* (G. G. and J. Robinson, 1801), p. 172。

5 Stefansson, Vilhjalmur, Adventures in Error, (R. M. McBride & Company, 1936), p. 7, available at https://hdl. handle. net/2027/wu. 89094310885.

6 Sebeok, Thomas A. , 'Can Animals Lie?', in I Think I Am a Verb (Springer, 1986), p. 128.

7 Angier, Natalie, 'A Highly Evolved Propensity for Deceit', *The New York Times*, 22 December 2008, https://www. nytimes. com/2008/12/23/science/23angi. html.

8 de Waal, F. B. , 'Intentional deception in primates', *Evolutionary Anthropology Issues News and Reviews*, vol. 1, no. 3, p. 90.

9 Byrne, Richard W. , and Corp, Nadia, 'Neocortex Size Predicts Deception Rate in Primates', in Proceedings: *Biological Sciences*, vol. 271, no. 1549,2004.

10 Talwar, Victoria, 'Development of Lying and Cognitive Abilities', in Meibauer, Jörg (ed.), *The Oxford Handbook of Lying* (Oxford University Press, 2018), p. 401.

11 Feldman, Robert, *Liar: The Truth About Lying* (Ebury Publishing, 2009), chapter 1(Kindle edition).

陈年伪闻

1 Franklin, Benjamin, *Poor Richard's Almanack and Other Writings* (Dover Publications, 2012), p. 55.

2 与马克·吐温的诸多名言虽有出入,但他至少说了一些非常相似的话:"我完全理解我的病情报告是如何传播的,我甚至听过权威人士说我已经死了。詹姆斯·罗斯·克莱门斯,我的一个堂兄,两三周前在伦敦得了重病,但现在已经好了。我的病情报告抄袭了他的病历。有关我死亡的新闻是夸大其辞。关于我贫穷的报道更难处理。White, Frank Marshall, 'Mark Twain Amused', in *New York Journal*, 2 June 1897,引自 Gary Scharnhorst (ed.), Mark Twain: *The Complete Interviews* (University of Alabama Press, 2006)。

3 'Alan Abel, Satirist Created Campaign To Clothe Animals', *New York Times*, 2 January 1980, p. 39.

4 'Obituary Disclosed as Hoax', *New York Times*, 4 January 1980, p. 15.

5 Fox, Margalit, 'Alan Abel, Hoaxer Extraordinaire, Is (on Good Authority) Dead at 94', *New York Times*, 17 September 2018, https://www. nytimes. com/2018/09/17/obituaries/alan-abel-dies. html.

6 例见 Smith, Suzette. 'The Day We Thought Jeff Goldblum Died', *Portland Mercury*, 22 June 2016, https://www. portlandmercury. com/The-Jeff-Goldblum-Issue/2016/06/22/18265356/the-day-we-thought-jeff-goldblum-died。

7 Regal, Brian, and Esposito, Frank J., *The Secret History of the Jersey Devil* (Johns Hopkins University Press, 2018), chapter 2 (Kindle edition).

8 'Benjamin Franklin', Wikipedia, https://en. wikipedia. org/wiki/Benjamin_Franklin, as of 24 February 2019.

9 Stowell, Marion Barber, 'American Almanacs and Feuds', in *Early American Literature*, vol. 9, no. 3,1975, pp. 276 – 285, http://www. jstor. org/stable/25070683.

10 引自 Stowell, 'American Almanacs and Feuds'。

11 Franklin, Benjamin, *Poor Richard's Almanack and Other Writings* (Dover Publications, 2013), pp. 28 – 29.

12 Swift, Jonathan, *Bickerstaff-Partridge Papers* (Kindle edition), p. 6.

13 Stowell, 'American Almanacs and Feuds'.

14 Leeds, Titan,引自 Franklin, Benjamin, *Poor Richard's Almanack and Other Writings* (Dover Publications, 2013), pp. 30 – 31。

15 Pettegree, Andrew, *The Invention of News: How the World Came to Know About Itself* (Yale University Press, 2014), p. 2.

16 Pettegree, Andrew, *The Invention of News: How the World Came to Know About Itself* (Yale University Press, 2014), p. 107.

17 Dittmar, Jeremiah and Seabold, Skipper, 'Gutenberg's moving type propelled Europe towards the scientific revolution', *LSE Business Review*, 19 March 2019, https://blogs. lse. ac. uk/businessreview/2019/03/19/gutenbergs-moving-type-propelled-europe-towards-the-scientific-revolution/.

18 Schröder, Thomas, 'The origins of the German press', in Dooley, *Brandan and Baron, Sabrina A., The Politics of Information in Early Modern Europe* (Routledge, 2001), p. 123.

19 Groesen, Michiel van, 'Reading Newspapers in the Dutch Golden Age',

Media History, vol. 22, nos. 3 - 4,2016, p. 336.

20 Schröder, 'The origins of the German press', p. 123.

21 Schröder, 'The origins of the German press', p. 137.

22 Baillet, Adrien, Jugemens des sçavans sur les principaux ouvrages des auteurs, 1685, 引自 Blair, Ann, 'Reading Strategies for Coping With Information Overload ca. 1550 - 1700', *Journal of the History of Ideas*, vol. 64, no. 1, p. 11。

23 Burton, *The Anatomy of Melancholy*, locations *1337 - 1347*.

24 Burton, Robert, The Anatomy of Melancholy, (EGO Books, 2008) Kindle edition, locations 1491 - 1492. 到哪里才能找到如此手不释卷的人('Quis tam avidus librorum helluo')? Tucker, George Hugo, 'Justus Lipsius and the Cento Form', in De Bom, Erik et al., *(Un)masking the Realities of Power: Justus Lipsius and the Dynamics of Political Writing in Early Modern Europe* (Brill, 2010), p. 166。

25 Burton, *The Anatomy of Melancholy*, locations 1376 - 1379.

26 Dooley, Brandan, 'News and doubt in early modern culture,' in Dooley, Brandan and Baron, Sabrina A., *The Politics of Information in Early Modern Europe* (Routledge, 2001), p. 275.

27 O'Neill, Lindsay, 'Dealing with Newsmongers: News, Trust, and Letters in the British World, ca. 1670 - 1730', *Huntington Library Quarterly*, vol. 76, no. 2,2013, pp. 215 - 233.

28 Hadfield, Andrew, 'News of the Sussex Dragon', in Davies, Simon F. and Fletcher, Puck, *News in Early Modern Europe-Currents and Connections* (Brill, 2014), pp. 85 - 86.

29 引自 Hadfield, 'News of the Sussex Dragon', p. 88。

30 引自 Ellis, *Markman*, *Eighteenth-Century Coffee-House Culture*, vol. 4 (Routledge, 2006), chapter 6。

31 'By the King, a proclamation. To restrain the spreading of false news', 26 October 1688, University of Oxford Text Archive, http://tei. it. ox. ac. uk/ tcp/Texts-HTML/free/A87/A87488.

32 *Craftsman*, 17 July 1734, 引自 Woolf, Daniel, 'News, history and the construction of the present in early modern England', in Dooley, Brandan and Baron, Sabrina A., *The Politics of Information in Early Modern Europe* (Routledge, 2001), p. 100。

33 Steiner, Prudence L. , 'Benjamin Franklin Biblical Hoaxes', in *Proceedings of the American Philosophical Society*, vol. 131, no. 2, 1987, pp. 183 - 196.

谣传时代

1 'Great Astronomical Discoveries Lately Made by Sir John Herschel, L. L. D. F. R. S. &c. At the Cape of Good Hope [From Supplement to the Edinburgh Journal of Science]', *New York Sun*, 25 August 1835; text from The Museum of Hoaxes, http://hoaxes. org/text/display/the_great_moon_hoax_of_1835_text.

2 Griggs, William N. , *The Celebrated 'Moon Story,' Its Origin and Incidents; With a Memoir of the Author, and an Appendix* (Bunnell and Price, 1852), pp. 23 - 25.

3 Poe, Edgar Allan, '*Richard Adams Locke*', in *Complete Works of Edgar Allan Poe* (Delphi Classics, 2015), p. 1950.

4 《先驱报》的名称变更过程如下：1835 年 5 月至 8 月是《先驱晨报》，8 月下旬才成为《先驱报》，1837 年 5 月又回到《先驱晨报》，1840 年 9 月终于定名为《纽约先驱报》。参见 Fox, Louis H. , 'New York City Newspapers, 1820 - 1850: A Bibliography', *The Papers of the Bibliographical Society of America*, vol. 21, no. 1/2, 1927, p. 52, http://www. jstor. org/stable/24292637.

5 'The Great Moon Hoax', *The Museum of Hoaxes*, http://hoaxes. org/archive/permalink/the_great_moon_hoax.

6 Phillips, Tom, '25 Things That Will Definitely Happen In The General Election Campaign', *BuzzFeed*, 27 January 2015, https://www. buzzfeed. com/tomphillips/topless-barry-for-prime-minister.

7 Tucher, Andie, 'Those Slippery Snake Stories', in *Humanities*, vol. 36, no. 3, May/June 2015, https://www. neh. gov/humanities/2015/mayjune/feature/those-slippery-snake-stories.

8 Tucher, Andie, 'The True, the False, and the "not exactly lying"', in Canada, Mark (ed.), *Literature and Journalism: Inspirations, Intersections and Inventions from Ben Franklin to Stephen Colbert* (Palgrave Macmillan, 2013), pp. 91 - 118.

9 Hills, William H. , 'Advice to Newspaper Correspondents III: Some Hints on Style', in The Writer, June 1887, 引自 Tucher, Andie, 'The True, the

False, and the "not exactly lying"', in Canada, Mark (ed.), *Literature and Journalism*, p. 93。

10 Hills, William H., 'Advice to Newspaper Correspondents IV: Faking', in The Writer, November 1887,引自 Tucher, Andie, 'The True, the False, and the "not exactly lying"', in Canada, Mark (ed.), *Literature and Journalism*, p. 93。

11 Shuman, Edwin L., Steps into Journalism: Helps and Hints for Young Writers (1894),引自 Tucher, Andie, 'The True, the False, and the "not exactly lying"', in Canada, Mark (ed.), *Literature and Journalism*, p. 95。

12 MacDougall, Curtis D., *Hoaxes* (Dover Publications, 1958), p. 4.

13 Ibid.

14 Khomami, Nadia, 'Disco's Saturday Night Fiction', *Observer*, 26 June 2016, https://www. theguardian. com/music/2016/jun/26/lie-heart-disco-nik-cohn-tribal-rites-saturday-night-fever.

15 'Railways and Revolvers in Georgia', *The Times*, 15 October 1856, p. 9.

16 Untitled article (column 4, 'It is assumed by the myriads who sit in judgement…'), *The Times*, 16 October 1856, p. 6.

17 引自 Coulter, E. Merton, 'The Great Georgia Railway Disaster Hoax on the London Times', in *The Georgia Historical Quarterly*, vol. 56, no. 1,1972。

18 Crawford, Martin, 'The Great Georgia Railway Disaster Hoax Revisited', *The Georgia Historical Quarterly*, vol. 58, no. 3,1974.

19 'The Southern States of America', *The Times*, 27 August 1857, p. 8.

20 'Comet's Poisonous Tail', *New York Times*, 8 February 1910, p. 1.

21 'Some Driven To Suicide', *New York Times*, 19 May 1910, p. 2.

22 Alexander, Stian, 'Croydon Cat Killer has widened brutal spree around the M25, say police', *Daily Mirror*, 13 July 2016, https://www. mirror. co. uk/news/uk-news/croydon-cat-killer-widened-brutal-8414154.

23 'Mattoon Gets Jitters from Gas Attacks', *Chicago Herald-American*, 10 September 1944,引自 Bartholomew, Robert and Evans, Hilary, *Panic Attacks: Media Manipulation and Mass Delusion* (The History Press, 2004)。

24 'On The Contrary', *New Yorker*, 9 December 2002, https://www. newyorker. com/magazine/2002/12/09/on-the-contrary.

25 https://twitter. com/baltimoresun/status/1028118771192528897-给出的年份

是 1953,但实际上最早可以追溯至 1946 年。

26 Mencken, H. L., 'Melancholy Reflections', *Chicago Tribune*, 23 May 1926, p. 74.

27 Ibid.

28 Mencken, H. L., 'A Neglected Anniversary', *New York Evening Mail*, 28 December 1917.

29 Stefansson, Vilhjalmur, *Adventures in Error*, (R. M. McBride & company, 1936), pp. 288 – 290, available at https://hdl. handle. net/2027/wu. 89094310885

30 Hersey, John, 'Mr. President IV: Ghosts in the White House', *New Yorker*, 28 April 1951, pp. 44 – 45, https://www. newyorker. com/magazine/1951/04/28/mr-president-ghosts-in-the-white-house

31 'Address in Philadelphia at the American Hospital Association Convention', 16 September 1952, Harry S. Truman Presidential Library & Museum, available at https://www. trumanlibrary. gov/library/public-papers

32 Fleischman, Sandra, 'Builders' Winning Play: A Royal Flush', *Washington Post*, 24 November 2001; and Sachs, Andrea, 'President's Day 101', *Washington Post*, 15 February 2004.

33 Mencken, H. L., 'Hymn to the Truth', *Chicago Tribune*, 25 July 1926, p. 61.

大地谎言

1 Burton, R. F., 'The Kong Mountains', in *Proceedings of the Royal Geographical Society and Monthly Record of Geography*, vol. 4, no. 8, 1882, pp. 484 – 486, https://www. jstor. org/stable/1800716.

2 已知只有两张地图上有拉丁语短语"Hic Sunt Dracones",这两张地图都是从 16 世纪早期开始绘制的。这一短语从未出现在英语中。参见'Oldest globe to depict the New World may have been discovered', *Washington Post*, 19 August 2013, https://www. washingtonpost. com/national/health-science/oldest-globe-to-depict-the-new-world-may-havebeen-discovered/2013/08/19/503b2b4a-06b4-11e3-a07f49ddc7417125_story. html。

3 Rennell, James, 'A Map, showing the Progress of Discovery & Improvement, in the Geography of North Africa', 1798, https://www. loc. gov/item/2009583841/.

4 Bassett, Thomas J., and Porter, Philip W., '"From the Best Authorities": The Mountains of Kong in the Cartography of West Africa', in *The Journal of African History*, vol. 32, no. 3, 1991, pp. 367 – 413, www. jstor. org/

stable/182661.

5 Park, Mungo, *Life and Travels of Mungo Park in Central Africa* (Kindle edition), p. 181.

6 Rennell, James, *Proceedings of the Association for Promoting the Discovery of the Interior Parts of Africa* (W. Bulmer & Co, 1798), p. 63.

7 Brooke-Hitching, Edward, *The Phantom Atlas: The Greatest Myths, Lies and Blunders on Maps* (Simon & Schuster UK, 2016).

8 Burton, R. F., 'The Kong Mountains', in *Proceedings of the Royal Geographical Society and Monthly Record of Geography*, vol. 4, no. 8, 1882, pp. 484 – 486, https://www.jstor.org/stable/1800716.

9 Clapperton, Hugh, Lander, Richard, and Salamé, *Abraham V. , Journal of a Second Expedition Into the Interior of Africa, From the Bight of Benin to Soccatoo* (John Murray, 1829), p. 21.

10 Bassett, Thomas J. , and Porter, Philip W. , '"From the Best Authorities": The Mountains of Kong in the Cartography of West Africa', in *The Journal of African History*, vol. 32, no. 3,1991.

11 Binger, Louis-Gustave, 'Du Niger au Golfe de Guinee par Kong', in Bulletin de la Société de Géographie (Paris), 1889, quoted in Bassett and Porter, '"From the Best Authorities": The Mountains of Kong in the Cartography of West Africa', in *The Journal of African History*, vol. 32, no. 3,1991.

12 Adams, Percy G. , *Travelers and Travel Liars 1660 – 1800* (Dover Publications, 1980), pp. 158 – 161.

13 Brooke-Hitching, Edward. *The Phantom Atlas: The Greatest Myths, Lies and Blunders on Maps* (Simon & Schuster UK, 2016), p. 166.

14 Campbell, Matthew, 'Oil boom fuels mystery of the missing island in the Mexican Gulf', *The Times*, 6 September 2009, https://www.thetimes.co.uk/article/oil-boom-fuels-mystery-of-the-missing-island-in-the-mexican-gulf-xg7tcsdbcwz

15 'How, Modestly, Cook Hoaxed The World', *New York Times*, 22 December 1909, p. 4, https://www.nytimes.com/1909/12/22/archives/how-modestly-cook-hoaxed-the-world-turned-a-smiling-face-to-critics.html.

欺诈宣告

1 'The king of con-men', *The Economist*, 22 December 2012, https://www.

economist. com/christmas-specials/2012/12/22/the-king-of-con-men.

2 "1822 年 3 月 1 日,每英亩地将预付一先令六便士,此后每三个月按同样比例预付。"'North America', *Perthshire Courier*, 20 December 1821, p. 1.

3 *The Times*, 12 July 1822, p. 1.

4 Strangeways, Thomas, *Sketch of the Mosquito Shore*, *Including the Territory of Poyais*, 1822.

5 Conzemius, Eduard, 'Ethnographical survey of the Miskito and Sumu Indians of Honduras and Nicaragua', in *Bureau of American Ethnology Bulletin*, 1932, p. 1, 引自 Von Hagen, V. Wolfgang, 'The Mosquito Coast of Honduras and Its Inhabitants', in *Geographical Review*, vol. 30, no. 2, 1940, p. 252。

6 可以对比《蚊子海岸开发纲要》中的地图与现代地图,以及 Von Hagen, V. Wolfgang, 'The Mosquito Coast of Honduras and Its Inhabitants', in *Geographical Review*, vol. 30, no. 2, 1940, p. 240 中给出的地图。

7 Raista Eco Lodge is apparently 'community based tourism at its best': 'Laguna de Ibans', *Lonely Planet*, https://www. lonelyplanet. com/ honduras/laguna-de-ibans.

8 Manchester Guardian, 25 October 1823, republished as 'Settlers duped into believing in "land flowing with milk and honey"' in *the Guardian*, 25 October 2013, https://www. theguardian. com/theguardian/2013/oct/25/gregor-macgregor-poyais-settlers-scam.

9 Rafter, Michael, *Memoirs of Gregor M'Gregor: Comprising a Sketch of the Revolution in New Grenada and Venezuela*, etc. (J. J. Stockdale, 1820), p. 19.

10 Brown, Matthew, 'Inca, Sailor, Soldier, King: Gregor MacGregor and the Early Nineteenth-Century Caribbean', in *Bulletin of Latin American Research*, vol. 24, no. 1, 2005, p. 55.

11 Rafter, Michael, *Memoirs of Gregor M'Gregor: Comprising a Sketch of the Revolution in New Grenada and Venezuela*, etc., (J. J. Stockdale, 1820), p. 20.

12 Rafter, Michael, *Memoirs of Gregor M'Gregor: Comprising a Sketch of the Revolution in New Grenada and Venezuela*, etc., (J. J. Stockdale, 1820), p. 19.

13 Weatherhead, W. D., *An Account of the Late Expedition Against the*

Isthmus of Darien Under the Command of Sir Gregor M'Gregor (Longman, Hurst, Rees, Orme, and Brown, 1821), p. 26.

14 *Jamaica Gazette*, 17 July 1819, 引自 Brown, Matthew, 'Inca, Sailor, Soldier, King: Gregor MacGregor and the Early Nineteenth-Century Caribbean', in *Bulletin of Latin American Research*, vol. 24, no. 1, 2005, p. 59。

15 Rafter, Michael, *Memoirs of Gregor M'Gregor: Comprising a Sketch of the Revolution in New Grenada and Venezuela*, etc., (J. J. Stockdale, 1820), p. 338.

16 更多内容，参见 Brown, Matthew, 'Inca, Sailor, Soldier, King: Gregor MacGregor and the Early Nineteenth-Century Caribbean', in *Bulletin of Latin American Research*, vol. 24, no. 1, 2005。

17 *London Literary Gazette and Journal of Belles Lettres, Arts, Sciences, Etc.*, no. 315, 1 February 1823, p. 70.

18 可能值得详细引述一下："《季刊评论》中对其所著《安狄米恩》（*Endymion*）的野蛮批评，对他脆弱的心灵产生了最强烈的影响；由此引发的忧虑，最终导致肺部血管破裂；随后其身体迅速恶化，而他真正的伟大力量，后来得到了更公正的批评者的认可，但这无法治愈如此肆意造成的创伤。"Shelley, Percy B., Preface to *Adonais: An Elegy on the Death of John Keats, Author of Endymion, Hyperion, etc.*, 1821.

19 'Art. VIII', in *Quarterly Review*, vol. XXVIII, October 1822 & January 1823, pp. 157 - 161.

20 Frankel, Tamar, *The Ponzi Scheme Puzzle*, (Oxford University Press, 2012), p. 111.

21 Frankel, Tamar, *The Ponzi Scheme Puzzle*, (Oxford University Press, 2012), p. 89.

22 Frankel, Tamar, *The Ponzi Scheme Puzzle*, (Oxford University Press, 2012), p. 85.

23 Konnikova, Maria, *The Confidence Game: The Psychology of the Con and Why We Fall for It Every Time*, (Canongate Books, 2016), p. 8.

24 Kerenyi, *Dr Norbert, Stories of a Survivor* (Xlibris, 2011), p. 280.

25 McCarthy, Joe, 'The Master Impostor: An Incredible Tale', *Life*, 28 January 1952, p. 81.

26 '"Master Impostor" Now May Try to Be Just Himself', *Minneapolis Sunday*

Tribune, 8 January 1956, p. 10A.

27 Associated Press, 'Ferdinand Waldo Demara, 60, An Impostor In Varied Fields', *New York Times*, 9 June 1982, p. B16.

28 Crichton, Robert, *The Great Impostor*, (Random House, 1959), p. 103.

29 Alexopoulos, Golfo, 'Portrait of a Con Artist as a Soviet Man', in *Slavic Review*, vol. 57, no. 4, Winter 1998, p. 775.

30 Zaleski, Eugene, *Stalinist Planning for Economic Growth, 1933 – 1952* (University of North Carolina Press, 1980), quoted in Alexopoulos, Golfo, 'Portrait of a Con Artist as a Soviet Man', in *Slavic Review*, vol. 57, no. 4, Winter 1998, p. 777.

31 Alexopoulos, Golfo, 'Portrait of a Con Artist as a Soviet Man', in *Slavic Review*, vol. 57, no. 4, Winter 1998, p. 781.

32 引自 Alexopoulos, 'Portrait of a Con Artist as a Soviet Man', p. 788。

33 Spurling, Hilary, *La Grande Thérèse, The Greatest Swindle of the Century*, (Profile Books, 2000), p. 24.

34 引自 Spurling, Hilary, *La Grande Thérèse, The Greatest Swindle of the Century*, (Profile Books, 2000), p. 44。

35 Martin, Benjamin F., *The Hypocrisy of Justice in the Belle Epoque* (Louisiana State University Press, 1984), p. 80.

36 引自 Spurling, Hilary, *La Grande Thérèse, The Greatest Swindle of the Century*, (Profile Books, 2000), p. 48。

失信政府

1 Almond, Cuthbert, 'Oates's Plot', *Catholic Encyclopedia*, https://www. catholic. com/encyclopedia/oatess-plot.

2 Marshall, Alan, 'Titus Oates', *Oxford Dictionary of National Biography*, 3 January 2008, https://www. oxforddnb. com/view/10. 1093/ref: odnb/ 9780198614128. 001. 0001/odnb-9780198614128-e-20437.

3 Pollock, Sir John, *The Popish Plot: A Study in the History of the Reign of Charles II* (Duckworth &. Co. , 1903), p. 3.

4 Kopel, David, ' The missing 18 1/2 minutes: Presidential destruction of incriminating evidence', *Washington Post*, 16 June 2014, https://www. washingtonpost. com/news/volokh-conspiracy/wp/2014/06/16/the-missing-18-12-minutes-presidential-destruction-of-incriminating-evidence/.

5 McDonald, Iverach, *The History of the Times*: *Volume V*, *Struggles in Life and Peace*, *1939－1966*（Times Books 1984）, pp. 268－269.

6 'Crucifixion of Canadians（Alleged）', *Hansard*, 19 May 1915, https://api. parliament. uk/historic-hansard/commons/1915/may/19/crucifi-xion-of-cana- dians-alleged♯S5CV0071P0-08398.

7 'Through German Eyes', *The Times*, 16 April 1917, p. 7.

8 '"Supplement to the Boston Independent Chronicle," （before 22 April 1782）,' Founders Online, *National Archives*, last modified June 13, 2018, http://founders. archives. gov/documents/Franklin/01-37-02-0132.（Original source: Cohn, Ellen R. ［ed］, *The Papers of Benjamin Franklin*, vol. 37, March 16 through August 15, 1782 ［Yale University Press, 2003］, pp. 184 －196.）

9 Mulford, Carla, 'Benjamin Franklin's Savage Eloquence: Hoaxes from the Press at Passy, 1782', Proceedings of the Amercian Philosophical Society, vol. 152, no. 4, 2008, p. 497.

10 "我随函寄去一份文件, 针对其形式, 而非内容的真实性, 我存有一些怀疑, 因为我相信, 在这场由印第安人发动的谋杀战争中, 实际被倒卖头皮的死难者人数超过了这个清单上提到的人数。"参见 'From Benjamin Franklin to John Adams, 22 April 1782', *Founders Online*, National Archives, last modified 13 June 2018, http://founders. archives. gov/documents/Franklin/01-37-02- 0133.（Original source: Cohn, Ellen R. ［ed］, *The Papers of Benjamin Franklin*, vol. 37, March 16 through August 15, 1782 ［Yale University Press, 2003］, pp. 196－7.）

11 Dowd, Gregory Evans, *Groundless*: *Rumors*, *Legends and Hoaxes on the Early American Frontier*（Johns Hopkins University Press）, pp. 170－172.

可笑行当

1 Manes, Stephen, *Gates*: *How Microsoft's Mogul Reinvented an Industry-and Made Himself the Richest Man in America*（Cadwallader & Stern, 1993）, chapter 5 （Kindle edition）.

2 Merchant, Brian, *The One Device*: *The Secret History of the iPhone* （Bantam Press, 2017）, p. 367.（当你观看发布会的视频时, 值得注意的是, 当乔布斯给乔尼·艾夫和菲尔·席勒分别打电话时, 他们都没有真正使用苹果手机——当时使用的都是自己的老翻盖式移动手机。参见 https://www.

youtube. com/watch? v=9hUIxyE2Ns8 from 25：34 onwards.）

3 MacRory，Henry，*Ultimate Folly：The Rises and Falls of Whitaker Wright*，*Biteback Publishing*，chapter 7（Kindle edition）.

4 引自 MacRory，*Ultimate Folly：The Rises and Falls of Whitaker Wright*，chapter 3。

5 引自 MacRory，*Ultimate Folly：The Rises and Falls of Whitaker Wright*，chapter 2。

6 Oppenheim，A. Leo，*Letters from Mesopotamia*（University of Chicago Press，1967），pp. 82 - 83.

7 全部引自 Rice，Michael，*The Archaeology of the Arabian Gulf*（Routledge，2002），pp. 276 - 278。

8 Levi，Steven C.，'P. T. Barnum and the Feejee Mermaid'，in *Western Folklore*，vol. 36，no. 2，1977，pp. 149 - 154.

9 Reiss，Benjamin，'P. T. Barnum，Joice Heth and Antebellum Spectacles of Race'，in *American Quarterly*，vol. 51，no. 1，1999，pp. 78 - 107.

大众迷思

1 Rowlatt，Justin，'Gatwick drone attack possible inside job，say police'，BBC News，14 April 2019，https：//www. bbc. co. uk/news/uk-47919680.

2 'Gatwick drones pair "no longer suspects"'，BBC News，23 December 2018，http：//web. archive. org/web/20181223172230/https：//www. bbc. co. uk/news/uk-england-46665615（英国广播公司后来编辑了这篇文章，删除了这位警察的话。）

3 Rowlatt，Justin，'Gatwick drone attack possible inside job，say police'，BBC News，14 April 2019，https：//www. bbc. co. uk/news/uk-47919680.

4 the interactive map at Holman，Brett，'Mapping the 1913 phantom airship scare'，https：//airminded. org/2013/05/03/mapping-the-1913-phantom-airship-scare/.

5 Hirst，Francis Wrigley，*The Six Panics and Other Essays*（Methuen，1913），p. 104.

6 Bartholomew，Robert E.，Hoaxes，Myths，and Manias：*Why We Need Critical Thinking*（Prometheus Books，2003），chapter 9（Kindle edition）.

7 Mattalaer，Johan J. and Jilek，Wolfgang，'Koro-The Psychological Disappearance of the Penis'，*Journal of Sexual Medicine*，vol. 4，no.

5,2007.

8 Bartholomew, Robert E., *A Colorful History of Popular Delusions* (Prometheus Books, 2015) p. 37.

9 Barzilay, Tzafrir, *Well-Poisoning Accusations in Medieval Europe: 1250 – 1500*, (Columbia University thesis, 2016), p. 95, https://academiccommons. columbia. edu/doi/10. 7916/D8VH5P6T.

10 Gui, Bernard, Vita Joannis XXII, p. 163, quoted in Barzilay, *Well Poisoning Accusations in Medieval Europe: 1250 – 1500*, p. 110.

11 Leeson, P. T. and Russ, J. W., 'Witch Trials', *The Economic Journal*, vol. 128, no. 613, 2018.

12 'Posse Sets Out as "Jersey Devil" Reappears', *New York Times*, 19 December 1929, p. 14.

13 Ibid.

结论: 真实未来

1 Breves, Dylan, 'Coati', Wikipedia, revision as of 02. 36 UTC, 12 July 2008, https://en. wikipedia. org/w/index. php? title = Coati&diff = next&oldid = 224679361. 根据在谷歌(Google)、谷歌学术(Google Scholar)和谷歌图书 (Google Books)上的日期限定检索结果,此前还没有出现这个概念。

2 Randall, Eric, 'How a Racoon Became an Aardvark', *New Yorker*, 19 May 2014, https://www. newyorker. com/tech/annals-of-technology/how-a-raccoon-became-an-aardvark; Sightings in the press include: Williams, Amanada, 'Hunt for the runaway aardvark: Lady McAlpine calls on public to help find her lost ring-tailed coati', *Daily Mail*, 8 April 2013, https:// www. dailymail. co. uk/news/article-2305602/Hunt-runaway-aardvark-LadyMcAlpine-calls-public-help-lost-ring-tailed-coati. html; Leach, Ben, 'Scorpions, Brazilian aardvarks and wallabies all found living wild in UK, study finds', *Daily Telegraph*, 21 June 2010, https://www. telegraph. co. uk/news/earth/wildlife/7841796/Scorpions-Brazilianaardvarks-and-wallabies-all-found-living-wild-in-UK-study-finds. html; Brown, Jonathan, 'From wallabies to chipmunks, the exotic creatures thriving in the UK', *Independent*, 21 June 2010, https://www. independent. co. uk/environment/nature/from-wallabies-tochipmunks-the-exotic-creatures-thriving-in-the-uk-2006096. html;(然而,这只提及了"土豚")。

3 'Scorpions and parakeets "found living wild in UK"', *BBC News*, 21 June 2010, https://www.bbc.co.uk/news/10365422. 你会注意到,其中几个报道是关于英国野生的非本土物种的同一个故事的不同版本。其根据的都是"赫尔大学"(University of Hull)一位学者接受一家名为艾登(Eden)的电视频道出于公关目的委托,编写的一份"报告";虽然无法追踪到最初的新闻稿,但这一错误似乎已经包含在最初的新闻稿中并一路复制传播。

4 Nadal, James, 'Brazilian aardvark on the loose in Marlow', *Bucks Free Press*, 20 February 2013, https://www.bucksfreepress.co.uk/news/10240842.brazilian-aardvark-on-the-loose-in-marlow/; Drury, Flora, 'So that's what an aardvark looks like', *Worcester News*, 9 June 2011, https://www.worcesternews.co.uk/news/9072841.so-thats-what-an-aardvark-looks-like/.

5 'Photo of the Day: Wild Fire', *Time*, 20 September 2013, https://time.com/3802583/wild-fire/; 'An Unexpected Visitor in the Volcano', *National Geographic*, 7 March 2013, https://blog.nationalgeographic.org/2013/03/07/an-unexpected-visitor-in-the-volcano/; 'Brazil Plans to Clone Its Endangered Species', *Scientific American*, 14 November 2010, https://blogs.scientificamerican.com/extinction-countdown/brazil-plans-to-clone-its-endangered-species/.

6 Cançado, Paulo Henrique Duarte; Faccini, João Luiz Horácio; Mourão, Guilherme de Miranda; Piranda, Eliane Mattos; Onofrio, Valéria Castilho; and Barros-Battesti, Darci Moraes, 'Current status of ticks and tick-host relationship in domestic and wild animals from Pantanal wetlands in the state of Mato Grosso do Sul, Brazil', *Iheringia. Série Zoologia*, vol. 107, Supl. 0, 2 May 2017, https://dx.doi.org/10.1590/1678-4766e2017110.

7 Henderson, Caspar, *The Book of Barely Imagined Beings: A 21st Century Bestiary* (University of Chicago Press, 2013), p. 10.

8 Safier, Neil, 'Beyond Brazilian Nature: The Editorial Itineraries of Marcgraf and Piso's Historia Naturalis Brasiliae', in van Groesen, Michiel (ed.), *The Legacy of Dutch Brazil* (Cambridge University Press, 2014), p. 179, https://doi.org/10.1017/CBO9781107447776.011.

9 'David Attenborough and BBC take us to Hotel Armadillo-in pictures', *Guardian*, 5 April 2017, https://www.theguardian.com/environment/gallery/2017/apr/05/david-attenborough-and-bbc-take-us-to-hotel-armadillo-

in-pictures.

10 Allen，Nick，'Wikipedia，the 25-year-old student and the prank that fooled Leveson'，*Daily Telegraph*，5 December 2012，https：//www. telegraph. co. uk/news/uknews/leveson . html.

11 'Wikipedia：List of citogenesis incidents'，Wikipedia，retrieved 30 June 2019，https：//en. wikipedia. org/wiki/Wikipedia：List_of_citogenesis_incidents.

12 Phillips，Tom，*Truth：A Brief History of Total Bullshit*，（Wildfire，2019），p. 44.

译后记

鬼扯的"5G 时代"

2021 年 1 月 8 日晚，美国社交网站推特发布声明，称将永久停用美国总统特朗普个人账号。对于这位被认为"每天都在说谎"的美国总统来说，主流社交媒体的"禁言"，绝非不期而至，只能算是过去一年中将特朗普某些言论标记为"不准确"的"升级措施"。对此，固然存在多重面向的解读，但其中最为本质的，莫过于网络时代信息传播途径及其传播模式对于信息传播本身的影响。作为《真相：鬼扯简史》的续貂之笔，译者尝试将时下热门的 5G 通信技术作为参考摹版，让这部关于真相的"简史"所散发出的微光，照进或许已经到来的现实。

　　追根溯源，《真相：鬼扯简史》一书中所呈现的不同故事，虽然情节各异，但模式却如出一辙，信息的失真乃至虚构，几乎毫无例外高度依赖长久以来信息制造与传播的"低频率·点中心·无差别·单向度"模式。正如 5G 技术出现之前的通信技术那样，这种模式具备"覆盖范围广""穿透力强"等优点，但因为信息源控制在少数人手中，呈现单向输出状态，信息的制造与传播容易受到污染、影响乃至操纵。因为缺乏回溯性与互动性，信息受体缺乏核实、查证信息是否失真的正当渠道，在经历了，或者见闻了信息盲从所导致的不良后果后，渐渐丧失对于传统模式所传递信息的信任，进而使其合法性或正当性出现动摇。毋庸讳言，信息的制造与传播，与作为信息传播途径的媒体或者中介存在某种技术性的关联。印刷术与纸媒的出现,使得新闻或者信息作为某种价值载体正式登上历史舞台,进入到人类的供需环节,成为某种商品般的存在。当然,很快,信息的供给与需求就因为技术的限制出现所谓"异化",信息的失真不仅成为常态,更加获得了某种类似"主体性"般的状态,而这,便是所谓"鬼扯"。

网络时代,特别是自媒体时代的到来,营造出"高频率·多中心·针对性·互动性"的信息传播模式,正如5G时代的"毫米波"通信技术那样,虽然传递距离有限,穿透能力较差,但可以作到高频,甚至实时传播,不仅可以最大限度满足信息受众的"临场感"与"窥视欲",更能从心理层面营造信息的真实性与可靠性。如果说在传统信息制造与传播模式下,"鬼扯"获得了主体性,那么在数据为王的时代,信息的绝对或客观失真已经变得不可能,海量数据面前,绝大多数人变得几近透明,技术的进步,使得信息可以实现去中心化的点到点传播,而这种点到点的转播,凭借技术,特别AI等创新手段,可以达到接近"波束赋形"般的精准主动。在这个所谓"后真相"时代,"鬼扯"如果还能存在,也必然会随着技术的进步完成进化,从与客观真相的背离,演变成与主观预期的背离。

从上述认知出发,被主流社交媒体平台"封杀"的特朗普,究竟是否在"鬼扯",在信息制造与传播的意义上,其实只是一个相对的问题,也只能给予相对的判断,但无论如何,判断者都不应该是作为信息传播媒介的社交媒体平台。无论是将其言论标准为"不准确",抑或是干脆"永久封号",都是在重蹈传统信息传播模式的覆辙,试图捍卫其作为信息中心或信息控制者的地位。而这,如果从《真相:鬼扯简史》一书所阐释的历史规律来看,似乎注定只能作为某种反面的信息传播经验加以定性。

信息，本无色彩，赋予信息色彩的，不是信息的制造者，也不是信息的传播者，只能是信息的使用者。

李立丰

2021 年 1 月 13 日于沈阳